Abenteuer Trekking



# Indonesien

In Zusammenarbeit mit

BIG PACK®
THE OUTDOOR COMPANY
Trevira

SALOMON®

Bergsteigen weltweit
DAV SUMMIT CLUB

Bruckmann

Abenteuer Trekking

Philipp Hans

# Indonesien

## Java · Sundainseln · Sumatra · Sulawesi

Herausgegeben
von Bruno Baumann

Bruckmann

Eine Produktion des
Bruckmann-Teams, München

Umschlaggestaltung: Uwe Richter
Lektorat: Georg Steinbichler, Dr. Helmut Kremling
Layout-Entwurf: VerlagsService Dr. Helmut Neuberger & Karl Schaumann GmbH
Layout und Herstellung: Ina Hesse

Bildnachweis:
Alle Fotos stammen von Philipp Hans, Marburg

Die Kartenskizzen zu den Touren und die Übersichtskarte wurden von Christian Rolle, Umweltkartographie und Geoinformationstechnik, Holzkirchen, erstellt.

Umschlag-Vorderseite:
*Auf Flores in der Nähe der Stadt Bajawa; im Hintergrund der Vulkan Inerie.*

Umschlag-Rückseite:
*Bäuerinnen beim Aussetzen der Reissteckling im Land der Toraja.*

Innentitel:
*Die Reisähren wogen sachte im Wind, der See im Hintergrund liegt spiegelglatt; nur die Wolkentürme lassen den tropischen Regen am Nachmittag erahnen.*



Gedruckt auf chlorfrei gebleichtem Papier

Die Deutsche Bibliothek – CIP-Einheitsaufnahme

**Hans, Philipp:**
Indonesien : Java – Sundainseln – Sumatra – Sulawesi / Philipp Hans. Hrsg. von Bruno Baumann. – München : Bruckmann, 1998
(Abenteuer Trekking)
ISBN 3-7654-3070-6


Gesamtherstellung: Bruckmann, München
Printed in Germany
ISBN 3-7654-3070-6

# Inhalt

## Die Trekkingtouren

# Vorwort des Herausgebers

Bhinneka tungal ika« – Einheit in der Vielfalt – heißt es im Staatswappen Indonesiens. In der Tat gibt es kein anderes Land mit einer solchen Vielfalt an Völkern und Lebensformen. Vielfältig wie seine Völker sind auch die Landschaften Indonesiens. Tausende von Inseln liegen wie Reiskörner hingestreut beiderseits des Äquators, und ihre Größe variiert von winzigen unbewohnten Eilanden bis zu einigen der größten Inseln der Erde. Die großen Inseln wie Kalimantan (Borneo), Sumatra, Sulawesi, Java und Bali sind eine Welt für sich. Sie haben nicht nur eigene Hochkulturen hervorgebracht, sondern unterscheiden sich auch landschaftlich stark voneinander.

Im dicht besiedelten Java und Bali erheben sich über kunstvoll angelegten Reisfeldern aktive, ruhende oder erloschene Vulkane. Das Innere von Sumatra ist gebirgig, mit Seen und ausgedehnten Urwäldern. Ein gebirgiges Rückgrat durchzieht auch die Insel Sulawesi, den Lebensraum der Toraja. Berggipfel krönen die kleine, der Südküste Sumatras vorgelagerte Insel Nias. Hier sind einzigartige Zeugnisse einer einst weltumspannenden Kultur, der Megalithkultur, erhalten.

Genau zwischen Bali und Lombok verläuft eine Vegetationsgrenze, die Wallace-Linie. Bis Bali ist asiatische Flora verbreitet, auf Lombok beginnt die australische. Als letzte Reste einer alten Landverbindung, die einstmals bis nach Neuguinea reichte, reihen sich die Kleinen Sunda-Inseln Sumbawa, Flores und Alor aneinander. Dazwischen eingebettet liegt Komodo, das den Lebensraum des »Buaja Darat«, des »Landkrokodils«, der größten Echse der Welt, birgt. Nördlich der Sundastraße liegt Kalimantan (Borneo), die drittgrößte Insel der Welt; ihr Inneres ist mit Regenwäldern bedeckt, Lebensraum der Punan, der letzten Waldnomaden dieser Erde.

Natürlich bieten solche Naturlandschaften auch Trekkingmöglichkeiten. Individualisten wie Philipp Hans, der Autor des vorliegenden Führers, wissen dies und verstehen es, sie zu nutzen. Hans ist unter anderem in Indonesien aufgewachsen, spricht die Landessprache Bahasa Indonesia, und er hat sich ganz der Langsamkeit des Reisens zu Fuß, per Rad oder Bus verschrieben, was ihm eine Vielzahl von Begegnungen mit den Bewohnern Indonesiens ermöglichte. Seine Tourenvorschläge umfassen fast alle für das Trekking geeigneten Gebiete. Ausgespart blieb die Westhälfte Neuguineas (Irian Jaya), weil die Insel der Papuas ethnisch, kulturell und landschaftlich eine Welt für sich ist, der wir in der Reihe »Abenteuer Trekking« einen eigenen Band widmeten.

Immer wieder klingt die Sorge um die Vielfalt der Lebensformen und Landschaften an. Sie ist nicht unbegründet. Die vielbeschworene »Einheit in der Vielfalt« wird zunehmend unter dem Diktat der herrschenden Javaner zur Nivellierung, und die unersättliche Gier der Holzindustrie läßt die letzten großen zusammenhängenden Urwaldflächen auf Borneo, Sumatra und West-Papua rasch schrumpfen. Dagegen gleichen die wenigen unter Schutz gestellten Flächen Schrebergärten, sind nicht viel mehr als ökologische Feigenblätter.

Bruno Baumann

# Zu diesem Buch

Trekking in Indonesien in einem einzigen Buch darzustellen, erschien mir zu Beginn als kaum zu lösende Aufgabe. Nicht ohne Grund nennen seine Bewohner ihr Land, das mit über 17 000 Inseln größter Archipel der Welt ist, »Unser Land und Wasser«. Und welches Land ist in seinen geographischen und gesellschaftlichen Gegebenheiten so vielfältig und differenziert wie Indonesien?

Ich habe mich bemüht, bei der Auswahl und Zusammenstellung der Touren ein möglichst breites Spektrum an Routen mit unterschiedlichem Charakter zu berücksichtigen. So finden sich auch zwei Fahrradtouren als Möglichkeit des »langsamen Reisens«. Diese lassen sich gut mit einigen Wanderungen und Kurztreks kombinieren. In keiner Weise erhebe ich Anspruch auf Vollständigkeit – das wäre ohnehin ein Ding der Unmöglichkeit. Bei intensiverer Beschäftigung mit Indonesien werden sich Vorlieben für ganz bestimmte Volksgruppen und Inseln herauskristallisieren, die dem Reisenden unzählige neue Erlebnisse bescheren können.

Neben den rein praktischen Problemen bei der Auswahl der Touren kam für mich auch ein ethisches Problem hinzu. »Langsam reisen« bedeutet auch, Freundschaften zu schließen, Menschen kennenzulernen, die noch im Einklang mit sich und ihrer Umwelt leben. Zu häufig sind mir die negativen Seiten des Tourismus, die sich schon in seinen Anfängen zeigen, aufgefallen. Welche Auswirkungen hat es, in einem solchen Buch über ein fast ursprüngliches Gebiet und seine Bewohner zu schreiben? Bei den ersten Besuchern mag es sich, allein schon wegen der Strapazen der Reise, tatsächlich noch um einen Kulturaustausch und ein »Voneinanderlernen« handeln. Doch über kurz oder lang zieht so ein Gebiet auch den normalen Urlauber an, der auf möglichst wenig westliche Gewohnheiten verzichten möchte.

Nach wie vor sind unzählige Gebiete von touristischer Infrastruktur völlig unberührt geblieben, und ich möchte die Reisenden, die ernsthaft Interesse am Land und den indonesischen Volksgruppen haben, dazu ermuntern, diese Gebiete für sich zu entdecken. Entdeckungsreisen dieser Art erfordern Mut, Freude an Entbehrungen, Vertrauen und die Bereitschaft, hinzuzulernen. Wer sich darauf einlassen kann, wird mit Sicherheit von Erlebnissen berichten können, die in unserer Gesellschaft kaum noch zu erfahren sind.

Meinen Eltern möchte ich für die langjährige Unterstützung danken, die sie mir bis heute haben zukommen lassen. Meinem Vater, als sachkundigem Indonesienkenner, danke ich für die inhaltliche Auseinandersetzung mit dem Manuskript. Die Sulawesi-Fahrradtour widme ich meiner Freundin Karin, mit der ich diese Reise erlebt habe, und ich bedanke mich bei ihr für die kritische Auseinandersetzung mit den Texten. Meiner Großmutter, meinem Bruder und allen nahen Freunden in Indonesien und Deutschland danke ich für ihre jeweils ganz individuelle Hilfe.

Ich hoffe, mit diesem Buch eine kleine Brücke zwischen zwei Kulturkreisen geschaffen zu haben, die die Leser dazu ermutigt, hinüberzugehen, zu entdecken und voneinander zu lernen.

*Philipp Hans*
*Marburg, Frühjahr 1998*

Auf Samosir mit Blick nach Norden auf die Halbinsel Tuk Tuk.

# Das Land

## Ein topographischer Einblick

Das Motto der Republik Indonesien: »Bhinneka Tunggal Ika«, Einheit in der Vielfalt, prangt auf dem Staatswappen zwischen den Klauen des Vogels Garuda. Es symbolisiert Wunsch und Wirklichkeit dieser jungen Nation.

Mit über 17 000 Inseln, von denen 11 808 noch namenlos sind, ist Indonesien der größte Archipel der Erde. Entsprechend umschreibt die indonesische Sprache ihre Heimat mit den Worten »Tanah-Air-Kita«, was wörtlich soviel bedeutet wie »Unser Land und Wasser«. Die Inselkette erstreckt sich von Ost nach West über eine Länge von 5100 km, das entspricht einem Achtel des Erdumfangs, und einer Nord-Süd-Ausdehnung von 1900 km. Damit umfaßt Indonesien etwa 42 Prozent der Gesamtfläche aller Staaten Südostasiens. Auf Europa übertragen, würde sich das Land etwa von Schottland bis zum Kaspischen Meer und von Mittelschweden bis nach Bulgarien erstrecken.

Dieser gewaltige Inselbogen beidseits des Äquators, zwischen dem Indischen und dem Pazifischen Ozean, zieht sich entlang zweier tektonischer Platten, die seine Gestalt durch rege Vulkantätigkeit und Erdbeben ständig verändert haben. Über 300 Vulkane, von denen mehr als 100 noch tätig sind, prägen und beeinflussen das Leben der Indonesier nachhaltig.

## Blick in die Vergangenheit

Die Inseln des heutigen Indonesien wurden schon seit dem dritten Jahrtausend v. Chr. durch verschiedene Völkerwanderungen besiedelt. Diese Einwanderungswellen führten zu weitreichenden Umschichtungen, Verschmelzungen und Verdrängungen der angesiedelten Stämme.

Die indische Kultur ist im Inselreich stark ausgeprägt. Im ersten Jahrhundert unserer Zeitrechnung landeten indische Handelsleute an den weitläufigen Küsten, und mit ihnen kamen der hinduistische und buddhistische Glaube. Die Stammesfürsten nahmen die neue Religion positiv auf, da sie mit der Auffassung des Hinduismus vom Herrscher als göttlicher Inkarnation ihre eigene Rolle bestätigt sahen. Auch zu China begannen die Kontakte zunehmend enger zu werden, doch überschritten sie selten die Stufe wirtschaftlicher Beziehungen. Besonders die javanische Philosophie begünstigte die Weiterentwicklung der verschiedenen kulturellen und religiösen Einflüsse. Einerseits wurden Neuerungen und Veränderungen aufgenommen, andererseits wurden diese mit traditionellen Überzeugungen vermischt und auf die eigene Situation zugeschnitten. Daher konnten sich frühzeitig ausgesprochen mächtige und hochentwickelte Königreiche aus der Vielfalt der Völkerschaften heraus entwickeln. In erster Linie sind hier die Großreiche Sriwijaya vom 7. bis zum 13. Jahrhundert in Südsumatra und das Majapahit-Reich im 14./15. Jahrhundert in Ostjava zu nennen. Eine übergeordnete nationale Einheit war aber bis dahin noch nicht gegeben.

### Kolonialmacht Niederlande

Erst der europäischen Hegemonialpolitik gelang es, die zersplitterte Inselwelt zusammenzuführen. Die portugiesisch-spanische Allianz legte den Grundstein für die Eroberung der Inselkette. Als 1509 die Kriegsflotten in Nordsumatra landeten, kamen auch verstärkt katholische Missionare ins Land, die mit aggressivem Kreuzfahrergeist versuchten, die »Heiden« zu bekehren.

Im Jahre 1596 leiteten die Niederländer ihren vernichtenden Kampf gegen die Portugiesen ein. Mit der Vertreibung der Portugiesen begann für die »Insulinde«, den malaiischen Archipel, die 350 Jahre währende folgenschwere niederländische Kolonialpolitik. Kontinuierlich bauten die Niederländer ihre Macht aus und verfolgten primär das Ziel der wirtschaftlichen Ausbeutung der Inseln. Die Vereinigten Ostindischen Companien, kurz VOC, ein Zusammenschluß holländischer Handelshäuser, erhielt von den niederländischen Generalstaaten das uneingeschränkte Mono-

**Abstieg vom Vulkan Merapi auf Java, mit Blick auf den mächtigen Merbabu.**

pol über die Insulinde. Willkürlich und nur am Profit interessiert, regierten sie über 150 Jahre, und zur Steigerung des Gewinns war ihnen jedes Mittel recht. Immer kostspieligere Militäreinsätze sowie rückläufige Profite aufgrund sinkender Preise, Korruption und Mißwirtschaft brachten die VOC Ende des 18. Jahrhunderts an den Rand des wirtschaftlichen Ruins. Die neue niederländische Regierung, beflügelt von der Französischen Revolution, übernahm die territorialen Besitzungen sowie einen enormen Schuldenberg. Die folgenden Jahre von 1800 bis 1816 waren eine Katastrophe für die indonesische Bevölkerung und entscheidend für die weitere Entwicklung der Ostindischen Inselgruppe.

Während die Niederländer versuchten, ihren maroden Kolonialbesitz wieder profitabel zu machen, begannen die Briten, die schon lange ernstes Interesse an Holländisch-Ostindien hatten, einen Stützpunkt in Westsumatra aufzubauen. Nahezu kampflos gingen alle niederländischen Hoheitsgebiete, außer Java, in britischen Besitz über. Mit der Eingliederung der Niederlande in den französischen Staatsverband während der napoleonischen Kriege wurde Java 1811 für sieben Monate französische Kolonie. Noch im gleichen Jahr landete Sir Thomas Stamford Raffles mit einem 12 000 Mann starken Heer auf Java und annektierte die letzte der ursprünglich niederländischen Bastionen. Als entschiedener Gegner von Zwangsarbeit und Monopolwirtschaft brach Raffles mit der merkantilistischen Wirtschaftsform seiner Vorgänger. Neben der Umstrukturierung des Machtapparates trug er als Naturforscher maßgeblich zu neuen Erkenntnissen über den insularen Raum bei. Ihm ist neben der Entdeckung zahlreicher javanischer Kunstdenkmäler vor allem die des Borobudur-Tempels zu verdanken.

Nach Napoleons Niederlage wurde auf den Londoner Konventionen von 1814 die indonesische Kolonie an die Niederlande zurückgegeben. Raffles zögerte die Rückgabe über zwei Jahre hinaus, mußte sich dann aber auf die malaiische Halbinsel zurückziehen, wo er 1819 dem Sultan von Johore im Namen der englischen Krone die Insel Singapur abkaufte.

Die Rückkehr der Niederländer und die noch strengere Praxis der alten merkantilistischen Monopolpolitik vermehrten den Haß und die Ablehnung aller Bevölkerungsschichten. Erst Anfang des 20. Jahrhunderts gelang es den Niederlanden, die gesamte ostindische Inselwelt unter ihre Herrschaft zu bringen.

## Der Malaiische Archipel im Zweiten Weltkrieg

Die Besetzung der Niederlande durch Deutschland im Mai 1940 stärkte den zunehmenden Freiheitsdrang der indonesischen Völkergemeinde. Die Kolonialregierung hielt jedoch den Freiheitsbewegungen stand, bis, mit einem Angriff, der nur wenige Wochen dauerte, die Japaner am 10. Januar 1942 die niederländische Herrschaft im indonesischen Archipel ablösten. Die indonesischen Völker feierten die Japaner zunächst als Befreier von der Unterdrückung, mußten jedoch sehr schnell feststellen, daß sie von einer tyrannischen Armee erobert worden waren. Das brutale Vorgehen der Japaner konnte die Freiheitsbestrebungen nicht beenden, im Gegenteil, sie flammten nur noch stärker auf. Schon im September 1944 machten die Japaner den Indonesiern erste Zugeständnisse und versprachen ihnen für aktive Unterstützung im Krieg gegen die Alliierten die Unabhängigkeit. Mit dem Abwurf der Atombombe am 6. August 1945 auf Hiroshima war die Niederlage des Kaiserreichs Nippon endgültig besiegelt. Die Gunst der Stunde nutzend, rief Sukarno, eine führende Person im Befreiungskampf, am 17. August 1945 die Republik Indonesien aus.

## Der Befreiungskampf – Merdeka

Die Niederlande, gerade von der Besetzung durch die Deutschen befreit, wollten nicht wahrhaben, daß sie ihre ehemalige Kolonie verloren hatten. Mit Unterstützung der alliierten Siegermächte tauchten sie schon am 29. September 1945 im Archipel auf, um die alten Gegebenheiten wiederherzustellen. Doch das Rad der Geschichte konnten sie nicht zurückdrehen. Vier Jahre sollte dieser sinnlose Machtkampf dauern, dem Tausende von Menschen zum Opfer fielen, um schließlich in die

Erkenntnis zu münden, der todesmutigen Entschlossenheit der Indonesier, ihre Freiheit zu verteidigen, nicht gewachsen zu sein.

## Das freie Indonesien

Am 27. Dezember 1949 erklang die Nationalhymne »Indonesia Raya«, die rotweiß gestreifte Flagge wurde gehißt, und die »Vereinigten Staaten von Indonesien« *(Indonesia Serikat)* erhielten die Souveränität. Zunächst bestand das Land aus 16 Teilstaaten. Dies entsprach fast dem gesamten niederländischen Kolonialbesitz, mit Ausnahme von West-Neuguinea, dem die Niederlande noch die Unabhängigkeit verweigerten. Am 17. August 1950, dem fünften Jahrestag der Merdeka-Proklamation, wurde Sukarno zum ersten Präsidenten der Republik Indonesien ernannt.

Das Motto im Staatswappen – »Bhinneka Tunggal Ika«, »Einheit in der Vielfalt« – war zunächst mehr Fluch als Segen. Nach den jahrelangen Kriegswirren war das Land wirtschaftlich am Ende. Ethnische, religiöse und ideologische Gegensätze zersplitterten das für die schnelle wirtschaftliche Entwicklung notwendige Nationalgefühl. Nach verschiedenen Aufständen von Separatisten auf Sumatra, Nordsulawesi und Westjava verhängte Sukarno 1957 den Ausnahmezustand; das Militär wurde ermächtigt, Aufstände sofort niederzuschlagen. Ende der 50er Jahre nahm Sukarnos Ansehen sowohl beim Volk als auch im Ausland wegen der innenpolitischen und wirtschaftlichen Probleme immer weiter ab. Zunehmende Verarmung der Bevölkerung, Hunger und Rezession versuchte er durch eine abenteuerliche Außenpolitik zu übertünchen. Da die Niederlande nicht einlenken wollten, wurden militärische Operationen gegen West-Neuguinea eingeleitet sowie eine brisante Konfrontation mit dem Nachbarland Malaysia heraufbeschworen, das nach Ansicht Sukarnos »ein Produkt westlichen Neokolonialismus« war. Während die Beziehungen zu den USA immer frostiger wurden, intensivierte Sukarno wirtschaftliche und politische Bande mit China und der UdSSR.

Den Todesstoß versetzte sich Sukarno schließlich selbst durch die Enteignung und Vertreibung von Amerikanern aus Indonesien und dem Austritt aus den Vereinten Nationen im Jahr 1965. Das Land setzte zu einer atemberaubenden Talfahrt an; die Inflationsrate stieg auf über 600 Prozent, die Auslandsverschuldung von über 6 Mrd. US-Dollar zerrüttete die Staatsfinanzen. Diese unhaltbaren Zustände, dazu der drastische Ertragsrückgang in der Landwirtschaft, leiteten die Revolution und den Machtwechsel ein.

## Der Weg zur neuen Ordnung

Bis heute ist nicht eindeutig geklärt, ob es sich bei der schicksalhaften Nacht vom 30. September auf den 1. Oktober 1965 um einen kommunistischen Putschversuch oder einen verschleierten Staatsstreich des Militärs handelte.

Als gesichert gilt, daß um Mitternacht des 30. September radikale Teile der Kommunisten und sympathisierende Offiziere losschlugen, um einem Putschversuch konservativer

**Farbenprächtig ist die tropische Pflanzenwelt. Blüten der verwandten Bananenstaude.**

Militärs zuvorzukommen. Der Kommandant der Leibwache Sukarnos, Oberleutnant Untung, entführte in dieser Nacht die sechs ranghöchsten Offiziere, ließ sie ermorden und verkündete am 1. Oktober aus der besetzten Rundfunkstation den Staatsstreich.

Dies war die entscheidende Stunde des Generals Suharto, Kommandeur der strategischen Reserven, der seiner Inhaftierung mit knapper Not entkommen war. Innerhalb von 24 Stunden hatte er die Lage wieder im Griff, und der Gegenschlag sollte heftig und grausam sein. Noch am selben Tag wird die kommunistische Partei PKI verboten und eine Hetzjagd auf alle den Putschisten nahestehenden Personen gemacht. Nach Schätzungen von Amnesty International starben in den Monaten nach dem Putschversuch knapp 1 Million Menschen, darunter Kommunisten, Sympathisanten, Bauern- und Gewerkschaftsführer sowie kritische Zeitgenossen. Schon am 11. März 1966 unterschrieb Sukarno auf Druck des Militärs ein Dokument, welches General Suharto de facto die Regierungsgewalt übertrug. Der neue Präsident Suharto vollzog politisch sowie wirtschaftlich eine Kehrtwendung. Noch im gleichen Jahr erfolgte die Rückkehr in die Vereinten Nationen. Die Konfrontation mit Malaysia wurde beigelegt, und die neue Führung bemühte sich aktiv um die Gründung einer »Assoziation Südostasiatischer Staaten« (Association of South East Asian Nations, ASEAN). Die Kontakte zu den Ostblockländern wurden eingefroren, und man wandte sich den westlichen Industrienationen zu. Liberalisierung der Wirtschaft sowie Steuererleichterungen und ungehinderter Kapitaltransfer schufen Anreize für ausländische Investitionen. So wurde Indonesien in den 70er und 80er Jahren für große ausländische Konzerne zum Eldorado.

Im Jahre 1969 wurde die heutige Provinz Irian Jaya, laut UN-Beobachtern eine »Wahlfarce«, formell in den indonesischen Staat in-

**Auch bei der modernen Bauweise von Wohnhäusern bietet sich aufgrund der Überschwemmungen in der Regenzeit die Stelzenbauweise an.**

tegriert. Weniger diplomatisch zeigte sich die neue Führung bei der Annexion Timors. Kurz nachdem sich die Portugiesen 1975 aus Ost-Timor zurückgezogen hatten, landeten indonesische Truppen auf der Insel. Den bis heute anhaltenden militärischen Auseinandersetzungen zwischen der Unabhängigkeitsbewegung Fretelni und den Regierungstruppen sind direkt oder indirekt circa 150 000 Menschen zum Opfer gefallen.

## Die Regierungszeit Suhartos

War die eigentliche Machtübernahme des Generals ausgesprochen diplomatisch und mit berechnendem Kalkül durchgeführt worden, so verlief die Machtsicherung zunächst ausgesprochen brutal. Die Ausrottung der gesamten kommunistischen Bewegungen gehört zu den Schattenseiten der neuen Ordnung. Die antikommunistische Haltung des Generals wurde jedoch zunächst im kapitalistischen Westen wohlwollend betrachtet und sein Regime als ein antikommunistisches Bollwerk finanziell unterstützt.

Trotz der Hilfe stand das Land kaum lösbaren Problemen gegenüber. Da waren die heruntergewirtschaftete und verschuldete Staatskasse, eine miserable wirtschaftliche Situation, ethnische sowie religiös-militante Widerstandsgruppen und die geographische Isolation der Außeninseln. Eine parlamentarische Demokratie schien Suharto in dieser Situation nicht das geeignete Mittel, die Probleme zu lösen. So besetzte er strategisch wichtige Positionen zunehmend mit loyalen Untergebenen. Das Militär wurde nicht nur provisorisch, sondern dauerhaft als Ordnungshüter der Nation institutionalisiert. Mit dem politischen Konzept »Dwi Fungsi« war ihm eine Doppelfunktion zugeschrieben: Es war zur Sicherung nach außen und für den Aufbau im Inneren mitverantwortlich. Die wirtschaftliche Rolle des Militärs sollte in Hilfe beim Straßenbau, beim Brunnenbohren bis hin zur Feldarbeit bestehen.

Zur politischen Absicherung von Suhartos Regime wurde die Golkar-Partei ins Leben gerufen. Sie ist seitdem die unangefochtene Regierungspartei. Ihre Wahlsiege verdankt sie, besonders in den ersten Wahlen, massiver Belehrung und Einschüchterung der Bevölkerung durch das Militär. Alle dem Staatsdienst angehörenden Personen mußten sich verpflichten, die Regierungspartei zu wählen. Wirtschaftlicher Aufbau und Etablierung eines starken Indonesien waren durch alle sechs Amtszeiten Suhartos zentraler Bestandtei seiner stark nach innen gerichteten Politik. *Pancasila,* seit 1945 Staatsphilosophie, ist ein bedeutender Eckpfeiler seiner Innenpolitik. Ihre Anerkennung ist staatsbürgerliche Pflicht. Pancasila verpflichtet zum Glauben an einen einzigen Gott, zu Humanität, Nationaler Einheit, Demokratie und sozialer Gerechtigkeit.

Mitte der 70er Jahre mußte der Präsident noch einige Krisensituationen bewältigen. Sein außenpolitisches Ansehen wurde durch die dilettantische Militärinvasion in Timor 1975 stark erschüttert. Zu den innenpolitischen Problemen zählten die zunehmenden Proteste gegen die offensichtliche Korruption in Regierungskreisen sowie religiöse Konflikte mit den Muslimen. Wirtschaftliche Stagnation und sinkende Ernteerträge führten zu zunehmender Unzufriedenheit in der Bevölkerung. Durch steigende Ölpreise und phantastische Ernten 1980/81 änderte sich die Situation zugunsten des Präsidenten. Im Zuge des wirtschaftlichen Aufschwungs nutzte die Regierung die positive Stimmung im Land, um Freiheitsbestrebungen zu zertreten und die Pressefreiheit weiter einzuschränken.

Im Laufe der 80er Jahre dominierte die Persönlichkeit Suhartos als Vater der Nation immer mehr das gesamte politische und gesellschaftliche Spektrum. Opposition aus dem zivilen oder militärischen Lager ging immer mehr zurück. Anfang der 90er Jahre glaubte man schon, daß Suharto sich zur Ruhe setzen würde. Doch mit neuen Verbündeten an der Seite trat er seine sechste Amtsperiode an. Nach und nach entließ er wichtige Persönlichkeiten, die ihm bisher loyal zur Seite gestanden hatten. Es hat den Anschein, als wollte er die Früchte seiner Amtszeit allein ernten. Erfolge lassen sich auch nicht wegdiskutieren. So haben sein autoritärer Führungsstil, der in Indonesien grundsätzlich kulturelle Akzeptanz findet, sowie seine pragmatische Wirtschaftspolitik durchaus eine starke Nation geformt. Indonesien ist nicht mehr der ärmliche Agrarstaat von vor dreißig Jahren. Der Anteil der Ärmsten ist drastisch gesunken, Bildung und Wohlstand gelangen in jeden Winkel des Inselreiches.

Der industrielle Sektor ist in den vergangenen 15 Jahren überdurchschnittlich gewachsen. Besonderes Augenmerk gilt der Konzentration auf nicht-ölorientierte Industrieproduktion. So kommen 80 Prozent der Non-Oil-Produkte, das ist ein Fünftel des Sozialprodukts, aus dem verarbeitenden Gewerbe. Das nominelle Pro-Kopf-Einkommen ist seit Suhartos Amtsantritt um 900 % gestiegen. Wirtschaftlicher Fortschritt war von Beginn an das oberste Ziel, was überall im Land deutlich zu sehen ist, sei es in Jakarta, wo Glitzerpaläste wie Pilze aus dem Boden schießen, oder auf dem Land, wo der Ausbau der Infrastruktur mit großer Anstrengung vorangetrieben wird. Mit der wirtschaftlichen Entwicklung hat sich aber auch die indonesische Gesellschaft verändert. Neue Wünsche und Träume sind geweckt worden. Schneller Fortschritt in der Telekommunikation hat diesen Wandel beschleunigt und bis tief in die ländlichen Gebiete transportiert.

Seit der erneuten Wiederwahl Suhartos im Jahr 1993 werden die Stimmen immer lauter, die eine Veränderung der politischen Landschaft fordern. Die Korruption, mittlerweile eines der größten Probleme im Land, wird angeprangert. Stärker denn je werden Meinungsfreiheit und Bewegungsfreiheit besonders von jungen Indonesiern eingefordert. Die Regierung jedoch antwortete 1994 mit der Schließung dreier großer Zeitschriftenhäuser und weiteren Repressionen gegen das Volk.

Die Regierung, auf einen Mann als übermächtigen Vater der Nation konzentriert, ist im wahrsten Sinne veraltet und überholt. Führungsmethoden, die vor 20, 30 Jahren vielleicht angebracht waren, sind einer sich verändernden Gesellschaft nicht mehr adäquat. Indonesiens dynamische Wirtschaft braucht dringend eine politische Reform, um eine solide Basis für die Zukunft zu schaffen.

## Das moderne Indonesien

Indonesiens heterogene Bevölkerung bildet mit 193 Millionen Menschen den viertgrößten Staat der Erde. Damit ist es de facto der größte islamische Staat dieser Welt. Sämtliche machtpolitischen Fäden dieses Vielvölkerstaates laufen in der Megametropole Jakarta, zugleich Hauptstadt des Inselreiches, zusammen. Sie verdichten sich bei Pak Suharto, der seit nunmehr 33 Jahren das Land mit eiserner Hand regiert.

Suhartos Amtszeit geht 1998 erneut zu Ende. Es liegt letztendlich in seinen Händen, mit welcher Dynamik und Innovation Indonesien in das neue Jahrtausend startet. Es bleibt zu wünschen, daß er noch rechtzeitig die Notwendigkeit tiefgreifender politischer Reformen erkennt und diese in die Wege leitet. Die Art und Weise des Übergangs in die »Nach-Suharto-Ära« wird darüber entscheiden, ob Indonesien seiner hohen Maxime und dem Wunsch nach »Einheit in der Vielfalt« ein Stück näherkommt oder sie verfehlt.

### Staatswappen und Pancasila

Das Staatswappen Indonesiens ist der *Garuda,* übernommen aus der javanischen Mythologie. Sein Gefieder symbolisiert den Unabhängigkeitstag: Linker und rechter Flügel jeweils den Tag, die Schwanzfedern den Monat und die Halsfedern das Jahr. Das *Pancasila*-Wappen bildet den Rumpf des Greifvogels. Seit der Einführung der »fünf Prinzipien« 1945 sind diese bis heute Grundstein der indonesischen Verfassung:

- Der Stern: Steht für den Glauben an einen Allmächtigen, sei es Allah, christlicher Gott, Visnu oder Buddha.
- Die Kette: Symbol der Humanität und Ausdruck dafür, daß alle Menschen gleich sind und zusammengehören.
- Der Büffelkopf: Der Wasserbüffel, der im ganzen Archipel verbreitet ist, fordert alle ethnischen Gruppen zur Einheit auf.
- Der heilige Banyan-Baum: Sinnbild für Demokratie. Aus einem Stamm entfaltet sich eine weit verzweigte Baumkrone, Symbol der Vielfalt des freien Indonesien.

- Eine Reis- und Baumwollähre: Sie symbolisieren die soziale Gerechtigkeit. Eine gerechte und blühende Gesellschaft hat Nahrung und Kleidung für jeden.

## Völkervielfalt

### Die ethnischen Gruppen

Indonesiens Völkermosaik entspricht etwa der geotektonischen Zersplitterung seiner Inselwelt. Auf den über 900 bewohnten Inseln werden circa 360 verschiedene Ethnien gezählt. Diese wiederum spalten sich in zahlreiche kleinere, sprachlich sowie kulturell unterschiedliche Volksgruppen und Stämme auf. Nicht nur die Vielfalt der Gruppen, sondern auch ihre sozio-kulturellen Entwicklungsstufen übergreifen die letzten 3000 Jahre der Menschheitsgeschichte: vom steinzeitlichen Jäger und Sammler der Regenwälder Kalimantans oder Irian Jayas bis hin zum Broker an der Börse von Jakarta. In den 53 Jahren des indonesischen Staates haben sich Anfänge eines nationalen Bewußtseins bilden können. Doch nach wie vor fühlt sich ein Indonesier in erster Linie als Angehöriger seiner Volksgruppe.

**Indonesierinnen aus den islamischen Landesteilen sind nicht gezwungen, die Kopfbedeckung zu tragen. Wenn sie ihn tragen, wirkt es modisch und stilvoll.**

**Immer zu Scherzen aufgelegt – es ist wichtig, sich selbst niemals zu ernst zu nehmen.**

### Die Staatssprache Bahasa Indonesia

Unter den unzähligen Sprachen und Dialekten Indonesiens haben zwei Sprachen von jeher eine bedeutende Rolle gespielt: das Altjavanische und das Malaiische. Das Altjavanische ist eine ausgesprochen komplizierte Sprache mit fünf Dialekten, die zudem einen nach dem sozialen Stand differenzierten Wortschatz aufweist.

Die malaiische Sprache, als »Lingua franca«, als Handelssprache schon weit im Archipel verbreitet, dient seit mehreren Jahrhunderten zur Kommunikation unter den Völkerschaften. Aus dieser Sprache wurde die »Bahasa Indonesia« entwickelt. Sie ist nicht nur ein überregionales Verständigungsmittel, sondern dient auch der Vereinigung einer heterogenen Bevölkerung. Aufgrund der langen Präsenz europäischer Mächte findet man Lehnwörter aus dem Portugiesischen und Niederländischen.

### Die Religionen

Jene 1500 Jahre, in denen Java unter hinduistisch-buddhistischem Einfluß stand, bedeuteten den ersten Kontakt mit einer der heutigen Hochreligionen. Ab dem 13. Jahrhundert er-

**Bizarre Landschaft südöstlich von Makale im Land der Toraja.**

reichten arabische Seefahrer die Küsten Sumatras und Javas, im Gepäck den islamischen Glauben, der sich rasch im Archipel verbreitete. Hand in Hand mit den europäischen Kolonialmächten kamen später Missionare in das Land und versuchten, den »Wilden« den christlichen Glauben näherzubringen. Die portugiesischen Geistlichen verbreiteten den Katholizismus an den Flanken des Archipels, auf den Inseln Flores, Ambon und Timor, auf denen bis heute die Mehrheit katholisch ist.

Während der anschließenden niederländischen Kolonialepoche bestimmte die niederländische reformierte Kirche die Missionstätigkeit. Protestantischen Glaubens sind heute noch die Batak, angesiedelt im Gebiet des Tobasees, die Tanah Toraja auf Südsulawesi und die Minahasa auf Nordsulawesi.

Der Synkretismus, die Verschmelzung von Elementen einer Hochreligion mit traditionellen religiösen Vorstellungen und Kulturen zu einer neuen Religion, ist existentieller Bestandteil der indonesischen Kultur und damit sehr bedeutend für das Verständnis von Land und Leuten. Heute bekennen sich 87 Prozent der Bevölkerung zum islamischen Glauben sunnitischer Richtung. Christen beider Konfessionen bilden mit 9,5 Prozent, Hindus sowie Buddhisten mit ca. 2 Prozent, Taoisten und Konfuzianer mit 1 Prozent die religiösen Minderheiten im Land. Diese Hochreligionen wurden zu unterschiedlichen Epochen auf den einzelnen Inseln eingeführt und vermischten sich mit den regional sehr unterschiedlichen Stammesreligionen, Kulturen und Adat-Traditionen, dem indonesischen »Gewohnheitsrecht«.

## Tourismus

Der Tourismus ist ein verhältnismäßig junger Erwerbszweig. Bis Mitte der 80er Jahre standen Bali und Java im Mittelpunkt des Interesses. Wagemutigere Kenner besuchten jedoch auch andere Landesteile, meist als »Rucksackreisende«.

Kaum ein Land ist so vielfältig in seiner Natur, so reich an lebendiger Kultur, so magisch-geheimnisvoll im Glauben und so herzlich von seinen Menschen her wie Indonesien. Es locken Reisterrassen, Dschungel, Vulkane, exotische Pflanzen und Tiere, Sandstrände und bunte Korallengärten. Einzigartige Tempelanlagen, wie die des Borobudur, Tempelfeste, schillernde Folklore und immer wieder gastfreundliche Menschen laden ein. Menschen, die uns teilhaben lassen an ihrer Kultur und die sich freuen, etwas über das Heimatland ihrer Gäste zu erfahren.

Als erkannt wurde, welch enormes Entwicklungspotential im Tourismus liegt, wurde begonnen, die Verkehrswege zu den touristischen Sehenswürdigkeiten, die im gesamten Archipel verstreut sind, gezielt auszubauen. Dieser Anfang verlief zunächst mühsam und langsam. Doch als die westliche Welt erfuhr, daß Indonesien mehr ist als nur Bali, setzte ein wahres Wettrennen ein. In den Jahren 1990/91 stieg die Zahl der Besucher um 60 Prozent auf 2,6 Millionen. Im Jahr 1994 wurde die Viermillionengrenze überschritten, und bis 1999 sollen es 6,5 Millionen sein. Im jüngsten Fünfjahresplan der Regierung wird angestrebt, daß der Tourismus bis zur Jahrtausendwende zum größten Devisenbeschaffer des Landes avanciert. Daß dies nicht ohne Risiko ist, zeigt der rasche Rückgang von Besucherzahlen bei Naturkatastrophen, wie sie das Land mit den Wald- und Moorbränden im Herbst 1997 heimgesucht haben.

## Kulturschock

Reisende, die zum ersten Mal nach Asien und genauer nach Indonesien kommen, werden von einer gewaltigen Fülle neuer Eindrücke überrascht. Diese zu verarbeiten und jeden Tag weitere aufzunehmen ist eine enorme Herausforderung. Begegnungen mit den Menschen gehören zu den schönsten und einprägsamsten Erlebnissen auf einer Reise durch den Archipel. Für den, der sich entschließt, »langsam« zu reisen, stehen unendlich viele Möglichkeiten offen, das Land und seine Menschen als Einheit kennenzulernen.

Berechtigt und durchaus produktiv sind Bedenken der Reisenden, sich vielleicht im Gastland aus Unkenntnis falsch zu verhalten. Alle Tabus, Sitten, Regeln und Gebräuche des Vielvölkerstaates aufzuzeigen ist kaum möglich. Doch gerade Reisende, die sich von den Touristenzentren entfernen, werden darauf angewiesen sein, sich an einige Grundregeln indonesischer Verhaltens- und Lebensweisen anzupassen. Einige Tugenden, die bei allen Volksgruppen Indonesiens gleichwohl geschätzt werden, möchte ich an dieser Stelle kurz anführen.

Höflichkeit und Respekt gegenüber den Mitmenschen sind grundlegende Tugenden eines Reisenden. Bei einem Konflikt die Beherrschung und höflichen Umgangston zu bewahren, ist eine weitere Herausforderung. Konflikte lassen sich, wenn überhaupt, nur auf höfliche Art lösen. Nur so ist gewährleistet, daß keine der Parteien das Gesicht und somit die Würde verliert. Reisende sollten beachten, daß Konflikte meist aus ihrer eigenen Unkenntnis der Sachlage entstehen und nicht aufgrund von Böswilligkeit oder Unwilligkeit.

Bescheidenheit, Toleranz und Anpassungsfähigkeit werden sehr geschätzt und dienen einem harmonischen Miteinander.

## Trekking in Indonesien

Modernes Trekking ist eine neue Entwicklung im boomenden indonesischen Tourismusgeschäft. Aufgrund der üppigen und vielfältigen Natur zieht es immer mehr Touristen zum Trekken in den Archipel. Doch nur wenige Wandergebiete weisen die nach unseren Vorstellungen relevanten Trekking-Einrichtungen, wie beispielsweise Hütten, Wasserstellen, Markierungen und detaillierte Wegbeschreibungen auf. Die Gegend um den Vulkan Rinjani ist eines der wenigen Wandergebiete mit einer ausgebauten Infrastruktur. Daher muß man beim Trekking in diesem Land umdenken. In jeder Region, die menschliche Siedlungen aufweist, besteht die Möglichkeit zu wandern, falls man es sich zutraut, auch selbständig. Menschenleere Gebiete sind für uns unzugängliche Gebiete und können nur mit ortskundigen Führern begangen werden. Daraus wird ersichtlich, daß der Mensch beim Naturerlebnis in diesem Land eine ganz zentrale Rolle spielt.

### »Erlebnis Mensch«

Beim Wandern oder Fahrradfahren sind Begegnungen und Kontakte mit den Einheimischen eine Notwendigkeit, die zu einem Erlebnis besonderer Art werden kann. In schwach besiedelten ländlichen Gebieten ist der Reisende oft auf die Gastfreundschaft der dort siedelnden Menschen angewiesen. Eine ganz besonders reizvolle und ausgesprochen indonesische Sitte ist es, Reisende auf herzliche und natürliche Art in ihr Haus aufzunehmen, um ihnen Schutz zu gewähren. Dies ermöglicht es dem »langsam« Reisenden, selbständig in jedes unwegsame Gebiet vorzudringen, wenn er weiß, daß dort Menschen anzutreffen sind.

Indonesier sind in den seltensten Fällen Einzelgänger, sondern stark geprägt durch Dorf, Sippe, Volk. Diese zu verlassen und in die Fremde zu gehen bedeutet, den Schutz der eigenen Gemeinschaft aufzugeben. Ein Reisender ist demzufolge hoch angesehen, da er Mut beweist, das Gewohnte hinter sich zu lassen. Dennoch ist man sich bewußt, daß dieser mutige Mensch schutzlos ist. Es ist daher eine Selbstverständlichkeit für indonesische Familien, Reisende, gleich welcher Herkunft, aufzunehmen. Sie sehen es als ihre menschliche Aufgabe, dem »Einsamen« Schutz vor der Nacht, den Geistern *(hantu)* und der Isolation zu geben.

Ich traf auf meiner Fahrradtour in Flores einen jungen Indonesier, der sein Land einmal durchlaufen wollte. Er hatte dafür drei Jahre geplant und war bereits seit sieben Monaten unterwegs. Auf die Frage, woher er das Geld dafür nehme, erzählte er, daß er sich um Verpflegung und Unterkunft nie Sorgen machen müsse, da er von Familien aufgenommen werde und er ihnen im Gegenzug von seinen Erlebnissen berichte. Brauche er Geld, so erhalte er in jeder Provinz auf Anfrage eine Art »Überlebensgeld« von den Behörden.

Die Vorstellung des Mitteleuropäers vom Erlebnis in freier Natur, umgeben von Sternen und dunkler Nacht, stoßen bei den Einheimischen auf Unverständnis, weil draußen im Dunkel zu viele Gefahren lauern können. Die Ablehnung einer Einladung, im Haus zu übernachten, sollte man ausgesprochen sensibel und mit der nötigen Achtung den Menschen gegenüber vorbringen. Bleibt man in der Nähe des Dorfes, so sollte man abends zumindest die Dorfgemeinschaft aufsuchen und in geselliger Runde von sich und der Reise berichten. Fotos aus dem eigenen Land, der Familie, der Stadt sind dabei sehr nützlich und werden mit Interesse aufgenommen.

Je aufgeschlossener man den Einheimischen entgegentritt, desto schneller wird man sich an Sitten und Gebräuche anpassen und um so vielfältiger wird das Erleben von Mensch und Natur sein.

## Gefahren beim Trekking

Die natürlichen Gefahren einer Vulkanbesteigung oder eines Dschungeltrekks sind offensichtlich. Daher ist es wichtig, die Ratschläge der lokalen Bevölkerung ernst zu nehmen. Je nach Unternehmung ist das Risiko unterschiedlich groß und zum Teil auch nicht zu beeinflussen. Risikoprävention ist oberste Prämisse, denn bei einem Unfall, besonders in abgelegenen Gebieten, kann mit schneller Hilfe nicht gerechnet werden. Der Wahl eines ortskundigen Führers, der meist zugleich auch Träger ist, kommt daher große Bedeutung zu. Er wird nicht nur zum Helfer in allen Situationen, sondern ist der Schlüssel für das abenteuerliche Naturerlebnis, das der Reisende sucht.

Indonesien gehört zu den sichersten Reiseländern der Welt. Freilich hat auch hier die Kleinkriminalität in den letzten Jahren zugenommen, konzentriert sich aber hauptsächlich auf die großen Touristenhochburgen wie z. B. Bali. Abseits der Touristenmassen ist es ausgesprochen sicher.

Hierzu noch einige Ratschläge:

- Verlassen Sie sich auf Ihr Gefühl. Stört Sie an der Unterkunft bzw. deren Betreibern etwas, auch ohne daß Sie begründen können, worum es sich konkret handelt, ziehen Sie um. Lassen Sie sich für Entscheidungen Zeit! In der Ruhe liegt die Kraft!
- Schließen Sie Fenster und Zimmer ab, bevor Sie die Unterkunft verlassen. Geben Sie demonstrativ einem der höheren Angestellten, dessen Namen Sie kennen, den Zimmerschlüssel. Damit übertragen Sie ihm unausgesprochen die Verantwortung für das Zimmer. Bei einem Schaden wird die Polizei sich zuerst an diese Person wenden.
- Halten Sie besonders in ländlichen Gegenden immer genügend kleine Scheine bereit, um unnötiges Aufsehen zu vermeiden. Oft kann sogar auf einen 10 000-Rupiah-Schein (weniger als 10 DM) nicht herausgegeben werden.

## Worauf ist beim selbständigen Trekken zu achten?

### Orientierung

Nach Karten zu wandern scheitert meistens an der unzureichender Kartenvorlage. Es sind zur Zeit keine detaillierten Wanderkarten von Indonesien erhältlich. Dies erfordert es einmal mehr, sich auf die lokale Bevölkerung zu verlassen, doch birgt eine Wegbefragung der Menschen im ländlichen Raum auch die Gefahr falscher Angaben. Die Leute haben oft keine konkrete Vorstellung von der Länge eines Kilometers. Die Fragen: »Wie viele Kilometer sind es noch bis …?« oder »Wie weit ist es noch bis …?« führen daher kaum zu brauchbaren Antworten. Gleiches gilt auch für direkte Fragen nach der zeitlichen Dauer, die für eine Strecke benötigt wird.

Um verwendbare Aussagen zu erhalten, sollte folgendermaßen vorgegangen werden:

- Zunächst ist die Strecke, die schon bewältigt wurde, dazulegen, um erkennen zu können, wie der Befragte den Abschnitt einschätzt.
- Soll ein bestimmtes Ziel angesteuert werden, ist die Frage neutral und allgemein zu stellen. Zum Beispiel: »Ich möchte gerne zu Fuß nach Gomo, ist das möglich?« Wird die Frage bejaht, ist nachzufragen: »Wo ist denn ein Weg, den ich zu Fuß nach Gomo gehen kann?« Auch wenn einem selbst die Richtung einigermaßen klar ist sollte die Frage nie die implizierte Antwort enthalten,

nach dem Motto: »Führt der linke Weg nach Gomo?« Möglicherweise führen beide Wege nach Gomo, und der rechte ist sogar besser. Da der Gesprächspartner aber in diesem Moment nicht weiß, weshalb man gerade den linken benutzen möchte, wird er die Frage aus Höflichkeit bejahen, ohne auf die kürzere Möglichkeit hinzuweisen.

- Bei Zeitangaben ist es wichtig zu erfahren, ob der Befragte die Strecke regelmäßig geht. Je nach eigener Fitneß und unter Berücksichtigung des bekannten Streckenabschnitts kann die Zeitangabe mit einem Faktor von 1,5 bis zu 2 multipliziert werden, um einen annähernd sicheren Wert zu erhalten.
- In jedem Fall: Lassen Sie sich Zeit, bleiben Sie geduldig und nutzen Sie diese Gespräche als Möglichkeit und Teil der Reiseerfahrungen!
- Entlang der beschriebenen Touren sind markante, bleibende Punkte explizit genannt. Wegbeschreibungen im Dschungel sind nicht oder nur teilweise angegeben, da sich die Pfade schnell verändern. Zur eigenen Sicherheit sollten Sie immer einen Führer in solche Gebiete mitnehmen.

### Verständigung

Abseits der Touristenpfade gibt es nur wenige Indonesier, die Englisch sprechen. Um Verständigungsschwierigkeiten zu minimieren, ist es ausgesprochen nützlich, sich einen indonesischen Grundwortschatz zu erarbeiten. Dieser Aufwand ist selbst bei einem kürzeren Aufenthalt lohnend, zumal Indonesisch verhältnismäßig leicht erlernt werden kann. Selbst die Beherrschung weniger Redewendungen wird von den Einheimischen als Sympathiebekundung für ihr Land und ihre Kultur empfunden. Daraus ergeben sich interessante Bekanntschaften und eine neue Dimension des Reisens.

### Quartiere und Übernachtungsmöglichkeiten

In touristisch erschlossenen Gebieten gibt es meist verschiedene Unterkünfte verschiedener Preisklassen. Ausgewählte, schlichte, aber saubere Unterkünfte, die entlang der beschriebenen Touren liegen, sind im Serviceteil angegeben. In anderen Ortschaften ist grundsätzlich nach *Losmen* oder *Penginapan* zu fragen. Sind keine offiziellen Unterkünfte zu bekommen, stellt man sich beim *kepala desa,* dem Dorfvorsteher oder Bürgermeister, vor. Dieser nimmt sich der Besucher an und organisiert eine Übernachtungsmöglichkeit. Bei den Zelt- oder Lagerplätzen auf den Wandertouren handelt es sich meist nur um freie ebene Flächen, in deren Nähe in der Regel Wasser zu finden ist. Auf keinen Fall findet man sanitäre Einrichtungen oder dergleichen vor. Manchmal sind Schutzhütten errichtet, aber Sie sollten sich nicht auf deren Existenz verlassen und deshalb vor Ort diesbezüglich Erkundigungen einholen. Bei Fahrradtouren ist Zelten entlang der Straße bedenkenlos möglich, allerdings sollte immer ein ausreichender Wasservorrat mitgenommen werden.

Tagesetappen, sei es beim Wandern oder Fahrradfahren, sind Vorschläge, um die einzelnen Etappen in vernünftige und gleichwertige Abschnitte einzuteilen. Besonders bei einer Fahrradtour sind die Übernachtungsplätze nicht zwingend, da entweder »wild« gezeltet oder bei Privatleuten übernachtet werden kann. Somit können individuell ganz andere Kriterien zur Etappenplanung herangezogen werden.

## Wie verhalte ich mich als Gast?

Wie überall, verfährt man auch in Indonesien am besten nach dem Prinzip »Wer nichts hat, dem gibt man, wer etwas hat, der gibt«. Nimmt man den »Schutz« einer Familie an, so ist es Brauch, ihr ein Gastgeschenk zu machen. Je persönlicher das Geschenk, desto deutlicher zeigt man seine Dankbarkeit. Dies ist natürlich schwierig zu bewerkstelligen, wenn man auf einer längeren Reise ist. So sind Nahrungs- und Genußmittel gängige Geschenke, die in größeren Ortschaften neu eingekauft werden können. Geldgeschenke sind immer eine mögliche Alternative, dabei ist zu beachten, daß es für den Gastgeber, meistens der Hausvater, eine Schmach ist, vom Gast Geld anzuneh-

**Ein Obstverkäufer beim Schneiden und Verpacken der Papayafrucht. Diese Handkarrenverkäufer, die von der Suppe bis hin zum Obst alles feilbieten, nennen sich kaki lima.**

men. Ein Geldgeschenk sollte man besser der Frau oder den Kindern geben. Wie das Geld später verwendet wird, bleibt der Familie vorbehalten.

Meiden Sie freizügige Kleidung! Dies gilt für beide Geschlechter, allerdings werden dem Mann etwas größere Freiheiten eingeräumt. Beim Wandern oder Fahrradfahren ist sportliche Bekleidung angemessen. Frauen sollten dennoch leichte Tops vermeiden und möglichst einen BH tragen.

Indonesier, gleich welcher sozialen Schicht, legen hohen Wert auf saubere, gepflegte Kleidung. Wenn man am Abend helle, lange Kleidung trägt, ist man nicht nur im Sinne der Indonesier gut gekleidet, sondern tut zugleich etwas zum absolut notwendigen Schutz vor den allgegenwärtigen Mücken.

## Planung einer Reise

Die in diesem Buch beschriebenen Touren sind nur ein Ausschnitt aus der Vielfalt, die das Land zu bieten hat. Aus dem unterschiedlichen Charakter der vorgestellten Wanderungen oder Fahrradtouren wird jedoch schon ersichtlich, wie vielfältig und andersartig die verschiedenen Regionen sind. Bei der Zusammenstellung und Planung der Touren muß die enorme Ausdehnung des Archipels im Auge behalten werden. Das Programm sollte genügend Zeit für die Akklimatisierung lassen und das zeitaufwendige Reisen im Land berücksichtigen; es sollte Zeit für die Vorbereitung einer Trekkingtour und einen Puffer für unerwartete Ereignisse lassen. Bei einer dreiwöchigen Reise empfiehlt es sich, maximal zwei Inseln zu besuchen.

## Zur Beschreibung der Trekkingtouren

Die Bezeichnungen »rechts« oder »links« beziehen sich immer auf die Geh- bzw. Fahrtrichtung. Die Zeitangaben beziehen sich auf die reine Fortbewegung ohne Pausen. Besondere Schwierigkeiten, Hindernisse oder extreme Steigungen sind im jeweiligen Text genauer beschrieben. Das Unterscheiden der Trekkingtouren in »schwer«, »mittel« und »leicht« beruht auf subjektiven Bewertungen des Autors, die sich aus verschiedenen Größen (Wassermangel, Gelände, Vegetation, Entfernung, Unterkunft, Verpflegung usw.) zusammensetzen.

## Klimatische Bedingungen

*Musim hujan,* die Regenzeit, und *musim kemerau,* die Trockenzeit, bestimmen den klimatischen Ablauf eines Jahres. Die mittlere Tagestemperatur dieses äquatorial-tropischen oder monsunal-tropischen Klimas schwankt dabei nur geringfügig. Aufgrund der kontinentalen Ausdehnung hat der Archipel kein einheitliches Großklima. In den Monaten Mai bis September fällt allgemein am wenigsten Niederschlag; diese Zeit gilt auf allen Inseln als Trockenzeit, während es in den Monaten November bis März so gut wie überall regnet.

Zu bedenken ist, daß es in Bergregionen über 1000 m nachts merklich abkühlen kann. Bei Vulkanbesteigungen über 2500 m muß mit Temperaturen unter 10 Grad gerechnet werden. Genauere Klimaeinteilungen finden sich im Serviceteil.

### Die beschriebenen Trekkingtouren

| Nr. | Tour | Art | Ort | Tage | Anforderung | Landschaftsbild |
|---|---|---|---|---|---|---|
| 1 | Merapi | Nachttrekking | Java/Yogyakarta/Selo | 1 | mittel | Vulkanbesteigung, glühende Lava, phantastische Fernsicht |
| 2 | Ujon Kulon Park | Trekking | Westjava/Labuhan | 1–4 | mittel | Naturschutzpark, sehr artenreich, Küste bietet Schnorchelmöglichkeit |
| 3 | Baluran Park | Trekking | Ostjava/Wonorejo | 1–2 | einfach | Naturschutzpark, sehr artenreich, Tierbeobachtungen |
| 4 | Meru Betiri | Trekking | Südostjava/Sukamade | 1–2 | einfach | Naturschutzpark, Brutplatz der Riesenschildkröten |
| 5 | Von Flores nach Bali | Fahrradtour | Sundainseln | 21 bis 26 | mittel | Durchquerung von drei Inseln, Kultur, Strand, Vulkane, Aussicht |
| 6 | Gunung Tambora | Vulkantrekking | Sumbawa/Calabai | 4 | mittel | Kraterrandbesteigung, Aussicht, Monsunwald, Wildtiere |
| 7 | Gunung Tambora | Vulkantrekking | Sumbawa/Soriutu | 4 | schwer | Kraterrandbesteigung, Aussicht, Monsunwald, Wildtiere |
| 8 | Gunung Rinjani | Vulkantrekking | Lombok/Batu Kok | 4–5 | schwer | Gipfelbesteigung, Aussicht, heiße Quellen, Kratersee |

| Nr. | Tour | Art | Ort | Tage | Anforderung | Landschaftsbild |
|---|---|---|---|---|---|---|
| 9 | Gunung Rinjani | Vulkantrekking | Lombok/Sembalun Lawang/Batu Kok | 5–6 | schwer | Gipfelbesteigung und Kraterüberquerung, Aussicht, heiße Quellen, Kratersee |
| 10 | Zu den Orang-Utans | Dschungeltrekking | Sumatra/Brastagi/ Bohorok | 3 | schwer | Dschungelwanderung mit ortskundigem Führer, Tierwelt |
| 11 | Gunung Sibayak | Vulkantrekking | Sumatra/Brastagi | 1 | leicht | Tagestour auf den aktiven Vulkan, heiße Quellen |
| 12 | Samosir | Inseltrekking | Sumatra/Prapat/ Tuk Tuk | 7 | mittel | Wanderung um die farbenprächtige und kulturell interessante Insel Samosir |
| 13 | Nias | Inseltrekking | Nias/Gunungsitoli | 3–4 | mittel | Vom Norden in den Süden |
| 14 | Nias | Inseltrekking | Nias/Gunungsitoli | 4–5 | schwer | Rundtour, keine touristische Infrastruktur, ursprüngliche Natur |
| 15 | Sulawesi | Fahrradtour | Sulawesi/Manado | 28 bis 31 | schwer | Abenteuerliche Nord-Süd Durchquerung von Sulawesi |
| 16 | Bogani Nani Wartabone | Trekking | Sulawesi/ Kotamobagu | 1 bis 8 | leicht bzw. schwer | Von der Tagestour bis zur Expedition im Naturschutzpark |
| 17 | Palu nach Gintu | Trekking | Sulawesi/Lore Lindu | 3 | mittel | Natur, alte Kultur, Tiere, Dschungel |
| 18 | Über Wuasa nach Gintu | Trekking | Sulawesi/Lore-Lindu-Park | 5 | mittel | Natur, alte Kultur, Tiere, Dschungel, wenig touristische Infrastruktur |
| 19 | Vom Pososee ins Bada-Tal | Trekking | Sulawesi/Lore-Lindu-Park | 3 | mittel | Entlang eines wunderschönen Handelsweges |
| 20 | Weitere Touren | Trekking | Sulawesi/Lore-Lindu-Park | 2–4 | mittel bzw. schwer | Verschiedene Durchquerungen des Parks |
| 21 | Südlich von Onondowa | Trekking | Sulawesi/Lore-Lindu-Park/Rampi | 2–3 | mittel | Vom Bada-Tal nach Rampi, Dschungeltour in unwegsames Gebiet |
| 22 | Touren von Onondowa | Trekking | Sulawesi/Rampi | 3–5 | schwer | Abenteuer-Dschungeltrekking |

Blick auf die fruchtbare Ebene von Selo und den erloschenen Vulkan Merbabu.

# Die Trekkingtouren

# I. Trekkingtouren auf Java

## ▸ Inselkunde: Java

Java ist die kleinste, aber wirtschaftlich bedeutendste der Großen Sunda-Inseln. Von West nach Ost erstreckt sie sich über eine Länge von 1125 km; die Breite variiert von 65 bis 200 km. Die flache Sunda-See prägt die nördliche Küste und hat eine frühe Besiedlung begünstigt. Der Südküste, am Indischen Ozean, ist ein beachtlicher Tiefseegraben vorgelagert, so daß sich hier durch die rauhe See keine nennenswerten Küstenstädte etablieren konnten. Um 1800 zählte die Insel circa 3,5 Millionen Menschen, heute leben auf 132 200 km² (weniger als die Hälfte der BRD) 108 Millionen Indonesier und damit 59 Prozent der Bevölkerung des Landes. Zwei in Längsrichtung verlaufende Gebirgsketten mit 120 Vulkanen durchziehen die Insel in West-Ost-Richtung. Heute gelten noch 35 der Vulkane als hochaktiv, einige zählen zu den höchsten im Archipel, z. B. Semeru (3676 m), Slamet (3428 m) und Sumbing (3371 m). Die legendäre Fruchtbarkeit der Insel, die das rasche Bevölkerungswachstum ermöglichte, verdankt sie den mineralischen Böden, die aus den basischen Ergußgesteinen der Vulkane hervorgegangen sind. Der tiefe Mittelgraben, der sich nach Westen trichterförmig öffnet, läßt drei Reisernten im Jahr zu. Die Hochebenen werden für Plantagenanbau von Tee oder Kaffee genutzt. Java, die bevöl-

kerungsreichste Insel der Welt, überrascht den Besucher mit einem weiten Spektrum verschiedener Landschaftsformen: Tropische Regenwälder und ausgedehnte Reisfelder, dann wieder tropische Karstlandschaft und unwirtliche Vulkanmassive mit Schwefelfumarolen und glühender Lava.

Mit sechs Naturschutzparks versucht man, den Waldbestand zu erhalten. *Ujon Kulon,* an der Südwestküste gelegen, ist der wichtigste und älteste Park. Weitere Parks sind, von West nach Ost: *Halimun, Semeru, Baluran, Meru Betiri, Alas Purwo.*

Die große Fruchtbarkeit des Bodens und gute klimatische Voraussetzungen ermöglichten eine frühe Besiedlung Javas schon ab der Zeitenwende. Die großen Machtzentren vergangener Epochen sind durch malaiische, indische, moslemische, chinesische und niederländische Einflüsse geprägt. Auch heute lebt das kulturelle und historische Erbe weiter. Stärker denn je zuvor laufen in der Hauptstadt Jakarta die wirtschaftlichen und politischen Fäden der Macht zusammen.

Die verkehrstechnisch gut erschlossene Insel teilt sich in fünf Provinzen auf: West-, Mittel- und Ostjava sowie die Sonderregionen Yogyakarta und Jakarta. Die beiden größten Städte der Insel sind die Hauptstadt Jakarta mit schätzungsweise 10 Millionen und Surabaya mit 5 Millionen Einwohnern.

Die Metropole Jakarta wächst jährlich um 300 000 Einwohner. Hier konzentriert sich die Industrie, und von hier wird der Handel mit den Außeninseln gesteuert. Surabaya bestreitet den Löwenanteil des Handels mit den östlichen Inseln, während Jakarta sich auf Sumatra und Kalimantan konzentriert.

# 1 Einer der aktivsten »Feuerberge« Javas

# Selo – Merapi – Selo

Merapi – der Name bedeutet Feuerberg – ist einer von 35 hochaktiven Vulkanen auf Java. Dieser klassische Kegelvulkan liegt nur 30 km Luftlinie von der Kulturhauptstadt Yogyakarta, oft nur Yogya genannt, entfernt in einer der am dichtesten besiedelten Regionen Südostasiens. Seit über tausend Jahren ist der 2914 m hohe Feuerberg (die Angaben in den Karten schwanken!) für die Menschen Fluch und Segen zugleich. Beim ersten historisch überlieferten Ausbruch, im Jahr 1006, begruben die Lavamassen wahrscheinlich das Reich von Mataram, das größte hindu-javanische Machtzentrum, unter sich. Bis heute bricht der Vulkan in periodischen Abständen von 18 Monaten in kleinen, meist harmlosen Eruptionen aus. Im November 1994 allerdings wurden durch eine Gas- und Ascheexplosion über 80 Menschen getötet. Auch 1996 brach der »Killervulkan«, wie er hier auch genannt wird, wieder aus; diesmal konnten die Dörfer rechtzeitig evakuiert werden.

### Kurzcharakteristik:

Es empfiehlt sich, den Merapi bei Nacht zu besteigen, um bei Sonnenaufgang am Gipfel zu sein. Dies ist ein unbeschreibliches Erlebnis, da sich das fruchtbare Land Zentraljavas mit seinen unzähligen Feuerbergen vor dem Betrachter ausbreitet.

**Beste Jahreszeit:** Mai bis September / Oktober. In den Monaten Juli bis September ist die Tour sehr viel begangen.
**Ausgangspunkt:** Selo
**Gesamtdauer:** 1 Tag
**Gesamtgehzeit:** 7–8 Std.
**Kartenskizze:** Siehe Seite 38

## Nachtbesteigung des Feuerberges

Wir erreichen den Bergort **Selo** am späten Nachmittag. Die Wolken hängen verdächtig tief. Vom Vulkan keine Spur. Hier, in 1600 m Höhe, werden auf fruchtbarsten Böden vor allem Karotten, Kohl und Tabak angebaut. Es ist angenehm ruhig und nach der tropischen Hitze in Yogya auch überraschend kühl. Dennoch sitzen die Kleinkinder mit nacktem Po und Rotznäschen auf den staubigen Vorhöfen und sind vertieft in ihr Spiel.

Wir wärmen uns die Hände an dem heißen Tee, den uns Pak Auto von seiner Frau bringen läßt. Pak Auto ist ein kraftstrotzender älterer Mann mit viel Humor, der spannende Geschichten über den Vulkan zu erzählen weiß. Mittlerweile ist er jedoch zu alt, um die Touristen selbst hinaufzuführen, und fungiert daher als Vermittler. Meist fällt seine Wahl auf engste Familienmitglieder, vertrauenswürdige, umsichtige Begleiter.

In einem Gemeinschaftszimmer verteilen wir uns auf die Pritschen und Betten, um noch eine Mütze voll Schlaf zu bekommen, bevor es um Mitternacht losgeht.

Vor dem Aufbruch trinken wir noch starken, süßen Tee. Die Nacht ist klar und kalt, Sabit, unser Führer, ist schon marschbereit. Zunächst gehen wir noch einige hundert Meter auf einer Asphaltstraße durch das Dorf. Die Straße wird zur Schotterpiste, um oberhalb des Dorfes in einen schmalen Trampelpfad überzugehen. Es geht nun steil bergauf. Der Pfad hat sich stellenweise hüfthoch in den Boden gefressen. Wurzeln und Steine dienen als Stufen, um sich Meter für Meter nach oben zu hangeln. Es ist Vollmond, so daß wir keine Taschenlampen benötigen. Unter uns, in der Fer-

## Yogyakarta – die »Blüte Javas«

Bereits im 8. bis 10. Jahrhundert existierten im fruchtbaren Zentraljava Königreiche, die so überragende Kulturdenkmäler hervorbrachten wie die Tempelkomplexe von Prambanan und Borobudur. Um 930 verlagerte sich die wirtschaftliche, politische und kulturelle Macht nach Ostjava, und das Kulturland fiel in einen 600 Jahre währenden Dornröschenschlaf.
Das islamische Fürstentum Neu-Mataram entstand gegen Ende des 16. Jahrhunderts, nach dem Untergang des mächtigen Majapahit-Imperiums, in Kota Gede, östlich des heutigen Yogyakarta. Der Höhenflug des Mataram-Reiches wurde schon fünfzig Jahre später wieder gebremst; Machtintrigen und Druck der Niederländer besiegelte sein Schicksal. Als 1752 der den Niederländern nahestehende Paku Buwono III. den Thron von Mataram bestieg, wurde der nationalbewußte Prinz Hamengku Buwono I. zum Gegensultan ernannt. Der darauf folgende zweijährige Bürgerkrieg wurde 1755 durch die Teilung des Mataram-Reiches beendet, und Yogyakarta – die »blühende Macht« – wurde offiziell gegründet.
Wesentliche Impulse im Unabhängigkeitskampf gegen die niederländische Kolonialmacht gingen von Yogya aus. 1945 gewährte der Sultan H. Buwono IX. der nationalistischen Regierung unter Sukarno in seiner Stadt politisches Asyl, und Yogya avancierte damit zur provisorischen Hauptstadt der ausgerufenen Republik. Bei einem militärischen Verzweiflungsschlag im Dezember 1948 griffen die Niederländer mit Bombern und einem Heer von 900 Fallschirmspringern die Stadt an. Die gesamte Führungselite wurde gefangengenommen. Doch die glorreiche Zeit der Kolonialherren war abgelaufen, und ein Jahr später mußten alle Gefangenen wieder freigelassen werden; zu diesem Zeitpunkt wurde auch die Unabhängigkeit erklärt. Als Anerkennung für den nationalen Befreiungskampf ist das Sultanat von Yogya als einzige Feudalherrschaft und als autonomes Sondergebiet – Daerah Istimewa – bis heute erhalten geblieben.
Kunst und Kunsthandwerk erlebten unter der Fürstendynastie der Buwono eine Blütezeit, im modernen Yogya noch im Kunsthandwerk des Batikens, der Silberschmiede und in der Tanz- und Schauspielkunst lebendig. An der bedeutenden Gajah-Mada-Universität studieren Jugendliche aus allen Landesteilen des Inselreiches. In Yogya begegnet einem die Vergangenheit auf Schritt und Tritt, vermengt mit der Moderne, und seine 600 000 Einwohner haben ein ganz eigenes Lebensgefühl entwickelt.

**Durch dieses Tor mit javanischer Aufschrift beginnt die Wanderung von Selo zum Gipfel des Merapi.**

## Nützliche Hinweise:

Verschiedene Agenturen und Hotels in Yogya und Solo (Surakarta) bieten diese Nachtbesteigung an. Aus drei Gründen ist dies nicht unbedingt zu empfehlen:

1. Die Begleiter stammen meist nicht aus der Bergregion, und es kann zu Auseinandersetzungen mit den Einheimischen kommen.
2. Unter diesen Guides aus der Stadt sind auch »Abzocker«, die für jede Zusatzleistung noch auf dem Berg kassieren.
3. Die Führungen von Yogya und Selo aus stehen unter großem Zeitdruck.

Mehr Erlebnisse wird man haben, wenn man die Tour selbst organisiert.

**Anreise:** Von *Yogya* oder *Solo* mit dem Bus nach *Boyolali*, umsteigen und weiter nach **Selo**. Dort erkundigt man sich im *Losmen*, der Pension oder in einem der *Warungs* nach einem Führer bzw. fragt nach dem bekannten ehemaligen Führer Pak Auto. Ist ein Führer aus dem Dorf gefunden, ist es in der Regel üblich, daß der Tourist dort vor und nach der Besteigung bewirtet wird. Der Preis für die Führung hängt von der Anzahl der Personen ab. Zwischen 6 und 15 DM sind pro Person zu veranschlagen.

**Ausrüstung:** Regenjacke, eine trockene Lage Oberbekleidung, Taschenlampe, festes Schuhwerk, genügend Trinkwasser, Marschverpflegung. Eine Thermosflasche mit heißem Tee ist auf dem Gipfel, wo es empfindlich kalt ist, ein traumhafter Genuß.

ne, eine Insel aus Licht im Dunkel der Nacht: *Solo*. Surakarta oder kurz Solo ist touristisch weit weniger bekannt als das 60 km weiter südwestlich gelegene Yogyakarta, gilt unter Kennern aber als die wahre Kulturhauptstadt Javas. Da die großen Touristenströme an Solo vorbeiziehen, genießt man hier die javanische Kultur noch in aller Ruhe und Besonnenheit.

Im Norden, zum Greifen nahe, ragt die Silhouette des erloschenen Vulkans *Merbabu* zum Himmel empor. Die Form des Merbabu ist weicher und der Anstieg weniger steil, dafür

dauert er circa 4 Std. länger als beim Merapi. Mittlerweile haben wir die Baumgrenze hinter uns gelassen. Halt bieten uns jetzt nur noch Gräser und Büsche mit wurzelartigen Verflechtungen. Bevor wir gegen fünf Uhr ein ausgedehntes Geröllfeld erreichen, passieren wir eine Mahntafel, die der Toten gedenkt, die auf diesem Vulkan ihr Leben ließen. Erst jetzt sehen wir die eigentliche Spitze des Vulkans. Wir kauern uns zusammen, Sabit zündet sich eine Zigarette an und erzählt, daß nun erst der richtige Anstieg beginnt. Für diese letzten 230–250 Höhenmeter brauchen wir gut eine Dreiviertelstunde. Das Lavageröll, der Tuff und die Asche sind teilweise so locker, daß man knöcheltief einsinkt und bei jedem Schritt vorwärts einen halben zurück rutscht. Auf drei Viertel des Weges kommen wir an einem kleinen Krater vorbei, wir steigen diesen etwa 30 m hinab und durchqueren ihn. Ich höre plötzlich ein Dröhnen wie von einem Düsenjet. Als wir auf der anderen Seite, die wesentlich flacher ist, das Lavagestein hochklettern, riecht es immer intensiver nach Schwefel. Oben angelangt, traue ich meinen Augen nicht – keine 60 m vor mir glühen fußballgroße Löcher, aus denen eine messerscharfe Flamme wie aus einem Bunsenbrenner herausschießt. Der Schwefelgeruch ist so intensiv, daß wir schnell wieder umkehren.

Wir kommen gerade noch rechtzeitig auf dem Gipfel an und sehen, wie die ersten rotvioletten Sonnenstrahlen den Horizont erhellen und das Land zum Leben erwecken. Als der Sonnenball sich vom Horizont löst, drehe ich mich um und blicke nach Westen. Der Schatten des Merapi zieht sich kilometerlang ins Land hinein und bildet in diesem Moment die wohl größte Schattenpyramide der Welt. Sanft werden auch die benachbarten Vulkane, im Westen Sumbing (3371 m) und Sundoro (3151 m) und im Osten Lawu (3265 m), von der Sonne erfaßt. Wir genießen die Ruhe und die wärmenden Sonnenstrahlen. Gegen acht Uhr treten wir den Rückweg an. Immer wieder muß ich stehenbleiben, um die kilometerlangen Schluchten und Risse bis in die Ebene hinein bewundern zu können. Gegen halb elf sind wir wieder bei Pak Auto, der uns strahlend mit einem heißen Tee begrüßt.

### Alternative:

# Überquerung des Merapi von Kaliurang nach Selo

Kaliurang liegt in 900 m Höhe, 27 km nördlich von Yogyakarta. Der Ort ist ein beliebtes Ausflugsziel am Wochenende und daher an diesen Tagen besser zu meiden. Von Kaliurang aus ist es durchaus lohnend, die $1^1/_2$ Std. Marsch zum Berg *Plawangan* (1260 m), wo ein Observatorium zur Beobachtung des Merapi errichtet worden ist, zu investieren.

### Kurzcharakteristik:

Wanderung, die man nicht ohne Führer unternehmen sollte. Der Abstieg ist identisch mit dem von Tour 1. Selbstverständlich sind die Kosten für die Rückkehr des Führers von Selo nach Kaliurang zu übernehmen.
**Beste Jahreszeit:** Juni–September / Oktober.
**Gesamtdauer:** 1 Tag
**Gesamtgehzeit:** 10 Std.

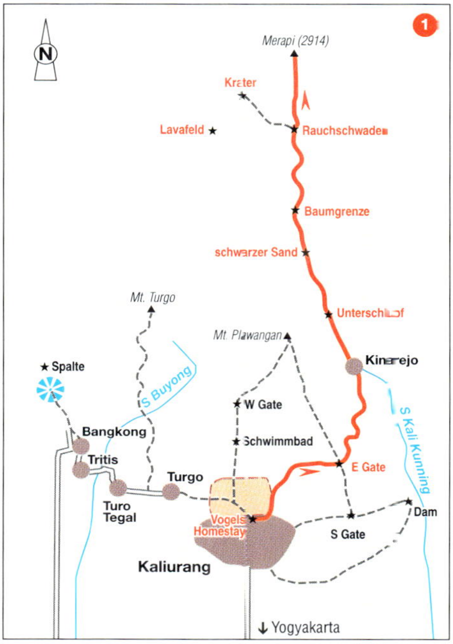


Der Pfad von Kaliurang zum Merapi verläuft zunächst ostwärts. Nach ca. einer Stunde erreicht man das Dorf *Kinarejo*, von wo der steile Aufstieg auf einem Trampelpfad beginnt. Nach einer weiteren Stunde passiert man eine alte Schutzhütte. Die Baumgrenze erreicht man etwa $1^1/_2$ Std. später. Von hier sind es noch $3^1/_2$ Std., wovon die letzten $1^1/_2$ Std. noch einmal richtig schweißtreibend sind. Vom Gipfel steigt man dann auf dem oben beschriebenen Weg nach Selo ab.

# 2 Der älteste Naturschutzpark auf Java
# Trekking im Ujon-Kulon-Park

!!

***Der Park und seine Bedeutung*** Die Existenz eines so menschenleeren Gebietes mit einzigartiger Flora und Fauna ist dem Ausbruch des Vulkans Krakatau, der der Ostküste Javas vorgelagert ist, im Jahre 1883 zu verdanken. Die damals schon besiedelte Küste wurde durch die Flutwelle dem Erdboden gleichgemacht. Später kehrte die Natur mit all ihren Spezies zurück, Menschen siedelten sich jedoch nicht mehr an.

Unter niederländischer Herrschaft wurde dieses 62 500 ha große Gebiet, und zwar 1921, als Naturschutzpark ausgerufen. Mit dieser Maßnahme sollten drei Tierarten vor dem Aussterben gerettet werden: das Java-Nashorn (*Badak Jawa*), der Java-Tiger (*Harimau*) und der Wildbüffel *Banteng*. Die Population des Banteng schätzt man heute auf etwa 400, die des Java-Nashorns auf 60 Tiere. Für den Java-Tiger kam diese Hilfe leider zu spät. Bis Mitte der fünfziger Jahre hatten Wilderer leichtes Spiel, da das Gebiet nur dürftig geschützt werden konnte. Die Nachfrage nach exotischen Tieren ist nach wie vor so groß, daß die Wilderei ein sehr lohnendes Geschäft ist. Für 1 g Horn eines Nashorns werden im benachbarten Malaysia über 50 US-Dollar gezahlt.

Noch sind der Zwerghirsch Muncak, Langschwanzaffen-Makaken, Gibbons, Wildschweine und in den Mangrovensümpfen Warane und Krokodile mit Geduld und etwas Glück zu beobachten.

### Kurzcharakteristik:

Verschiedene Wanderwege führen durch den Park, die jeweils mit einem Ranger durchgeführt werden können. Neben schönen Sandbuchten bieten ausgedehnte Mangrovenwälder ein ganz eigenes Bild.

**Beste Jahreszeit:** April–Oktober. Sehr zu empfehlen ist die Zeit von Ende Mai bis Ende Juni. Inklusive An- und Abreise sollten mindestens acht Tage eingeplant werden.

**Gesamtgehzeit:** Von Tageswanderungen bis zu Touren von 3–4 Tagen.

**Kartenskizze:** Siehe Seite 41

## 1. Von Cigenter nach Cidaun

Von **Cigenter** führt ein Fußpfad in nordwestliche Richtung zur 6 bis 8 Std. entfernten *Jamang*-Ranger-Hütte. Dort übernachtet man. Am darauffolgenden Tag erreicht man in einem Tagesmarsch **Cidaun**. Der Pfad führt auf der gesamten Tour immer relativ nah an der Küste entlang.

## 2. Von Tamanjaya über Cidaun nach Peucang

Dies ist eine Vier-Tage-Wanderung quer über die Halbinsel bis zur Insel Peucang. Von **Tamanjaya** verläuft der Weg in südliche Richtung nach *Karangranjano*. Dort geht es am nächsten Tag weiter in Richtung Westen nach *Citadahan*. Immer noch an der Küste entlang führt der Pfad nach *Cibunar*. Von Cibunar aus gilt es, den 480 m hohen Berg *Pajung* zu überwinden, um nach *Cidaun* und weiter auf die Insel **Peucang** zu gelangen.

## 3. Rundtour Tamanjaya

Von **Tamanjaya** führt ein Pfad entlang der Ausläufer der Honje-Bergkette nach Süden. Im

## Nützliche Hinweise:

Eine schriftliche Genehmigung der staatlichen Naturschutzbehörde ist erforderlich. Erhältlich in Bogor Jl. Juanda 100 (links vom Haupteingang zum Botanischen Garten), oder bei der Zweigstelle der PHPA in Labuhan. Auf jeden Fall zwei Kopien des Reisepasses bereithalten!
Wanderungen sind nur mit Führer möglich (obligatorisch!). Diese kennen die Pfade und freien Plätze zum Zelten sowie die Wasserstellen. Verschiedene Wanderungen sind bis zu 60 km lang.
**Anreise:** Mit einem Kleinbus, Geländewagen oder Motorrad bis nach Cipining und Cikawung bzw. zum PHPA-Büro in Tamanjaya. Mit dem Boot von Labuhan nach Peucang Bay oder Slamadatang Bay. Fahrtdauer ca. 6–10 Std.
**Unterkunft:** Gästebungalows stehen auf den Inseln Handeuleum (S. Bay) und Peucang bereit. Diese kosten zwischen 15 und 80 US-Dollar. Weitere Unterkünfte in Tamanjaya, beim PHPA-Büro und Cegog. Kochutensilien und Bettwäsche sind vorhanden. Zelten ist auf beiden Inseln möglich. Es ist dennoch ratsam, Bettwäsche und wichtige private Kochutensilien selber mitzubringen, um vor unangenehmen Überraschungen gefeit zu sein. Im Park sind verschiedene Zeltmöglichkeiten ohne jeglichen Komfort.
**Ausrüstung:** Genügend Verpflegung, Wasserpumpe, Moskitonetz oder Zelt mit Netz vor den Eingängen. Vor den Inseln ist Schnorcheln möglich, daher lohnt es sich, eine Taucherbrille und Schnorchel mitzubringen.

Dorf *Cegog* gibt es einfache Homestays. Von dort geht es in westlicher Richtung, entlang der Küste, nach *Karejetan, Karangranjano* und zurück nach Tamanjaya. Weitere drei Tage sind einzuplanen, um bis an die Westküste zur Insel **Peucang** zu gelangen.

Giftige Schlangen (die Kobra oder die schwarzgelbe Mangrovenschlange), verschiedene Spinnen, unter anderem haarige Vogelspinnen, Blutegel, Moskitos und andere Insekten machen diesen Trip zu einem Erlebnis ganz besonderer Art.

# 3 Ein Stück Afrika
# Der Baluran-Nationalpark

Der Baluran-Nationalpark nimmt die nordwestlichste Spitze von Java ein. In der Trockenzeit läßt sich dieser 250 km² große Park mit »Little Africa« treffend beschreiben. Die Vegetation des Parks besteht hauptsächlich aus bewaldeter Grassavanne, in der auch die endemische *Erythrina euodophylla* aus der Gattung der Korallensträucher wächst. Der 1247 m hohe, erloschene Vulkan Baluran schirmt den Park nach Westen hin ab und bietet in den Morgenstunden ein unvergleichliches Panorama.

### Kurzcharakteristik:

Im Baluran-Nationalpark sind verschiedene Tagesausflüge mit Rangern möglich. Vom Eingang in **Wonorejo** sind es 12 km bis nach Bekol. Dort gibt es eine Unterkunft sowie einen Aussichtsturm für die Tierbeobachtung. *Bama* liegt 3 km weiter östlich an der Küste und bietet ebenfalls eine Unterkunft. Schon die Strecke in den Park ist wunderschön zu wandern.
**Beste Jahreszeit:** Mai–November. Auch in der Regenzeit ist der Park zugänglich und ausgesprochen schön. Für die Tierbeobachtung eignet sich aber eher die Trockenzeit, da die Tiere dann notgedrungen an die wenigen Wasserstellen kommen.
**Dauer:** Tagestouren
**Kartenskizze:** Siehe Seite 43

## Kurzbeschreibung des Parks

Zur reichen Fauna gehören Wasserbüffel, Benteng, Hirsche, Affen, Wildschweine, und in den Waldgebieten am Hang des Vulkans Baluran Leoparden und Zibetkatzen.

Allerdings steht der Park auch bisweilen gewaltigen Problemen gegenüber. Durch Brände und freilaufende Hunde und Katzen wird das Nahrungsangebot für größere Wildtiere reduziert. Die unkontrollierte Ausbreitung der Akazienart *Acacia nilotica*, die vor ca. 25 Jahren als eine Art »grüner Zaun« eingeführt wurde, führt zur Verdrängung von Grasland. Zunehmend schränkt auch das Wandelröschen *Lantanca camara* aus der Familie der Eisenkrautgewächse, das für Pflanzenfresser giftig ist, die vorhandenen Weideplätze ein.

**Im Baluran-Park führt der Weg durch eine kleine immergrüne Oase.**

Morgenstimmung im Baluran-Park mit Blick nach Westen auf das Baluran-Bergmassiv.

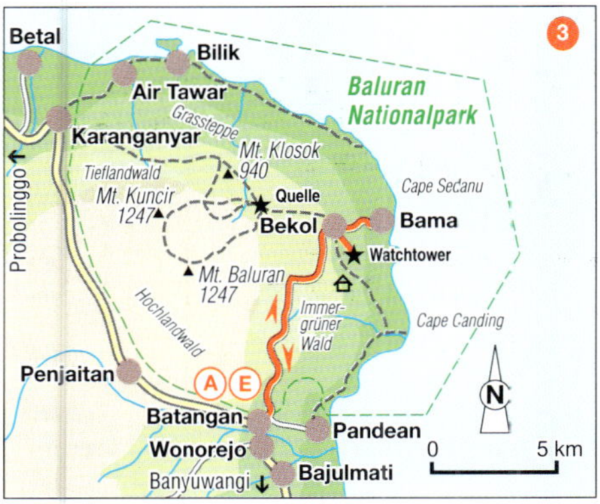


## Nützliche Hinweise:

**Anreise:** Auf der Hauptstraße von *Probolinggo* nach *Banyuwangi* läßt man sich in *Wonorejo* absetzen. Am Parkeingang befindet sich das PHPA-Büro. Dort muß man sich registrieren lassen und eine Gebühr entrichten. Verpflegung für die gesamte Aufenthaltsdauer ist mitzubringen. Daher ist es zu empfehlen, sich von Motorradtaxen hineinfahren zu lassen und den Rückweg zu Fuß zu bewältigen.
**Unterkunft und Kochstellen:** In Bekol und Bama.

# 4 Einer der wenigen Brutplätze von Riesenschildkröten

# Der Nationalpark Meru Betiri

Das Naturschutzgebiet Meru Betiri liegt im Südosten von Java und erstreckt sich über eine Fläche von 500 km². Dichte Wälder überziehen das Areal, das an der Küste zu steilen Klippen abfällt. Angeblich wurden hier noch 1980 Spuren des als ausgestorben geltenden Java-Tigers gesehen. Der Küstenstreifen vor dem Indischen Ozean, Turtle Beach genannt, ist Brutstätte von Riesenschildkröten. Nur wenige Touristen kommen in diese abgelegene Gegend, und noch weniger möchten in den Park hineinwandern.

## Im Park

Bis **Rajegwesi** führt eine kleine Asphaltstraße, die hinter dem Ort in eine holprige, staubige Piste übergeht. Hat man vor, ab Rajegwesi zu gehen, sind zwei Tage einzuplanen. Auf der Piste läßt es sich ausgesprochen angenehm laufen. Auf wenigen hundert Metern verändert sich die Natur, und es geht immer tiefer hinein in dicht bewachsenen Dschungel mit gigantisch aussehenden Bäumen, langen Schlingpflanzen und mächtigen Farnen. Gezeltet wird neben der Straße. Das

## Kurzcharakteristik

Etwa 40 km durch bergiges, dichtbewachsenes Gelände, mit stellenweise traumhafter Aussicht auf das Meer. Man wandert auf einer Piste, die gelegentlich von Zuckerrohrtransportern und einem Passagierlaster befahren wird.
**Beste Jahreszeit:** Mai–Oktober
**Gesamtgehzeit:** 1–2 Tage
**Kartenskizze:** Siehe Seite 44

Die befahrbare Piste im Meru Betiri Nationalpark kurz vor Sukamade.

Zelt unbedingt so aufstellen, daß jederzeit ein Laster vorbeifahren kann. Wasser sollte ausreichend für zwei Tage mitgenommen werden.

Von der Verwalterin des Losmens, das dem Plantagenbesitzer gehört, erfahre ich, daß der Strand etwa fünf Kilometer von *Sukamade* entfernt ist und daß es dort eine staatliche Unterkunft gibt. Diese ist im Zusammenhang mit dem Schildkrötenprojekt entstanden. Um den Bestand der Riesenschildkröten zu schützen, muß vor allem ihre Brut gesichert werden. Die indonesische Regierung unterhält hier in Zusammenarbeit mit dem WWF ein Programm, um die frisch gelegten Eier vor Räubern zu schützen und zu registrieren. Ebenso werden die Muttertiere gezählt, um Rückschlüsse auf ihren derzeitigen Bestand zu erhalten. Die Verwalterin erzählt mir, daß das Projekt wegen der Flutwelle von 1994, bei der 250 Menschen ums Leben kamen, vorübergehend eingestellt wurde. Das Gebäude, in dem einige Aquarien und das Büro untergebracht waren, ist dabei vollständig verwüstet worden. Der Strand lohnt dann alle Strapazen.

## Nützliche Hinweise:

**Anreise:** Von *Banyuwangi* mit dem Bus bis nach *Jajag* und weiter bis nach Passanggarran. Von dort sind es 41 km bis zu der Dorfenklave *Sukamade*. Ein Laster braucht bei guten Bedingungen für diese Strecke ca. 3½ Std. Von Passanggarran kann man sich noch bis zur Küstenstadt Pancer oder bis nach Rajegwesi bringen lassen. In *Rajegwesi* muß man sich bei der Parkbehörde PHPA registrieren lassen.
**Unterkunft:** In *Sukamade* gibt es eine großzügige Unterkunft, die drei Mahlzeiten am Tag serviert. Von dort sind es 5 km, hauptsächlich durch Kakaoplantagen, bis zur Küste; hier gibt es ein PHPA-Büro und Zimmer, allerdings nur mit Selbstverpflegung.

## Tourenprofil: Der Nationalpark Meru Betiri/Java

| Strecke/Ort | | Höhe in m | Gehzeit in Std. | Entfernung in km | Bemerkungen |
|---|---|---|---|---|---|
| Start/Ziel: | Rajegwesi | 15 | – | – | – |
| | Straße | 30 | 5–6 | 15–18 | Entlang der Piste |
| Alternativ: | Sukamade | 20 | 5–6 | 15–18 | Entlang ausgedehnter Zuckerrohrfelder |

# II. Die Kleinen Sunda-Inseln

► Die südöstliche Inselkette, Nusa Tenggara, erstreckt sich über 1300 Kilometer von Bali nach Osten bis zu den Südmolukken. Geologisch unterscheidet man den nördlichen und den südlichen Inselbogen. Die nördlichen Inseln Lombok, Sumbawa, Komodo, Flores und Lembata sind die Fortsetzung des inneren Faltengebirgszuges, dessen Entstehung vulkanischen Ursprungs ist. Die südlichen Inseln Sumba, Savu, Roti und Timor gehören zum äußeren, nicht vulkanischen Bogen.

Von West nach Ost nimmt die Dauer der Regenzeit ab; es kommt zu ausgeprägten Trockenzeiten. Das Wettergeschehen wird geprägt von den wechselnden Windrichtungen der beiden Monsune und der lokalen Topographie. Die Südküsten erhalten zwischen Mai und Juli ihr Niederschlagsmaximum. Ostflores und Komodo sowie Alor und Wetar jedoch sind regenarm. Von November bis März beschert der Nordwestmonsun den nördlichen Bereichen von Lomkok, Sumba und Flores hohe Niederschlagsmaxima, in Höhenlagen über 3000 Millimeter im Jahr. Daher sind an den Nordhängen der oft steil emporragenden Vulkane dichte Monsunwälder entstanden.

Aufgrund ihrer fruchtbaren Böden und ausreichenden Niederschläge in der Regenperiode sind Lombok und Sumbawa in der Lage, Reis zu exportieren. In Sumba dagegen ist nur dürftig Subsistenzwirtschaft möglich; man forciert dort die Viehzucht für den Export auf andere Inseln. Außer einem Erdölfeld in Timor gibt es in Nusa Tenggara kaum Bodenschätze.

Die Kleinen Sunda-Inseln sind von verschiedenen Volksgruppen bewohnt, die fünfzig Sprachen sprechen. Ab dem 16. Jh. faßten die Portugiesen auf Timor und Flores Fuß. Erst um die Jahrhundertwende brachten die Niederländer die Region unter ihre Herrschaft.

Osttimor, bis 1975 Kolonialbesitz Portugals, wurde kurz nach der Entlassung in die Unabhängigkeit von indonesischen Truppen gewaltsam annektiert und dem Land als 27. Provinz eingegliedert. Der Konflikt ist bis heute nicht beigelegt; er soll laut Amnesty International 150 000 Opfer gefordert haben.

Wenn auch die Berge auf Flores schweißtreibende Auffahrten bieten, die Aussicht entschädigt doch für alle Mühen.

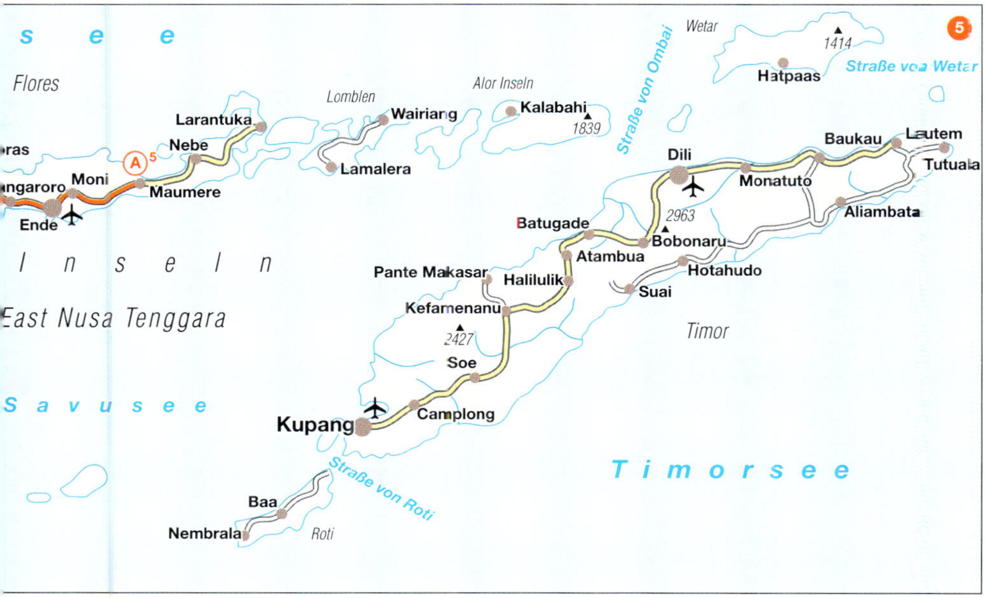

# 5 Das Fahrrad – ideales Fortbewegungsmittel auf den Sunda-Inseln

# Fahrradtour von Flores nach Bali

!!

Wie auf einer Perlenkette aufgereiht liegen sie da, die Kleinen Sunda-Inseln, zwischen Bali und Irian Jaya. Die Hauptperlen von Ost nach West sind Timor, Flores, Sumbawa und Lombok. Dies ist auch die Hauptrichtung meiner Fahrradtour an einsamen Küsten, über kilometerlange Steigungen, vorbei an einfachen Dörfern, wo ich unvergeßlich gastfreundlichen Menschen begegnet bin! Die mittlerweile gut ausgebaute Verkehrsachse von Ost nach West und das sehr geringe Verkehrsaufkommen machen es zusätzlich reizvoll, das östliche Indonesien mit dem Fahrrad zu erkunden.

## Der Flug nach Osten

Am Flughafenschalter von Merpati, einer der inländischen Fluggesellschaften, die auch kleinere Flughäfen anfliegen, bemerkt die Angestellte, daß ich nur ein einfaches Ticket besitze. Auf die Frage, wie ich denn zurückzufahren gedenke, klopfe ich auf den Sattel meines Fahrrades und antworte: »Dengan sepeda dajung« – »mit dem Fahrrad«. Sie betrachtet mein Fahrrad, dann mich, und schüttelt ungläubig den Kopf.

Schon zwanzig Minuten nach dem Start überfliegen wir Lombok, südlich am Gunung Rinjani vorbei, der zur Mittagszeit schon wieder wolkenverhangen ist. Der Name Lombok stammt nach der Überlieferung von einer roten Chili-Pflanze. So verlangt man in einigen Teilen Indonesiens, wenn die scharfe Chilipaste gewünscht ist, nach »Lombok«. Die beheimateten Sasak nennen ihre Insel »Bumi Gora«, was soviel bedeutet wie »Trockenes Farmland«. Durch das Flugzeugfenster sehen

**Kurzcharakteristik:**
Von Maumere im Osten von Flores bis nach Kuta Bali sind es ca. 1266 km. Auf zwei Monate aufgeteilt, ist dies eine Distanz, die es erlaubt, allen Wünschen hinsichtlich Besichtigungen, längeren Aufenthalten und Abstechern gerecht zu werden. Für Wagemutige bleibt genügend Zeit, auch entlegene Gebiete zu besuchen. Schier endlos erscheinende Steigungen auf Flores entschädigen meist mit einem grandiosen Blick von der Höhe über das hügelige Land. Auf den tellerflachen Reisebenen von Sumbawa wird die erbarmungslos brennende Sonne ihren Tribut fordern. Erst auf Lombok begegnen dem Radtrekker wieder viele Motorfahrzeuge.
**Beste Jahreszeit:** März / April–Oktober. Ende August / Anfang September gibt es gegen Osten zu ausgesprochenene Dürreperioden.
**Fahrzeit:** 21–26 Tage (reine Fahrzeit)
**Gesamtstrecke:** ca. 1266 km bis ca. 1506 km, je nach Abstechern und Route.
**Kartenskizzen:** Siehe unten und Seite 52, 54, 58, 61, 64, 68/69 und 74

die Reisfelder, Berghänge und Kokoshaine am Anfang der Trockenzeit noch recht grün aus. Schnell ist die nur 80 mal 70 km messende Insel überflogen. Kleine Eilande, umrandet von weißen Sandstränden, liegen im tiefblauen Meer der Alas-Straße. Als wir die 280 km lange Insel Sumbawa überfliegen, wird mir in Anbetracht meines Vorhabens doch ein wenig mulmig, vor allem, wenn ich die braun verbrannten Ebenen, zerklüfteten Gebirge und das öde Brachland unter mir sehe. Vergeblich suche ich nach Siedlungen oder Dörfern, auf die ich während dieser Fahrradtour doch angewiesen bin. Zwischen Sumbawa und Flores überfliegen wir die wegen ihrer Urzeitechsen weltberühmte Insel Komodo. Unzählige kleine Inselchen überziehen die Meerenge von Sape. Meine Bitte, vom Cockpit aus Fotos machen zu dürfen, wird damit beantwortet, daß ich nicht nur fotografieren, sondern auch die Landung auf der Piste von *Maumere*, zwischen Pilot und dessen Flugschüler auf einem Klappstuhl sitzend, miterleben darf. Mir wird klar, daß mit der Entfernung von Jakarta, dem Tor zur westlichen Welt, westliche Regeln und Normen abnehmen und zwischenmenschliche Beziehungen in den Vordergrund rücken.

Die beiden Flughafenwächter, beide aus dem 137 km weiter östlich liegenden Larantuka, haben schon deutlich melanide Züge: sehr dunkle Haut, Locken und breite Backenknochen. Sie sind mir beim Zusammenbau des Fahrrades behilflich. Wo ich auf dieser langen Strecke denn schlafen wolle, und ob ich den

so alleine keine Angst hätte, sind ab jetzt immer wiederkehrende Fragen. Für Indonesier ist es unvorstellbar, eine Reise oder eine Unternehmung völlig alleine durchzuführen. Die ersten Proberunden mit dem Rad werden auf dem Rollfeld gedreht, bevor es in Richtung Osten auf der Straße nach *Larantuka* losgeht. Nach 14 km erreiche ich den von Freunden empfohlenen *Sea World Club*, eine nette kleine Bungalowanlage, die von einem Pfarrer gegründet wurde. Dies ist der richtige Ort, sich zu akklimatisieren und den Alltag abzuschütteln.

## 1. Teilstrecke: Von der Flores- zur Savu-See

Der erste Fahrradtag beginnt mit einer kurzen Etappe. Geplant sind zwischen 40 und 50 km, so daß ich in einem Dorf zwischen *Paga* und *Wolowaru* ankommen werde. Um sechs Uhr in der Früh hänge ich die Ortliebtaschen ans Fahrrad, die Handgriffe sitzen noch nicht so richtig und alles muß gut durchdacht werden.

Vom Sea World Club ist es eine halbe Stunde bis nach *Maumere*, dem eigentlichen Startpunkt dieser Etappe. 1992 verwüstete ein Erdbeben große Teile der Stadt, wobei 2500 Menschen starben. Zweieinhalb Jahre später radle ich nun am immer noch zerstörten Marktplatz vorbei nach *Nita*. Kaum geht es aus Maumere heraus, beginnt auch schon die erste Steigung. Nach ca. 7 km ist die Anhöhe erklommen, und ich fahre auf der Westseite hinunter, der Küste entgegen. Die Luft ist trocken, es wird zunehmend heißer. Kurz nach 10 Uhr ist die Sonneneinstrahlung so intensiv, daß ich in einem Dorf halt mache. Die Dorfbewohner meiden um diese Zeit die Sonne, doch eine junge Frau, die mich beobachtet hat, kommt auf mich zu und fragt, ob ich meine Freunde suche, die vor einer halben Stunde vorbeigefahren seien. »Wieso Freunde?« frage ich erstaunt zurück. – »Naja , zwei orang boule« – so werden Weiße genannt – »sind mit dem Fahrrad vorbeigekommen, so wie du«, gibt sie mir zu verstehen. Regina, so

**Straßenbekanntschaft mit Fischern auf Flores.**

Gegenüber den kahlen, vertrockneten Berghängen wirken die Täler und Ebenen wie paradiesische Oasen.

heißt die junge Frau, ist 21 Jahre alt und lebt noch mit ihren Geschwistern zu Hause. Die Einladung des Bruders, zum Mittagessen zu bleiben, nehme ich dankend an. Gemeinsam beten wir vor dem Essen, wie es bei allen christlichen Familien auf Flores üblich ist.

Johan, der Bruder, erzählt mir, daß er in der Familienplanung tätig ist. Seit Ende der 60er Jahre wird Bevölkerungspolitik betrieben, um das Bevölkerungswachstum einzudämmen. Werbetafeln mit der Aufschrift *dua anak chukup* propagieren im ganzen Archipel die Musterfamilie mit zwei Kindern. Daß Theorie und Praxis oft weit auseinander liegen, zeigt sich, als mir Johan stolz von seinen vier Kindern berichtet und seinen Ältesten auch gleich vorführt. Daß Kinderreichtum aber durchaus auch etwas Positives hat, merke ich, als die Kinder des Dorfes mich am Anfang der Steigung anschieben.

In *Paga,* einem kleinen Küstendorf, wird gerade ein Losmen fertiggestellt. Hier stehen fünf kleine Holzhütten auf Pfählen direkt am Strand. Von Pantai Paga, so heißt der Ort mit vollständigem Namen, sind es weitere 6 km nach **Pantai Coca,** einer kleinen Bucht mit weißem Sandstrand. Einen Kilometer hinter Paga zieht sich die Straße 5 km den Berg hinauf. Oben auf dem Sattel liegt ein kleines Dorf, von dem ein Trampelpfad hinunter zur Bucht führt. Vom Bürgermeister eingeladen, verbringe ich die Nacht in diesem Dorf. Der *kepala desa,* wörtlich: Kopf des Dorfes, also der Dorfvorsteher, berichtet mir, daß ein Balinese diese Bucht gekauft hat und demnächst ein kleines Hotel eröffnen möchte.

## 2. Teilstrecke: Der Geisterkrater Keli Mutu

Um fünf Uhr räkeln sich alle aus den Betten, Hühner krähen, Kinder schreien, in die zarte, kühle Morgenluft mischt sich der beißende Qualm von Feuerholz. Tief eingewickelt in ihre Sarongs hocken die Männer vor ihren Hütten, einige rauchen – mit der Begründung, daß es ihnen dadurch warm würde.

Das Tagesziel für heute ist das 60 km entfernte **Moni**, Basisdorf zur Besteigung des »Drei-Farben-Kraters« *Keli mutu.* Bis nach *Wolowaru* sind einige kraftraubende Steigungen von bis zu 8 km Länge zu bewältigen. Unverhofft treffe ich dort zu Mittag meine »Fahrradfreunde«, ein amerikanisches Paar auf Weltreise und einen Engländer auf Asientour.

Gemeinsam brechen wir am Nachmittag auf und erreichen nach 2 1/2 Std. das nur 12 km entfernte Moni. Obwohl diese langen, gleichmäßigen Steigungen ausgesprochen kraftrau-

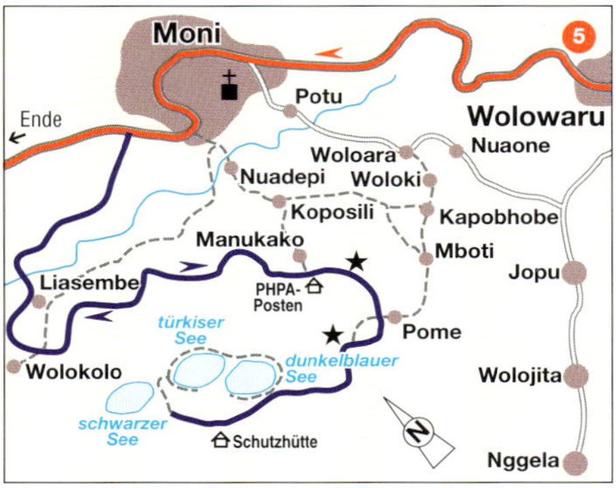


bend sind, kann man bei dem kontinuierlich langsamen Tempo doch die unbeschreiblich schöne Natur genießen.

## Der nächtliche Ausflug zum Keli Mutu

Bevor man den Vulkan mit seinen drei Kraterseen erklimmt, sollte man Konderatu und seine Frau Bobi durch lautes Rufen ihrer Namen fragen, ob sie die Besichtigung der drei farbigen Seen gutheißen! Konderatu und Bobi sind die Gottheiten dieses Vulkans. Wohl über keinen anderen Vulkan Indonesiens erzählen sich die Menschen so viele Geschichten und Sagen. Der Keli Mutu ist 1690 m hoch, und auf dem 5000-Rupiah-Schein zeigen seine drei Kraterseen die Farben Rot, Blau und Türkis. Der Besitzer unseres Losmen erklärt uns, daß dies den Farben entspricht, die die Seen in den 60er Jahren hatten.

Wir entscheiden uns nicht für den Laster, der die 13 km bis hinauf fährt, sondern für unsere Drahtesel. Zu viert brechen wir um 4 Uhr nachts auf. Schon nach 1 1/2 Stunden erreichen wir die erste Plattform, nun sind es noch 200 Stufen bis hinauf zum Gipfel. Die Fahrräder auf den Schultern, schaffen wir auch noch diese letzte Hürde. Langsam blitzen die ersten Sonnenstrahlen über das Land. Wir sind nicht die einzigen Touristen, dennoch herrscht gespannte Stille. Alle blicken auf die Seen. Die unterschiedliche Färbung ist auf verschiedene Anteile verschiedener Mineralien in den Kraterrändern zurückzuführen. Als die Sonne das bergige Land in ein diffuses Licht taucht und die Farben Schwarz, Dunkelblau und Türkis

**Mit dem Rad auf dem 1690 m hohen Vulkan Keli Mutu mit seinen drei verschiedenfarbigen Kraterseen.**

In mühsamer Handarbeit erstellt diese junge Frau pro Monat eine traditionelle Ikat-Stoffbahn.

sichtbar werden, fällt es mir nicht schwer, die Geistergeschichten, die sich um die Seen ranken, zu verstehen. Einige berichten von Menschen, die spurlos verschwunden sind. Wie vom Erdboden verschluckt ist ein Holländer, der seit über zwei Monaten vermißt ist. So wird auch gemunkelt, daß bei Vollmond die Seelen der Toten aus dem See steigen, um am Kraterrand spazieren zu gehen!

Die Abfahrt auf der kurvenreichen Straße ist ein atemberaubender Nervenkitzel und eine Herausforderung für Fahrer und Bremsen.

### 3. Teilstrecke: Von Moni nach Ende

Diese 56 km lange Strecke ist sehr angenehm zu fahren, da es überwiegend bergab geht. Die Umgebung von Moni liegt zwischen 650 und 800 m hoch und ist ausgesprochen grün und fruchtbar.

Ein Abstecher bei Wologai in Richtung Norden, nach *Detukeli,* ist wegen der steinernen Altäre und einer Mumie sehr zu empfehlen.

Vorbei an Reisfeldern und dichten Palmenhainen fahren wir durch kleine Dörfer, in denen *Ikat*-Webereien hergestellt werden. Die meisten Tücher werden mit echten Naturfarben eingefärbt; es dauert gut einen Monat, um so eine »Ikatröhre« fertigzustellen. Ein Ikatsarong ist an den Enden zusammengenäht und zwischen 1,50 und 1,70 m lang. Als Kleidungsstück rollt man ihn an der Hüfte auf. Abends, wenn es kühl wird, was bei 23 °C der Fall ist, rollen ihn die Florenesen bis zur Schulter hoch, und zum Schlafen wird er fast über den Kopf gezogen. Wer Gefallen an den schweren, dicht gewebten Tüchern hat, kann direkt von den Weberinnen kaufen. Auch wenn es hier nicht üblich ist, an Touristen zu verkaufen, sollte man ein wenig handeln.

Nach 10–15 km erreichen wir die Hafenstadt Ende, die mit ca. 60 000 Einwohnern die größte Stadt auf Flores ist.

Ende ist eine geschäftige und lebhafte Stadt mit relativ guter Infrastruktur. Einige schöne Ausflüge lassen sich von hier unternehmen:

### Ausflüge rund um Ende

**1. Besteigung des Gunung Meja** Man fährt auf der Küstenstraße nach Südosten zum neuen Hafen Pelabuhan Ipi und biegt dann in die Straße *Jalan Doko* ein, die zum Fußpfad führt. Hier kann man das Fahrrad abstellen; für den Aufstieg ist 1 Std. einzuplanen. »Tischberg« bedeutet der Name des Berges. Dies ist un-

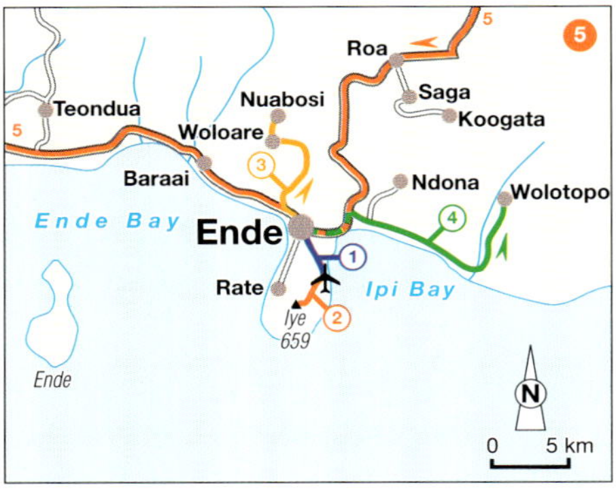


schwer nachzuvollziehen, da er von der Ferne so aussieht wie eine Pyramide, deren Spitze abgeschnitten wurde. Von der Plattform genießt man einen schönen Blick auf die Bucht von Ende sowie auf das Hinterland.

**2. Besteigung des Gunung Iye** Dieser noch aktive Vulkan ist 659 m hoch und bietet eine phantastische Sicht über Ende und Umgebung. Gleiche Anfahrt wie beim G. Meja, aber an dessen Fuß vorbei. Von der Abzweigung, die in Richtung Süden zum Vulkan führt, sind es etwa 2 1/2 Std. bis zum Gipfel. In der Regel sind hier genügend Leute unterwegs, die man nach dem Weg fragen kann. Der Vulkan hat zwei Krater, im kleineren wachsen Gras und Kiefern. Zelten ist dort problemlos möglich. Der größere Krater, der Meerseite zugewandt, hatte seine letzte Eruption 1969 und sieht noch sehr unwirtlich aus.

**3. Fahrradtour nach Nuabosi** 10 km nordwestlich von Ende liegt **Nuabosi** mit idyllischem Blick über die Bucht von Ende und dem Gunung Meja im Hintergrund.

**4. Fahrradtour nach Ndona, Nila und Wolotopo** Von *Ende* Richtung *Moni*; nach 5 km bei *Wolowona* nach rechts abbiegen. Wo sich die Straße gabelt, nach links 4 km hinauf in das Bergdorf *Ndona*. Hier hält man sich rechts, an Reisfeldern vorbei; nach 5 km kommt man zu dem Dorf *Nila* am Wolotolo-Fluß, wo traditionelle Boote, sogenannte *Prahu*, hergestellt werden. Der Pfad führt weiter, dem abwechslungsreichen Küstenverlauf folgend, zu einem schwarzen Sandstrand und dem Dorf *Wolotopo*. Das Dorf schmiegt sich sanft an den Hang, Mittelpunkt ist die Kirche eines deutschen Missionars. Weiter oben auf einem Hügel sind neben vier Adat-Häusern auch noch ein Zeremonialhaus, Katakaukan genannt, und megalithische Grabmale. Diese sollten aber aus Höflichkeit erst nach Absprache mit dem Dorfvorsteher besucht werden.

## 4. Teilstrecke: Von der Südküste an die Nordküste

Die Strecke führt von **Ende** über *Aegela* und *Danga* nach **Riung**.

Im Morgengrauen begebe ich mich auf diese 126 km lange Strecke. Zarter weißer Nebel liegt über der Stadt und dem Meer. Es sind nur die Vulkangipfel des Gunung Meja und des Gunung Iye sowie die der Küste vorgelagerte Insel Ende zu sehen. Es ist angenehm kühl, und auf der ebenen Straße läßt es sich zügig fahren. Als die ersten Sonnenstrahlen die Bucht erwärmen, ist der Nebel augenblicklich verflogen. Die Straße führt 18 km an kleinen Buchten mit Sandstrand und schroffen Felsvorsprüngen direkt am Meer entlang. Kokospalmen und Bananenstauden werden auf den nutzbaren Parzellen kultiviert. Ab *Nangaroro* beginnt die Straße ins Landesinnere anzusteigen, bis kurz vor *Aegela*. Das intensive Grün der kleinen Reisfelder bestimmt im unteren Teil das Landschaftsbild, weiter oben, immer in Reichweite der Straße, werden Maniok und Mais für den Eigenbedarf angebaut. Im oberen Drittel beherrscht das Alang-Alang-Gras das Bild, vereinzelt stehen noch Laubbäume. Vom ersten Plateau schweift mein Blick nach Osten bis zur Insel Ende, nach Westen reihen sich Hügelketten bis in weite Ferne. Die weichen, zart wirkenden Hügel passen so gar nicht zu der braun verbrannten, kargen Vegetation. Die Gegend wirkt menschenleer. Nur vereinzelt fahre ich an kleinen Reihendörfern mit vier oder fünf Hütten vorbei. Die Einwohner winken mir freundlich zu, die Kinder schreien aus voller Kehle »Hello Missis«, rennen mit freudigem Geschrei hinter dem Fahrrad her. Treffe ich sie aber einmal außerhalb ihrer Dörfer auf dem Weg zur Schule oder in einen Nachbarhof, springen sie sicherheitshalber lieber ins Gebüsch und beäugen mich aus ihrem Versteck.

**Blick über die weite Hochebene von Aegela.**

An einer langen Steigung, weitab des nächsten Dorfes, begegne ich einer jungen Frau, die ein großes Bündel Feuerholz auf dem Kopf trägt. Ich fahre im Schrittempo an ihr vorbei, rufe ihr einen Gruß zu. Einige Meter weiter halte ich, um die Aussicht zu genießen, und höre plötzlich ein lautes Krachen. Ich drehe mich um und sehe den riesigen Holzberg auf der Straße verstreut, das Kopftuch daneben und die junge Frau rennt flipp, flapp in ihren Schlappen so schnell sie kann die Straße hinunter. Über das westliche Fernsehen und vorbeifahrende Touristenbusse wissen diese Menschen, wie wir »Langnasen« aussehen. Sind sie nun aber außerhalb der schützenden Gemeinschaft und treffen einen leibhaftigen »Westler«, übermannt viele dann doch die Angst vor dem Fremden!

Nach dem Überwinden der letzten Anhöhe bestimmt ein weitläufiges, ebenes Tal das Bild. Die Landschaft wirkt wie eine afrikanische Savanne. Der Schweiß verdunstet, noch bevor ich ihn abwischen kann, und im Gesicht bleibt eine Salzkruste zurück. Die letzten drei der insgesamt 56 Kilometer geht es zügig abwärts bis nach **Aegela**

Vor dem eigentlichen Dorf ist eine Straßenwirtschaft, wo es reichhaltiges und gutes Essen gibt. Bei den Besitzern ist, auf freundliche Anfrage, sicher eine Übernachtung möglich. Zum Zelten ist hinter dem Haus genügend Platz.

Nach scharfem Essen, Unmengen an köstlichen Bananen und viel Eistee schwinge ich mich wieder in den Sattel. Von dem *rumah makan* sind es keine 100 m in Richtung Ende zu einer unscheinbaren Abzweigung. Dort biegt, von der Hauptstraße nach links, eine schmale, geteerte Straße ab in die Ebene hinunter. Kaum vorstellbar, daß in dieser trockenen Gegend Menschen mit einfachsten Anbaumethoden überleben können. Die Hütten werden nun zunehmend schlichter und ärmlicher. Kaum ein Baum, der Schatten spendet, nur verdorrtes Gras und widerstandsfähige Büsche. In den Monaten Januar und Februar,

**Karg und bizarr ist die vertrocknete Landschaft auf der nördlichen Seite von Flores wenige Kilometer vor Riung.**

so erzählt mir ein Bauer, sei sein Land saftiggrün; unzählige Blumen kämen aus dem Boden geschossen und bedeckten mit ihrer Farbenpracht die Landschaft. Zu dieser Jahreszeit müssen wohl auch die ersten Portugiesen im Jahr 1544 die Insel betreten haben, da sie ihr den Namen »Cabo das Flores« gegeben haben, das Kap der Blumen. In den Monaten von Juli bis Oktober wäre ihnen beim Anblick der Landschaft wahrscheinlich der Name »Trockenkap« eingefallen.

Bevor die Straße aus dem Tal hinausführt, steigt sie sanft auf eine Hügelkette an. Der Fernblick, der sich von oben bietet, könnte ein virtueller sein. Im Vordergrund zerklüftetes, braunverbranntes Hügelland, in der weiten Ebene fruchtbares, dunkelgrünes Ackerland, und bis zum Horizont tiefblaues Meer. Rasant geht es hinunter, dem grünen Teppich entgegen. Am Fuß der Hügel führt eine Straße nach rechts in Richtung Küste, nach *Marapokot*. In *Danga* und einem kleinen Dorf ca. 25 km davon entfernt gibt es jeweils eine bescheidene Unterkunft. Die Straße verläuft parallel zur Küste, doch das Meer zeigt sich erst wieder 20 km vor *Riung*. Das Land ist knochentrocken, und die Menschen sind bitter arm. Wasser muß aus weit verstreuten Brunnen herangeschafft werden. Strom gibt es nicht. Brennholz muß von immer entfernteren Gebieten hergetragen werden. Vom ursprünglichen Savannenwald ist wenig übriggeblieben. Die in vielen Regionen verbreitete Praxis, in der Trockenzeit Brände zu legen, um das Unterholz zu lichten, führt dazu, daß junge Bäume und Sämlinge durch das Feuer getötet werden und so nicht nachwachsen können, um den immer älter werdenden Wald zu regenerieren.

Es ist schon dunkel, als ich im Haus der Familie von Markus Lazar in **Riung** eintreffe, der eine Pension namens »Liberty Hotel« betreibt. Seine katholische Familie ist ausgesprochen freundlich und hilfsbereit.

## 5. Teilstrecke: Von der Küste zu den heißen Quellen von Air Panas bei Soa

Auch auf dieser Etappe bietet es sich an, in den frühen Morgenstunden aufzubrechen. Schon nach 6 km beginnt der Anstieg zur ersten Bergkette. Bis hierher wurde die Straße gerade neu asphaltiert. Die nächsten 18 km bis nach *Wanka* sind die reine Tortur. Flüssiger Teer, den die Laster auf ihrem Weg verloren haben, verklebt mit den Steinen und dem Sand der Piste und verkleistert mir nach kurzer Zeit Reifen, Kette, Schuhe und Beine. An einigen Steigungen drehen die Reifen durch, so daß ich schieben muß, was auf dem lockeren Untergrund mit dem schwer beladenen Rad eine mühsame Plackerei ist. Mittlerweile dürfte dieser Abschnitt fertig asphaltiert sein, doch Indonesiens Straßen sind nie »fertig«! Ab Wanka wird das Fahrradfahren wieder zum wahren Vergnügen. Jetzt folgen nur noch minimale Anstiege. Die weite, hügelige Graslandschaft wird zunehmend grüner und blumenreicher. Von Wanka bis *Soa* sind es weitere 36 km. Von dem Städtchen Soa, von der Hauptstraße abzweigend, führt ein 6 km langer Weg, leicht abschüssig, zu den heißen Quellen **Air Panas**. Ngada Paradise, so heißt die wunderschön gelegene Hotelanlage direkt bei den heißen Quellen. Diese sind glasklar und fließen als Fluß durch verschiedene Badebecken. Gegen Abend kommen vor allem Einheimische zum Bad. Es ist daher angebracht, sich in entsprechender Bekleidung zu waschen, Männer in kurzer Hose, Frauen in ein Badetuch gehüllt, notfalls im Bikini, nie oben ohne.

## 6. Teilstrecke:
## Von Air Panas nach Bajawa

Diese 24 km ansteigende Strecke hinauf in das regenreiche **Bajawa** ist sehr abwechslungsreich. Schlagartig wird aus der kargen Steppengrasvegetation eine dicht mit Regenwald, Bananenstauden, Obstbäumen und Reisterrassen kultivierte Landschaft. Vorbei an kleinen Gehöften schlängelt sich die kurvenreiche Straße ins Hochland. Dies ist eine beliebte Rennstrecke der Bemofahrer. Mit Vorliebe schneiden sie die Kurven, daher ist äußerste Vorsicht geboten, vor allem, wenn gleichzeitig ein Auto von hinten zu überholen versucht.

Gegen Nachmittag ziehen sich häufig dichte Wolken über der Hochebene zusammen, und die Nächte in Bajawa sind in der Regel feuchtkalt. Bajawa hat den Beinamen *Kota hujan*, was soviel bedeutet wie Regenstadt.

Wer sich sonntags in diesem verschlafenen Nest aufhalten sollte, kann sich nach den Pferderennen umhören, die in der näheren Umgebung stattfinden. Für jung und alt sind diese Rennen in herrlicher Landschaft ein abwechslungsreiches Sonntagsvergnügen. Junge Burschen beweisen sich als Jockeys auf kleinen, rasanten Pferden, die aus Sumba importiert werden, während Spielernaturen unter den Zuschauern ihren Wochenlohn verspielen.

Bei einer Pause zwischen Riung und Wanka.

**Am Gipfel des 2245 m hohen Inerie entdecke ich eine katholische Opferstätte.**

**Besteigung des Gunung Inerie** Nach drei Kilometern östlich von Bajawa biegt ein zerfressenes Asphaltsträßchen vom Trans-Flores-Highway nach rechts ab. Schon nach 2,5 km erreicht man das Dorf Langa, bestehend aus 16 Weilern. Obwohl es unter Denkmalschutz steht, erscheint es sehr ungepflegt und heruntergekommen, dennoch ist es einen Besuch Wert. Weitere 10 km entfernt liegt das touristisch vermarktete, aber ebenfalls sehr reizvolle Bena. Zwei Kilometer vor Bena passiere ich ein kleines Dorf, wo Männer und Frauen gemeinsam Volleyball spielen. Sogleich werde ich aufgefordert mitzuspielen, worauf ich mich gerne einlasse. Man lädt mich für die Nacht ein, und einer der Mitspieler, noch ein junger Bursche, wird mir als Führer zum Vulkan Inerie zugeteilt.

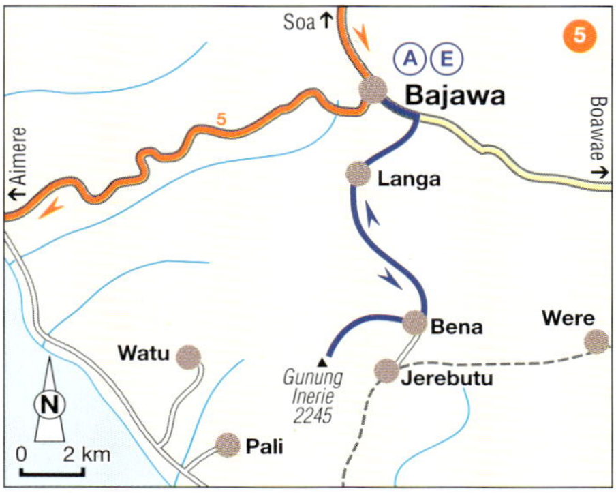


Die Wohnung des Grundschullehrers, bei dessen Familie ich übernachten darf, ist bescheiden. Obwohl er die Wohnung vom Staat für nur 4 DM im Monat mietet, kommt er mit seinem kargen Gehalt von 100 DM nicht aus. Zum Abendessen gibt es etwas Außergewöhnliches für den westlichen Gaumen. Hundefleisch wurde mir von einigen Indonesiern schon oft empfohlen, heute darf ich diese Spezialität zum ersten Mal kosten.

Titus, mein Mitspieler vom Volleyball, holt mich um 4 Uhr morgens ab. Die Nacht ist klar und windstill, mächtig zeichnen sich die Konturen des Vulkans ab, der vom Licht des Sternenteppichs erhellt wird. Wir benötigen keine Taschenlampe, um unseren Pfad zu finden. Zunächst geht es im Zickzack durch Alang-Alang-Gras und verschiedene Felder. Abrupt beginnt der eigentliche Anstieg. Der Pfad ist sehr steil, aber dennoch gut zu wandern, erst im oberen Drittel wird das Gehen durch loses Gestein erschwert.

Der Sonnenaufgang ist grandios. Steil fällt der Berg auf der südlichen Seite bis zum Meer ab, der Blick reicht weit nach Westen. Im Osten ragt der Vulkan Ebulobo mit seinen 2149 Metern Höhe über den Horizont empor.

**Auf dem Weg von Bajawa zum Küstenstädtchen Barong bietet der Gunung Inerie ein phantastisches Panorama.**

### Feste

Feste in Bena: Damit die Ernte gut ausfällt, werden besonders in dieser Region im September / Oktober das »Zoa«-Pflanzerfest und im April / Mai das »Keti-Kua«-Erntefest abgehalten. Genaue Daten muß man vor Ort erfragen. Feste in Langa: Die sechs Tage lange »Reba«-Zeremonie, die am 15. Januar mit einer heiligen Messe – Misa Kudus – beginnt, ist sicher auch für Nichtchristen sehr beeindruckend. Traditionelle Tänze in einheimischer Tracht schließen sich an.

»Es ist ausgesprochen windig«, bemerkt Titus, dem sichtlich kalt geworden ist. So habe er den Wind noch nie erlebt, klappert er mit den Zähnen. Um das Gleichgewicht nicht zu verlieren, bewegen wir uns krabbelnd weiter nach oben. Dreißig Meter unter dem Gipfel drehen wir um, da es uns zu gefährlich wird.

Zum Frühstück um 9 Uhr sind wir wieder bei der Familie. Mit einem Gastgeschenk bedanke ich mich und fahre weiter nach *Bena*.

Nur fünf Minuten sind es zu Fuß von Bena an einen kleinen Fluß. Dort entspringen einige

**Zur Mittagszeit kehren die Dorfbewohner von den Feldern zurück. Fremde werden freundlich begrüßt.**

heiße Quellen. In diesem Flüßchen, umgeben von Bambus, Bananenstauden und dichtem Wald, genieße ich das wohltuend saubere Wasser, bevor ich am Nachmittag zurück nach **Bajawa** fahre.

Der Gipfel des Inerie ist immer noch frei, und so wandert mein Blick immer wieder hinüber, und ich erfreue mich am Anblick dieses Bilderbuchvulkanes.

## 7. und 8. Teilstrecke:
## Von Bajawa nach Ruteng

Diese Strecke ist 130 km lang. Zunächst geht es ca. 13 km zur Küste hinunter. Während es in **Bajawa** in der Früh noch angenehm kühl ist, empfängt einen an der Küste schon um 9 Uhr brütende Hitze. Auf diesem kurzen Streckenabschnitt läßt sich der Vegetationswandel von einem immerfeuchten zu einem Trockengebiet deutlich erkennen. Die Höhe und Dichte der Pflanzen nimmt in Etappen ab, bis nur noch kleinwüchsige Strauchgewächse und Kokospalmen sowie die widerstandsfähige Lontaropalme das Bild bestimmen. Zwischen *Aimere* und *Waiengga* verläuft die Straße entlang der Küste, danach steigt sie in Serpentinen bis hinter *Wairana* an.

»Der Weg ist das Ziel«, das sollte man sich auf einer Fahrradtour durch eine relativ karge, aber faszinierende Insel wie Flores immer wieder bewußt machen. Nicht die Kilometer sind entscheidend, sondern die Menschen, mit denen man Kontakte knüpft. Anhalten, mit neugierigen, interessierten Dorfbewohnern reden, ihnen vom eigenen Land berichten – sehr beeindruckt sind sie von Postkarten mit Schneelandschaften – die Gastfreundschaft spüren: das sind bleibende Erinnerungen, und auch die Menschen, deren Land man bereist, bekommen wenigstens einen kleinen Einblick in das Land, aus dem ihr Gast kommt.

In *Kisol*, so erfahre ich, gibt es eine katholische Missionsstation, in der auch Besucher willkommen sind. Die Schwestern der Station empfangen mich freundlich, doch sind sie komplett belegt, da in zwei Tagen ein großes Fest stattfindet. Sie empfehlen mir, weiter an die Küste nach Borong zu fahren, da es dort ein Losmen gibt. Auf Dauer ist es mitunter anstrengend, bei Privatleuten zu übernachten, da es so etwas wie Ruhe und Privatsphäre nach unserem westlichen Verständnis nicht gibt. Daher ist es schön, hin und wieder ein Zimmer für sich alleine zu haben.

Das verschlafene Nest **Borong** bietet außer vielen Mücken und einem Billardtisch kaum Abwechslung. In Küstennähe dominieren meist die Anhänger Mohammeds, und so übernimmt der Muezzin, der mich auch hier jäh aus meinen Träumen reißt, die Funktion des Weckers.

**Der Bergsee Rana Mese** Nach Ruteng sind es heute noch 60 km, wobei 1100 Höhenmeter erradelt werden müssen. Ein ganz besonders idyllisches Plätzchen ist der See *Rana Mese*, was soviel bedeutet wie großer See. Dieser liegt 25 km vor *Ruteng,* keine 300 m von der Hauptstraße entfernt. Von Borong kommend, liegt er nach einem 200 m langen ebenen Stück in einer Linkskurve auf der rechten Seite. Ein blaues Schild mit einem Baum und einer Hütte markiert den schmalen ungepflasterten Zufahrtsweg. Der See ist über einen Hektar groß, schimmert zart türkis in der klaren Bergluft und ist ein Geheimtip für Angler, denn er ist reich an Karpfen. Umgeben ist das kühle Wasser von dichtem Bergwald. Eine Übernachtung im Zelt ist bestimmt ein besonderes Erlebnis. An Wochenenden kann aber davon ausgegangen werden, daß die Stille von Tagesausflüglern gestört wird.

**Abstecher nach Reo** Unweit des Sees liegt das Dorf **Betaing**, von wo eine Straße an die Nordküste abzweigt. Sie führt nach *Benteng Jawa*, einem kleinen Dorf, von dem gesagt wird, daß es dort die hochwertigsten Webereien der *Manggarai,* einer Volksgruppe aus dem nordwestlichen Teil von Flores, gibt. Hauptprodukt ist der traditionelle *sonke,* ein Tuch in Naturfarben.

Zwischen Benteng Jawa und *Pagal* weiter westlich gibt es eine Schlaglochpiste. Pagal, 21 km von *Ruteng* entfernt, bietet ebenfalls schöne Webereien. Während in den Dörfern östlich von Pagal nur zwischen Mai und Oktober gewebt wird, produzieren die westlich davon gelegenen zwischen Oktober und März. *Reo* und der 5 km davon entfernte Hafen *Kedindi* sind ebenfalls einen Abstecher wert. Wohnt man im Losmen Nisang Nai, zwischen Reisfeldern gelegen, wird man vom Froschchor in den Schlaf gesungen. Bei Sonnenaufgang, im zarten Morgennebel, lohnt sich eine Wanderung über weite Reisfelder zum Hafen. Von hier werden hauptsächlich Wasserbüffel nach Surabaya und Kaffee nach Antwerpen verschifft.

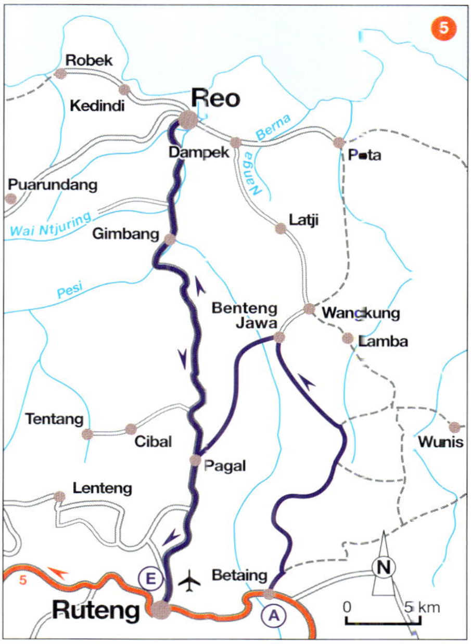


Von Reo sind es 60 km bis nach **Ruteng,** dem Ziel der 8. Etappe.

Die Distrikthauptstadt Ruteng liegt am Fuße einer breiten Bergkette. Verschiedene, aber zusammenhängende Täler prägen das fruchtbare Land um Ruteng. Ich habe die letzte Anhöhe überwunden, und ein Schweizer Ehepaar, das von Indien hierher geradelt ist, berichtet mir, daß ich nun bis nach Ruteng »rollen« kann. Ich genieße das milde Klima und die üppige Vegetation, fahre vorbei an Kaffeeplantagen, die zu den ertragreichsten Indonesiens zählen, an Gemüsefeldern, auf denen Zwiebeln, Karotten und Kartoffeln prächtig gedeihen. Kaum ein Flecken Land, der nicht bewirtschaftet wird, und so ist die Region auch der ergiebigste Reislieferant von Flores. Die Straßen, Häuser und Geschäfte in der Stadt sind ausgesprochen sauber und gepflegt. Hohe, frisch bemalte Bürgersteige begrenzen die breiten, aber verkehrsarmen Straßen. Die überwiegende Mehrheit in dieser Vorzeigestadt ist katholischen Glaubens, worauf die zahlreichen großen Kirchen hinweisen. Das Geschäftsleben wird überwiegend von der chinesischen Minderheit beherrscht. Bei Einbruch der Dunkelheit wird es ausgesprochen kühl, was auf einen angenehmen Schlaf hoffen läßt. Bis um 21 Uhr bietet die große Zahl an Essenständen und Geschäften willkommenen Anlaß, durch das nächtliche Ruteng zu flanieren.

## 9. Teilstrecke: Zur Südwestküste

Die Strecke bis nach *Nangalili* am Meer ist mühelos zu bewältigen. Die Etappe ist 74 km lang und geht hauptsächlich bergab. An flacheren Hängen und in Mulden sprießt der lange Halm der Reissaat, während die unwirtlichen, steilen Hänge neben der Straße dicht zugewuchert sind. Erst im Tieflandbereich wird der dichte Wildwuchs geringer, und Palmen sowie Bananenstauden bestimmen neben Reisterrassen das Landschaftsbild. In den weiten Ebenen wird Naßreis kultiviert, so weit das Auge reicht. Bei *Malawatar*, nach etwa 63 km, führt eine kleine Straße in das 11 km entfernte Küstenstädtchen **Nangalili**. Auf dieser kurzen Strecke, die in leichtem Gefälle zur Küste führt, wird es zunehmend trockener. An den vereinzelten Häusern blühen Bougainvillea, vereinzelt sehe ich kleine Maisfelder, der Rest ist Gras und Buschsteppe. Das Dorf bietet keinerlei Sehenswürdigkeiten – außer seinen Menschen und im besonderen deren Kinderschar. Als ich eintreffe, ist das Nachmittagsgebet in der Moschee gerade beendet, und schnell bin ich von Neugierigen umringt. Sie sind sichtlich verwundert über das Erscheinen eines Westlers und fragen, wieso ich mich hierher verirrt habe. Dem kepala desa, dem Bürgermeister, zu dessen Haus man mich bringt, berichte ich von meiner Tour und erkläre ihm, daß mich das Dorf aufgrund seiner Abgeschiedenheit interessiert. Sogleich stellt er mir einen persönlichen Geleitschutz, der

**Bis zu meiner Abfahrt aus Nangalili sind die Kinder des Dorfes meine ständigen Begleiter.**

mich durch das Dorf führen wird. Mein Gepäck könne ich getrost in seinem Haus lassen, da ich auch dort schlafen dürfte. Es ist ein ärmliches Dorf, in der Oberflächenkanalisation staut sich so manch undefinierbarer Dreck, staubige Straßen, die sich bei Regen in Schlamm auflösen, durchziehen das Dorf, und zur Trinkwasserversorgung müssen zwei größere Brunnen reichen. Von meinem Begleiter geführt und von 50, 60, manchmal 70 Kindern gefolgt, die die Fußballhymne »Olé, we are the champions« jubeln, besichtigen wir das Dorf. Alle in diesem Dorf sind Moslems, woran die große Moschee keinen Zweifel läßt. Damit ist auch die große Kinderschar zu erklären, denn anders als die katholischen unterstützen die islamischen Geistlichen das Familienplanungsprogramm der Regierung nicht. So sind Familien mit 8 bis 12 Kindern hier die Regel.

Bei Einbruch der Dämmerung geht Harsan, mein Begleiter, mit mir zum Baden an den Fluß. Dort treffen wir weitere Männer in unserem Alter. Da wir hier unter Männern sind, kann man sich ganz entkleiden. Die erste Zeit fühle ich mich ungewohnt genau beobachtet, was sich beim weiteren Plausch im warmen Fluß über Sitten und Gebräuche meines Heimatlandes legt.

Wieder beim kepala desa, werde ich zum Abendessen sogleich zu den Frauen in die Küche geschickt. Es ist keine Seltenheit, in indonesischen Familien beim Essen allein gelassen zu werden. Jeder nimmt seine Mahlzeit ein, wenn er Zeit und Appetit verspürt, und wird dabei auch nicht gestört.

Am heutigen Abend findet eine Heiratsverhandlung statt, erzählt mein Gastgeber, und fragt, ob ich ihn begleiten möchte. Gerne komme ich der Einladung nach, äußere aber Bedenken bezüglich meiner Kleidung. Gleich bekomme ich einen feierlichen Sarong gereicht, der sorgfältig um die Hüfte gewickelt wird.

Zunächst gehen wir zum Elternhaus der Braut. Als wir eintreffen, sind bereits einige Männer unter einem großen Zeltdach auf Bastmatten versammelt. Wir erwidern ihr Kopfnicken, entledigen uns der Gummischlappen und setzen uns im Schneidersitz an einen uns zugewiesenen Platz. Es sind alles verheiratete Männer aus dem Dorf, gekleidet in Sarong, Hemd und ihre islamische Kopfbedeckung, einen ovalen, schwarzen Hut. Der Platz füllt sich. Unterdessen teilen junge Männer süßen Tee und Teller mit Gebäck aus. Es wird erzählt, geraucht und hin und wieder am Tee genippt. Die Frauen, so erfahre ich, sind im Haus versammelt. Als der Bürgermeister das Wort ergreift, wird es ruhig. Er spricht einige Sätze in Bahasa Indonesia, danach wechselt er in seine Muttersprache. Von meinem Nachbarn erfahre ich, daß es sich im Moment noch um die Verhandlung über den Brautpreis dreht. Zur Debatte steht das Angebot des Brautvaters, der 200 000 Rupiah, einen Büffel sowie Reis als Mitgift bietet. Es wird diskutiert, erwogen, verglichen. Auf einmal steht die Runde auf, der kepala desa bedeutet mir, ebenfalls zu gehen. Einige Straßen weiter, diesmal im Elternhaus des Bräutigams, spielt sich eine ähnliche Szene ab. Nachdem Tee und Gebäck gereicht worden sind, stellt der Vater des Bräutigams seine Forderungen von 500 000 Rupiah, zwei Büffeln und Reis. So wandert die Gesellschaft von einem zum anderen, bis man sich letztendlich einigt. Doch die Hochzeitsfeier findet ohnehin erst in drei Monaten statt. Jedem aufgeschlossenen Reisenden können solche unvorhergesehenen Erlebnisse, die in Indonesien nicht selten sind, zuteil werden, wenn er nur Kontakt mit der Bevölkerung sucht.

## 10. Teilstrecke: Das Fischerdörfchen an der Westküste

Zum Gebet um fünf stehe ich auf und schaffe es, um sechs schon unterwegs zu sein. Nicht, daß die bevorstehenden 70 km besonders anstrengend wären, aber im Tiefland wird es um die Mittagszeit unerträglich heiß. Zur Küste hin wird das Land ausgesprochen hügelig, und nach jeder erkämpften Anhöhe hoffe ich, das Meer zu erblicken, um dann enttäuscht wieder in das nächste Tal zu rauschen. Nach 4½ Std. erreiche ich das angeblich beschauliche Fischerdörfchen **Labuhan Bajo**. Von Beschaulichkeit ist wenig zu spüren. Die Kunst des Fischens haben die Dorfbewohner allerdings nicht verlernt, nur die Beute wird neu definiert. Jetzt müssen die Netze genauso sorgfältig ausgelegt werden, damit nun »orang turis«, Touristen, ins Netz gehen.

## Touren um Labuhan Bajo

**1. Mit dem Fahrrad zum »versteinerten Wald«** Zumindest große Gesteinsreste sind im hügeligen Hinterland, südlich von *Labuhan Bajo* in der Umgebung von Dataran Lemes, zu betrachten. Der Ort ist etwa 18 km entfernt, der Weg führt über den Fluß Wai Capi am *Kampung Capi* und *Tanah Dereng* und an einem 4000 Hektar großen Bewässerungsprojekt vorbei, wo Naßreis kultiviert werden soll.

**2. Die Spiegel-Höhle Batu cermin** Zwei bis drei Kilometer aus der Stadt heraus in Richtung Ruteng biegt eine Straße nach links ab. Diese führt vier Kilometer bis zu einem Parkplatz, von wo es noch einige hundert Meter zu den Höhlen zu laufen sind. Weiträumige Hallen mit Stalagtiten und Stalagmiten, zum Teil zu Säulen zusammengewachsen, prägen die Höhle. An Stellen mit dünnem Höhlendach schicken große Bäume ihre mächtigen Wurzeln in die Tiefe. Zum Spiegelstein führt ein 50 m langer Gang in die Höhle hinein. Am Ende befindet sich ein Stein, den durch eine schmale Öffnung zwischen neun und zehn Uhr morgens ein Sonnenstrahl trifft. Der muskovithaltige Stein reflektiert die Einstrahlung wie ein Spiegel.

**3. Ausflug auf die Insel Rinca** Rinca ist eine kleine, der Küste vorgelagerte Insel. Sie ist Teil des bedeutenden Komodo-Nationalparks. Hierzu zählen die Inseln Rinca, Komodo, Padar und Gili Motong. Sie alle sind Heimat der außergewöhnlichen Warane. Entweder chartert man ein Boot für die 1½ Std. Überfahrt, oder man nimmt das Marktboot, das mittwochs und samstags hinüberfährt.

In zwei Dörfern, *Kerora* und *Rinca,* leben 860 Menschen. Das Büro der Naturschutzbehörde PHPA ist in Loh Buaya, der Krokodilbucht, wo man sich auf jeden Fall registrieren lassen muß. Die Naturschutzbehörde betreibt eine Unterkunft aus einigen auf Stelzen errichteten freistehenden Hütten. Das Essen dort ist sehr spartanisch. Daher ist es ratsam, für einen längeren Aufenthalt Lebensmittel einzukaufen. Von dort kann man einige schöne Ausflüge unternehmen.

Die jungen Komodowarane lassen sich von der Spezies Mensch nicht mehr sonderlich beeindrucken. Einige sind mittlerweile so frech, daß sie liebend gerne in die Küche marschieren, um sich an den Vorräten zu bedienen. Die Insel ist ausgesprochen trocken und das Grasland meist braun verbrannt. Dominierend ist auch hier die Lontarpalme, die auf allen der Kleinen Sunda-Inseln zu finden ist. Sie ist eine nützliche und widerstandsfähige Pflanze. So dient sie der Zuckergewinnung und trägt schmackhafte Früchte, die zu einem alkoholischen Getränk vergoren werden können. Die Blätter werden als Wasserbehälter genutzt, früher sogar als Papierersatz, und der Stamm wird als Bau- oder Brennholz verwendet. Endemisch sind auf der Insel neben den Waranen nur Frösche, Schlangen und Echsen. Alle großen Säugetiere hat der Mensch eingeführt. Dazu zählen Hirsche, Büffel, Pferde, Wildschweine und wilde Hunde. Die Wildpferde auf der Insel sind von zierlichem Körperbau. Sie sind die Nachkommen der Tiere, die im letzten Jahrhundert vom Sultan von Bima eingeführt wurden und den Grundstock einer Zucht bilden sollten. Heute leben etwa 300 dieser Pferde auf den grasbewachsenen Hügeln.

Verschiedene kleinere Wanderungen von zwei bis fünf Kilometern sind auf der Insel möglich. Zwei Gründe sprechen dafür, einen

Neben der Lontarpalme gedeihen nur noch wenige Pflanzen auf der trockenen Insel Rinca.

Führer mitzunehmen: Erstens zur Sicherheit, und zweitens wissen die Ranger um die Plätze sowie die Wanderrouten der Warane, und sie sehen diese fernab der Siedlungen scheuen Tiere wesentlich früher als wir Touristen.

Bei einem Besuch dieser Inseln wird man mit Sicherheit diese prähistorischen Echsen zu sehen bekommen, doch sollte niemand enttäuscht sein, wenn sich ein ausgewachsener Waran über den touristischen Besuch weit weniger begeistert und einfach stundenlang regungslos in der Sonne liegen bleibt.

In vergangenen Jahren war es Brauch, daß Touristen von den Dorfbewohnern lebende Ziegen oder Hühner kauften, um diese an die Warane zu verfüttern. Die staatliche Behörde versucht diesem blutigem Spektakel nun ein Ende zu setzen, da die Warane von diesen Fütterungen abhängig gemacht werden und nicht mehr auf Jagd gehen, was zu einem Anstieg z. B. der Schweinepopulation führt. Zum anderen haben abhängige Warane in der Vergangenheit Ranger und Dorfbewohner sowie deren Vieh angegriffen, weil sie »ihr« Fressen nicht bekamen. Doch der Erfolg dieser Bemühungen hängt stark von der Einsicht der Touristen ab. Wenn Reiseveranstalter ihrer zahlenden Kundschaft ein tolles Erinnerungsfoto eines fressenden Warans garantieren, wird so manche Einsicht über Bord geworfen.

## 11. Teilstrecke: Überfahrt nach Sumbawa

An der Anlegestelle der Fähre von **Labuhan Bajo** über Komodo nach **Sape** auf Sumbawa herrscht bereits reges Treiben. Wenn die Fähre nicht gerade kaputt ist, was häufig genug vorkommt, fährt sie, außer freitags, täglich nach Sumbawa.

Nachdem alle Fahrzeuge, hauptsächlich LKW, auf der Fähre verstaut sind, fahre auch ich über die metallene Zunge in den Bauch des Schiffes. Unwillkürlich denke ich daran, was wohl am besten zu tun sei, sollte diese Eisenkonstruktion mitsamt ihrem Rost sinken, doch schnell »ertränke« ich den Gedanken in Anbetracht der Tiefe dieser Meerenge. Unter der Ladeklappe eines LKW schnüre ich mein Fahrrad fest, damit es während der achtstündigen Überfahrt nicht hin und her geschleudert wird.

Die Stahlrampe wird hochgezogen, die mächtigen Taue werden eingeholt, und ein superlautes Hochdruckhorn signalisiert um 8:15 Uhr die Abfahrt. Im tiefblauen Meer schiebt sich das Schiff an kleinen Inseln vorbei, trockene, dreißig Meter hohe »Grashügel« mit

## Der Komodo-Waran

Die Riesenechse *Veranus komodoensis*, volkstümlich Waran, ist der westlichen Welt erst seit 87 Jahren bekannt. Der Gouverneur van S. Hensbroek entdeckte 1911 dieses urweltliche Reptil. Als Nachfahre der Dinosaurier ist es ein Überbleibsel aus dem Eozän (vor ca. 60 Mio. Jahren). Major P. C. Bowens, der Direktor des Botanischen Gartens in Bogor, führte 1912 den Waran in die Wissenschaft ein. Das Verbreitungsgebiet des sich von Fleisch ernährenden Warans ist ausgesprochen begrenzt. Während die Tiere im heutigen Naturschutzpark, d. h. auf Komodo, Padar, Rinca und Gili Motong, relativ geschützt leben können, sind die Bestände auf Flores so gut wie ausgerottet. Die gesamte Population, die in den letzten Jahren wieder gestiegen ist, schätzt man auf 7000 Tiere. Die Weibchen legen in der Trockenzeit hauptsächlich in den Monaten August und September über einige Tage hinweg ca. 18 Eier. Wenn die Jungtiere im Frühjahr schlüpfen, sind sie buntgefleckt. Diese Tarnung ist optimal, da sie sich nicht wie die Großtiere auf dem Boden, sondern in den Bäumen aufhalten. Zunächst stehen allerlei Insekten und kleine Echsen auf dem Speiseplan, nach etwa einem Jahr wird die Ernährung um Vögel und Ratten erweitert. Werden die Jungen größer und schwerer, nimmt ihre ledrige Haut eine graubraune, dem Erdboden ähnliche Färbung an. Aus dem geschickten Kletterer wird langsam ein behäbiges Bodenreptil. Der mächtige Schwanz, zuvor dazu genutzt, im Geäst die Balance zu halten, wird nun zu einer gefürchteten Waffe. Der Komodowaran ist im Salz- sowie Süßwasser ein ausgesprochen guter Schwimmer. Im Durchschnitt sind die ausgewachsenen Männchen, die etwas größer werden als die Weibchen, inclusive Schwanz bis zu 3 m lang und wiegen bis zu 50 kg. Gewöhnlich sind die Tiere bei Tag aktiv. Bei einer Mahlzeit können sie bis zu 80 % ihres Körpergewichts an Nahrung aufnehmen. Wie andere Reptilien sind auch sie in der Lage, über mehrere Tage ohne Nahrung auszukommen. Ein einziger kräftiger Biß dieser Urdrachen ist in der Regel auch für große Tiere wie Büffel oder Pferde das Todesurteil. Eine Bißwunde von Waranen wird sich in der Regel entzünden und zu faulen beginnen. Geschwächt und durch den Geruch leicht zu wittern, sind die Tiere dann eine leichte Beute der Warane.

Es gibt immer wieder Fälle, daß Touristen durch Übermut und Unterschätzung der Gefahr in lebensbedrohliche Situationen geraten. Es bleibt daher dringend anzuraten, auf die Ratschläge und Warnungen der sehr toleranten Ranger zu hören.

**Träge und doch unberechenbar: Ein Waran genießt die Mittagshitze.**

**Unzählige solcher teils kahler, teils grasbewachsener Inseln säumen die Meerenge zwischen Flores und Sumbawa.**

einem Busch und einem Baum, umrandet von einem weißen Sandstreifen. Auf einigen steht ein kleines Holzhüttchen. Eine älterer Mann aus Sumbawa erzählt mir, was es mit diesen Hütten auf sich hat: Sie sind Stützpunkte für die Fischer, die oft eine Nacht hier draußen bleiben, bevor sie ihren langen Heimweg mit den kleinen Auslegerbooten antreten. Er selbst habe früher auch oft dort genächtigt, so berichtet er mir, aber nur zum Vergnügen, denn er sei kein Fischer, sondern Händler.

Plötzlich regt sich etwas an Bord. Auf hoher See legt ein motorbetriebenes Boot an der Fähre an, und sechs Touristen aus Komodo steigen über eine Sprossenleiter zu. Schon ein interessantes Schauspiel, wenn Menschen mit ihrem gesamten Gepäck auf offener See umsteigen, sozusagen das »Anschlußschiff« nehmen. Dies ist die reguläre Methode, die Reisenden nach oder von Komodo zu befördern, wenn sie nicht das direkte Boot auf die kleine Dracheninsel nehmen. Mir imponiert die Flexibilität der öffentlichen Verkehrsmittel in Indonesien immer wieder.

Die neuen Passagiere werden genau beäugt, und die jüngeren Indonesier, die einen Kommunikationsversuch starten, stellen enttäuscht fest, daß keiner der Individualreisenden die Landessprache zu verstehen versucht. Eine junge Deutsche tritt zudem die einfachen Bekleidungsregeln der Indonesier geradezu mit Füßen. Sie trägt nicht mehr als ein Trägershirt, eine Bikinihose und Turnschuhe. Jung und Alt sind aufgebracht, letzteren steht die Verachtung ins Gesicht geschrieben. Die Jungen glotzten fassungslos auf so viel nacktes Fleisch. Ich spreche die Frau auf ihr deplaciertes Äußeres an. Es stellt sich heraus, daß ihr nicht bewußt ist, welche Wirkung ihr Auftreten hat. »Ja, auf Bali hat das doch niemanden gestört …« ist ihre erste Reaktion. – »Was im westlichen, konsumorientierten Bali toleriert wird, gilt nicht für das restliche Indonesien«, gebe ich ihr zu verstehen und bitte sie, sich etwas mehr zu bekleiden, was sie später auch tut. In sehr touristischen Regionen mag gerade noch akzeptiert werden, wenn Westler sich unpassend kleiden, obwohl man es sich auch dort mit den Menschen verdirbt. In dieser Abgeschiedenheit, wo traditionelle Werte wie *adat,* christlicher oder islamischer Glaube noch stark verankert sind, kann unbedachtes Auftreten unter Umständen zu unangenehmen Auseinandersetzungen führen.

Ich blicke über das weite, tiefblaue Meer. In der Ferne, noch weit am Horizont, zeigt mir der Kapitän von der Brücke aus die Küste von Sumbawa. Über Sumbawa wird allgemein wenig berichtet, touristisch ist die Insel noch ein fast unbeschriebenes Blatt.

Die Fähre legt am späten Nachmittag in **Sape,** dem östlichen Fährhafen, an. Der Stadtkern ist ca. 4 km vom Hafen entfernt. Die Stadt hat nicht sonderlich viel zu bieten, doch ist es empfehlenswert, in einem der beiden Losmen zu übernachten.

## ▶ Inselkunde: Sumbawa

Diese 15 600 km² große Insel, zwischen Lombok und Flores gelegen, erstreckt sich über 280 km von Ost nach West und variiert in ihrer Breite zwischen 15 und 90 km. Die Insel wirkt eher wie eine Agglomeration verschiedenartiger Halbinseln, die von stark zerklüfteten Bergketten und Vulkanmassiven überzogen sind. Etwa 85 Prozent der Landfläche sind zu steil und bergig, als daß Landwirtschaft betrieben werden könnte. Allein 10 der 17 Berge sind über 1100 Meter hoch. Dennoch ist Sumbawa eine der wenigen Inseln Indonesiens, die Reis exportieren können. Dieser wird in den weiten, sehr fruchtbaren Tälern des Inselinneren und an den alluvialen Küstensäumen kultiviert. Schon die ersten moslemischen Eroberer im 15. Jahrhundert gaben der Insel den Namen »*Pulau Nasi*« – Reisinsel. Die große Fruchtbarkeit des Bodens hat die Insel der bislang weltweit stärksten Vulkanexplosion, der des *Gunung Tambora*, zu verdanken. Bei der Explosion im April 1815 wurde die gesamte Insel mit einer undurchdringlichen, dicken Ascheschicht bedeckt, die alles Leben erstickte. Das verwitterte vulkanische Eruptionsmaterial sorgte auf Sumbawa später für die Bodenfruchtbarkeit.

Die Ausbreitung des Islam auf der Insel ist die Folge einer Familienfehde zwischen zwei Brüdern um den Thron von Bima. Nachdem in zähen Kämpfen der Bruder Ma Batawadu unterlag, segelte er nach Makassar (heute Ujung Pandang), um dort Hilfe zu suchen. Der Sultan von Makassar sicherte ihm ausreichend Streitkräfte zu unter der Voraussetzung, daß Ma Batawadu dem Islam beitrete. Mit einer Schar von Kriegern, mittlerweile seine islamischen Brüder, kehrte er nach Sumbawa zurück. Er besiegte seinen Bruder Salisian und wurde

1630 unter seinem neuen Namen Abdul Kahir zum Sultan ernannt. Die überwiegende Mehrheit der 900 000 Einwohner Sumbawas gehören auch heute noch einem Islam orthodoxer Prägung an. Doch auch in Sumbawa wurde die Großreligion nur übernommen, ohne dabei die älteren Traditionen und den Geisterglauben aufzugeben. So praktiziert gerade die ländliche Bevölkerung eine Art »schwarze Magie«, die in alle Bereiche des Lebens eingreift. Die Insel ist sowohl sprachlich wie ethnisch in zwei Hälften geteilt. Im Westen dominieren die *Tau Samawa*, deren Sprache sich eng an die der Sasak anlehnt, während im Osten die *Dou Mbojo* überwiegen, deren Sprache mit der auf Flores und Sumba gesprochenen verwandt ist.

Sumbawa ist bis heute zu Unrecht nur Transitstation für die meisten Touristen auf ihrem Weg nach Komodo oder Flores.

**Anmutig zeigt sich diese ältere Frau aus der Region um Dompu.**

## 12. Teilstrecke: Auf direktem Weg nach Bima

Die Strecke von Sape nach Bima führt flach, aber stetig über 46 km bergauf. Möchte man den Trans-Sumbawa-Highway auf dieser Etappe meiden, bieten sich zwei abenteuerliche Touren entlang der Nord- bzw. Südküste an.

### A: Entlang der Nordküste nach Bima

**1. Tag: Nach Sangeang Darat** Die ersten 12 km bis nach *Lamere* sind weniger abwechslungsreich, aber einigermaßen gut asphaltiert. Die weiteren 38 km bis nach *Tawali* sind dafür landschaftlich wunderschön. Die Straße ist eher ein Flickenteppich aus Asphalt. Die steilen Passagen werden jedoch regelmäßig erneuert, so daß diese auch in der Regenzeit befahrbar sind. An klaren Tagen sieht man den *Gunung Api* mit seinen stattlichen 1949 Metern Höhe steil aus dem Meer aufragen. In Tawali biegt die Straße nordwärts nach **Sangeang Darat** ab. Dieses 3000-Seelen-Dorf liegt 7 km von Tawali entfernt an der Küste. Nach der Eruption des Vulkanes Api im Frühjahr 1986 hatte die Regierung Bedenken, die evakuierten Menschen wieder auf der Vulkaninsel Sangeang anzusiedeln. So wurde eine neue Stadt auf dem Festland errichtet. Dies findet sich auch im neuen Namen der Stadt wieder. Das Darat hinter dem alten Dorfnamen bedeutet Land, also: »Land-Sangeang«. Die Bewohner fahren dennoch regelmäßig zur Insel hinüber, um ihre Felder zu bestellen. Eine Besteigung des Vulkans ist möglich. Für den Aufstieg sind ca. 4–6 Std. einzuplanen. Die Einheimischen sprechen optimistisch von drei Stunden!

Wem die Küste zu heiß ist, der kann ins Landesinnere in die 12 km südlich gelegenen Dörfer *Ropo* oder *Nunggi Ntoke* fahren. Beide Dörfer sind sehr abgeschieden und ursprünglich. Kaum ein Westler verirrt sich in diese Gegend.

**2. Tag: Fahrt nach Bima** Um der sengenden Mittagshitze zu entgehen, sollte man früh starten. Nach 15 km erblickt man die Öffnung der Bucht von Bima. Am schwarzen Sandstrand entlang, den Vulkan nun im Rücken, führt die Holperpiste bis nach *Nipe*. Dort biegt die Straße ins Landesinnere ein. Nach ca. 1 Stunde kündigen Reisfelder und kleinere Gehöfte das schöne Dorf *Rite* an. Bis auf das Haus eines Gemischtwarenhändlers sind alle übrigen im traditionellen Bima-Stil gebaut. Sie sind strohgedeckt und stehen auf Holzpfählen. Jede Familie besitzt auch einen großen, dem Wohnhaus angegliederten Reisspeicher, der hier als *lengge* bezeichnet wird.

Nach Überqueren des *Nangaraba* windet sich die Straße auf die Anhöhe. In Richtung Bima geht es steil hinunter in ein Tal mit fruchtbaren Reisfeldern. Am Busbahnhof Jati Baru vorbei wird man vom ungewohnt lebhaften Straßenverkehr von **Bima** aufgenommen.

### B: Die Südroute bis Dompu

**1. Tag: Von Sape nach Waworada** Von Sape fährt man in südlicher Richtung nach *Rato*. Dort gabelt sich die Straße nach links ins 11 km entfernte Fischerdorf *Lambu* und rechts nach **Waworada**. Die 45 km lange Strecke bis in die Bucht von Waworada hinein ist selten befahren. Das karge Land ist ausgesprochen trocken, nur vereinzelt sind fruchtbare Niederungen zu sehen. Etwa auf der Hälfte der Strecke erhascht man den ersten Blick auf die Bucht. Am Badestrand *So Rore* gibt es ein paar Unterstände. Unter der Woche ist es hier einsam, am Wochenende kommen gelegentlich Ausflügler und fliegende Händler. Nur sechs Kilometer weiter westlich steht auf der linken Seite ein wunderschönes großes, traditionell errichtetes Bima-Haus. In Waworada muß man entscheiden, ob man nach *Bima* fahren oder die Hauptrichtung nach Westen beibehalten möchte.

Die Strecke bis nach Bima ist in gut vier Stunden zu bewältigen: An *Tente* vorbei, kurz darauf auf den Highway, am Flughafen und der wunderschönen Bima-Bucht entlang. Kurz vor der Stadt einige Hotels und Losmen, die sicherlich ruhiger und angenehmer sind als die inmitten der Stadt.

**2. Tag: An die Südküste nach Wane** Wer sich für die Weiterfahrt in Richtung Westen entscheidet, dem sei der traumhaft weiße

Sandstrand von **Wane** empfohlen. Dieser kleine beschauliche Fischerort kann auf zwei Wegen erreicht werden: Der kürzere, aber in sehr schlechtem Zustand, führt über Layu direkt nach *Sondo*. Diese Querverbindung ist aufgrund der katastrophalen Straßenbeschaffenheit eine Herausforderung für Fahrrad und Fahrer. Bequemer geht es von *Waworada* bis kurz vor *Tente*, wo eine gute Piste nach Westen führt. Diese schneidet die von Tente kommende Asphaltstraße und führt bis ins 12 km entfernte *Simpasai*. Dort endet die Straße und wird wieder zur Piste. Im fünf Kilometer entfernten Sondo biegt die holprige Piste nach Südosten und führt über das Dorf *Tolo Uwi* (4 km) ins 11 km entfernte **Wane**. Offizielle Unterkünfte gab es seinerzeit keine, so ist ein Zelt nützlich, sofern man nicht im Dorf übernachten möchte.

**3. Tag: Das Surferparadies Hu'u** Um weiter in Richtung Westen fahren zu können, muß man zurück nach Sondo und dort nach links nach *Parado* fahren. Die Straße, die sich zwischen Parado und *Nanga Doro*, ca. 19 km weiter am Südzipfel, im Bau befand, müßte bis zum Erscheinen dieses Führers fertiggestellt sein. **Hu'u,** ca. 7 km von Nanga Doro entfernt, ist mittlerweile ein einschlägiges Surfer-Eldorado. Hier wird dem Sonnenbaden und dem Wassersport gefrönt, ganz nach australischer Manier. Von Hu'u sind es noch 40 km nach **Dompu,** das bereits wieder auf dem Sumbawa Highway liegt.

## 13. Teilstrecke:
## Von Bima nach Dompu

Die Strecke zum Fährhafen Dompu ist bis nach Sila hin flach. Entlang der Bucht von Bima sind große Salzfelder angelegt. Dementsprechend ist es hier eintönig, dafür aber heiß und zuweilen durch das reflektierende Salz grell wie in einer Schneelandschaft. Die 66 km bis nach **Dompu** lassen sich in 4 Std. bewältigen.

### Tourenprofil: Weiter Richtung Westen

| Strecke / Ort | | Höhe in m | Fahrzeit in Std. | Entfernung in km | Bemerkungen |
|---|---|---|---|---|---|
| **A. Entlang der Nordküste nach Bima** | | | | | |
| Route 1 | Nordroute | | | | |
| Start | Sape | 5 | – | – | – |
| 1. Tag | Sangeang Darat | 2 | 3$^{1}/_{2}$ | 57 | Bis nach Tawali, dort rechts abbiegen an die Küste |
| 2. Tag | Bima | 15 | 2$^{1}/_{2}$ | 40 | Über Nipe nach Bima |
| Total etwa: | | | 6 | 97 | |
| **B. Die Südroute bis Dompu** | | | | | |
| Route 2 | Südroute | | | | |
| Start | Sape | 5 | – | – | – |
| 1. Tag | Waworada | 5 | 3–3$^{1}/_{2}$ | 53 | Bei Rato rechts abbiegen, danach kleinere Steigung |
| 2. Tag | Wane | 5 | 4–5 | 50 | Bei km 16 vor Tente abbiegen, über Simpasai, Sondo, Tolo Uwi |
| 3. Tag | Dompu | 20 | 5–6 | 76 | Wane, Sondo, Parado, Nanga Doro, Hu'u, Dompu |
| Total etwa: | | | 12–14$^{1}/_{2}$ | 179 | |

## 14. Teilstrecke: Von Dompu nach Plampang

Bis *Soriutu* sind 22 km zu bewältigen. (Wer eine Besteigung des *Tambora* plant, muß hier in Richtung Norden abbiegen, um nach *Calabai* zu gelangen; siehe Touren 6 und 7!) Ab Soriutu beginnt die Straße südwärts zur Saleh-Bucht hin abzufallen. Danach führt der Weg 40 km direkt an der Küste entlang, an traumhaften Buchten vorbei bis in das Fischerdorf *Labuhan Jambu*. Nun verläuft die Straße ein wenig im Inselinneren, um über *Empang* nach *Labuhan Bontong* am Meer zu führen. Von diesem farbenfrohen Fischerdorf mit unzähligen kleinen Fischerbooten, die am Strand aufgereiht liegen, bietet sich noch einmal ein schöner Blick über die Saleh-Bucht, und der kolossale, erloschene Krater des Tambora ragt am Horizont empor. Mich zieht es weiter nach **Plampang**. Die Straße ist in gutem Zustand, so daß ich die 110 km in gut 6 Std. schaffe. Wider Erwarten finde ich dort kein Losmen vor, worauf mich der Filmvorführer des übergroßen Kinopalastes auf dem großen Gelände nächtigen läßt.

**Ein traditionelles Stelzenhaus in einem der zahlreichen Fischerdörfer.**

## 15. Teilstrecke: Einfahrt nach Sumbawa Besar

Diese 75 km lange Strecke ist wenig spektakulär. Die Luft ist hier noch trockener und heißer, grün sind in dieser Einöde nur die Kakteen. Zunächst halte ich den Straßenverkäufer mit seinen Wassermelonen für eine Fata Morgana, bin aber beim Biß in das saftige Fruchtfleisch schnell von der Realität der Erscheinung überzeugt. **Sumbawa Besar,** überschaubar und verschlafen, ist die Distrikthauptstadt des westlichen Sumbawa.

### Ausflüge um Sumbawa Besar

**1. Mit dem Fahrrad zum Dorf Batu Tering**
Dieser Ausflug führt zum Dorf **Batu Tering** im Südosten von Sumbawa Besar. Auf der Hauptstraße in Richtung *Bima;* nach 16 km nach rechts (Osten) abbiegen, weitere 7 km bis nach Batu Tering. Mit einem Führer kann man die nahegelegenen Höhlen und im 7 km entfernten Ort *Airnung* die neolithischen Steinsarkophage besichtigen.

**2. Wanderung ins abgeschiedene Dorf Tepal** Von Sumbawa Besar kann man eine Zweitage-Trekkingtour nach Tepal unternehmen. Bis nach *Batu Dulang* kann man in der Trockenzeit mit dem Fahrrad fahren. Von dort sind es noch zwischen sieben bis neun Stunden Fußmarsch.

### Touren für Abenteuerlustige:

**3. Umrundung der Südwestküste mit dem Fahrrad** Bei dem Versuch, an der Südküste entlang über Lunyuk und Jereweh nach *Taliwang* und weiter bis zum Hafen von **Poto Tano** zu gelangen, ergibt sich folgende Schwierigkeit: Zwischen Tatar und Sejorong ist nur ein Fußpfad vorhanden, und es kann mit dem Fahrrad ein sehr mühsames Durchkommen sein. Die Küste und das Meer sind traumhaft schön und menschenleer. Der Strand von Lampui bei Lunyuk bis nach Sejorong ist auch Brutplatz von Riesenschildkröten. Von Sumbawa Besar bis nach *Lunyuk* sind 90 km zu bewältigen, wobei die Straße nur ca. 40 km bis nach Lenanguar asphaltiert ist. Von Sejorong nach Malok sind es ca. 23 km unbefestigte Piste, die sich bis ins 17 km weiter entfernte

**Tourenprofil: Touren für Abenteuerlustige**

| Strecke / Ort | | Höhe in m | Fahrzeit in Std. | Entfernung in km | Bemerkungen |
|---|---|---|---|---|---|
| **A. Umrundung der Südwestküste mit dem Fahrrad** | | | | | |
| Route 3 | | | | | |
| Start | Sumbawa Besar | 5 | – | – | – |
| 1. Teilstrecke | Lunyuk | 5 | 6–7 | 90 | Nur 40 km bis nach Lenangguar sind asphaltiert, danach Piste |
| 2. Teilstrecke | Sejorong | 5 | 6–7 | 50–60 | Eventuell keine Straße sondern nur breitere Pfade |
| 3. Teilstrecke | Jereweh | 15 | 3 | 40 | Befahrbare Piste |
| 4. Teilstrecke | Taliwang | 20 | 1 | 15 | Gute Straße. Von Taliwang Ausflug entlang des Flusses Rea |
| 5. Teilstrecke | Poto Tano | 1 | 2½–3 | 43 | Sehr gute Straße |
| Total etwa: | | | 18½–21 | 238–248 | |

Jereweh zieht. Die 15 km zwischen Jereweh und Taliwang sind dann endlich wieder asphaltiert und gut zu fahren. Für diesen Rundtrip um die südwestliche Halbinsel sind zwischen fünf und sechs Tage zu veranschlagen. Als Tourist, und erst recht als Fahrradtourist, stellt man in dieser Region eine ganz besondere Rarität dar. Um so wichtiger ist ein Grundwortschatz an Indonesisch.

**4. Wanderung über das Zentralmassiv in südwestliche Richtung** Die zerklüftete Zentralregion südwestlich von Sumbawa Besar ist völlig unerschlossen und unbekannt. Man nimmt an, daß die Dorfbewohner von der Urbevölkerung abstammen, die ursprünglich an der Küstenebene lebte, später aber von Neuankömmlingen ins unzugängliche Hinterland vertrieben wurde. Diese sicherlich nur wenig besiedelte Region ist nur zu Fuß oder Pferd zugänglich. *Tepal,* am nördlichen Randgebiet, liegt zwischen den Bergen Sangenges (1900 m) und Pasak (1839 m). Von dort zieht sich ein Bergrücken in einer Höhe von ca. 1000 m Höhe bis in den Süden hinunter. Eine mögliche Wanderung würde von Tepal weiter in Richtung *Taliwang* führen. Hierfür sollte man fünf Tage einplanen. Ein ortskundiger Einheimischer sowie Indonesischkenntnisse werden bei dieser Wanderung gebraucht.

## 16. Teilstrecke: Zur Fähre nach Poto Tano

Von *Poto Tano* fahren täglich drei Fähren nach **Labuhan Lombok**. In der Regel um 7:30, 8:30 und 13:30 Uhr. Da die bevorstehende Strecke 95 km beträgt, breche ich bereits um 5 Uhr morgens von *Sumbawa Besar* auf, um die Mittagsfähre zu erreichen. Die Strecke ist flach und in fünf Stunden gut zu bewältigen. Der Name der kleinen Stadt *Alas* bedeutet auf Javanisch Wald, doch davon ist in dieser eintönigen Landschaft nicht viel übrig geblieben. Von Alas, wo früher der Fährhafen war, liegt in 15 Minuten Entfernung die Insel Bungin. Sie gilt als die am dichtest besiedelte Insel Indonesiens. Eigentlich handelt es sich um ein Korallenriff, das vor etwa 200 Jahren von Bajo-Fischern in Beschlag genommen wurde. Sie bauten ihre Häuser auf Stelzen in das Korallenriff hinein. So drängt sich heute ein Stelzenhaus neben dem anderen dicht an dicht auf der Korallenbank aneinander. Möchte ein junger Mann eine Familie gründen, so bekommt er auf Bungin erst dann die Erlaubnis zur Heirat, wenn er neuen Wohnraum für sich und die Seinen geschaffen hat.

Pünktlich legt die Fähre von Poto Tano ab, und nach 1½ Std. kommen wir in dem verschlafenen Nest *Labuhan Lombok* an.

## Inselkunde: Lombok

Lombok hat keine ruhmreiche Geschichte. Die Mehrheit der einheimischen Sasak wurde von Fremdvölkern unterjocht. In der Chronik des mächtigen Majapahit-Reiches aus dem 14. Jahrhundert wird Lombok als besetztes Gebiet deklariert. Neben zahlreichen unbedeutenden Provinzfürsten verschaffte sich nur das Fürstentum Selaparang in der Osthälfte der Insel einen mächtigen Namen. Um 1678 wurde das Fürstentum Selaparang von balinesischen Eroberern zerschlagen. Doch die eigentliche Hegemonialmacht konnten diese erst 150 Jahre später erlangen. Unter balinesischem Einfluß wurde das Bewässerungssystem in der Westhälfte der Insel verbessert, und so erfuhr die Region eine wirtschaftliche Blütezeit. Der Islam wurde schon in der ersten Hälfte des 16. Jahrhunderts, aus Java kommend, in Ostlombok etabliert. Diese ersten Muslime predigten eine Mischung aus Islam, indigenem Animismus und Hinduismus. In Bayan steht auch heute noch die erste Moschee aus dieser Zeit. Unterstützung kultureller und religiöser Art kam aus dem mächtigen und orthodoxen Königreich Makassar in Südsulawesi. Dieses hatte gerade Freundschaft mit dem Hof um Bima geschlossen und dehnte seinen Einfluß auch auf Ostlombok aus. In einem Kraftakt unterwarf das florierende balinesische Mataram-Reich um 1838 die gesamte Osthälfte der Insel, und die einheimischen Sasak wurden zu landlosen Leibeigenen. 1848 schloß der balinesische Raja von Mataram einen Schutzvertrag mit den Niederlanden, der eine Besetzung durch die Niederländer ausdrücklich untersagte. Doch bei wiederholten Aufständen der Sasak gegen ihre balinesischen Herrscher im Jahre 1894 nutzten die europäischen Kolonialherren, angelockt durch den florierenden Handel, diese Aufstände als Vorwand, militärisch einzugreifen. Wider Er-

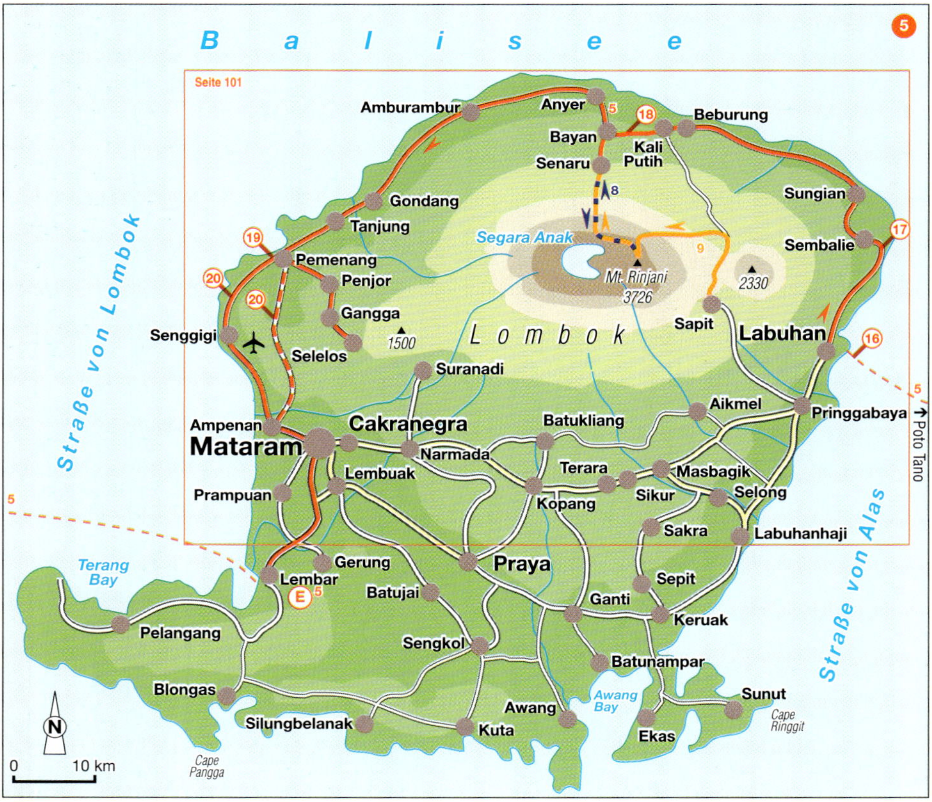

warten mußten sie jedoch eine bittere Niederlage mit unzähligen Toten in den eigenen Reihen hinnehmen. Um diese Schmach nicht auf sich sitzen zu lassen, marschierten sie ein weiteres Mal gegen die Hauptstadt und legten sie in Schutt und Asche. Die überlebenden Balinesen begingen lieber den als *puputan* bekannten Selbstmord, als unter niederländischer Herrschaft zu dienen. Sehr erstaunlich ist, daß die Majapahit-Chronik aus dem 14. Jahrhundert, die *Negarakertagama,* die in einem Dorf nahe Mataram gefunden wurde, nicht den brutalen Plünderungen der Niederländer zum Opfer fiel.

Heute zählt die Insel 2,4 Millionen Einwohner, wovon 85 000 Balinesen im Westen Lomboks siedeln. Die Mehrheit bilden die islamischen Sasak. Eine kleine Gruppe (schätzungsweise 28 000) hängt bis heute der traditionellen Wetu-Telu-Religion an. Diese Mischreligion wird von der indonesischen Regierung allerdings nicht anerkannt, da in ihr nicht ausdrücklich nur einem Gott gehuldigt wird.

Die 4739 km² große Insel wird von dem gewaltigen Rinjanimassiv im nördlichen Teil der Insel dominiert. Während der überwiegende Teil des Niederschlags auf der südlichen Seite fällt und damit fruchtbares Agrarland hervorbringt, besteht die nordwestliche Hälfte aus dürrem Grasland. Regenzeit ist auf Lombok zwischen Oktober und März; sie wird durch den Steigungsregen entlang des Vulkanmassivs noch intensiviert. Eine Nacht reicht aus, um, wie 1992 geschehen, die Straße nach Norden an drei Brücken vollständig wegzuspülen. Ab

## Bahasa Sasak

Die Sasak sind ungemein stolz auf ihre Sprache, die Bahasa Sasak. Wer beschließt, etwas länger auf Lombok zu bleiben, um das Gebiet am Südhang des Rinjani und den Süden zu erkunden, der wird auf freudige Gesichter treffen, wenn er auch nur eine Handvoll Wörter dieser Sprache beherrscht.

Praya, Hauptstadt von Zentral-Lombok, nach Süden wird es zunehmend trockener. Nach wie vor ist das ertragreiche Land im Besitz einer kleinen aristokratischen Gruppe. Die breite Masse der Landbesitzer hat im Schnitt nur einen Hektar Land, das nicht ausreicht, eine achtköpfige Familie zu ernähren. 80 Prozent der landwirtschaftlich arbeitenden Bevölkerung sind Lohnarbeiter oder Pächter. Eine neue Form der »Beherrschung« ist durch den Tourismus eingetreten. Während Bali in der touristischen Hauptsaison aus allen Nähten platzt, versucht man Lombok als die kleine Schwester zu vermarkten. Große Hotelketten rafften in der Vergangenheit die Parzellen der Kleinbauern zusammen, um nun mit Fünf-Sterne-Hotels in Senggigi und in Südlombok um Kuta Kasse zu machen. Bis zum Jahr 2004 soll nördlich von Kuta-Lombok Indonesiens größter Flughafen entstehen; das Land dafür steht bereits zur Verfügung. Während Bali langsam mit den Touristen wachsen konnte und die breite Bevölkerung davon profitierte, wird Lombok mit seinen stolzen Bewohnern ein weiteres Mal verraten und verkauft.

**Blick von Gili Air auf die Westküste von Lombok; im Hintergrund das gewaltige Rinjani-Massiv.**

## 17. Teilstrecke: Entlang der Ostküste

Die Hauptachse von **Labuhan Lombok** nach *Mataram* und *Ampenam* ist kaum zu empfehlen. Diese Straße verläuft entlang des Südhangs des Rinjanimassivs und ist sehr gut ausgebaut, jedoch hat sie auch das höchste Verkehrsaufkommen. Besonders die unter Zeitdruck fahrenden Trucker zwingen einen immer wieder rabiat von der Straße. Schöner und abwechslungsreicher ist die Straße entlang der Ostküste nach Norden.

Keine 6 km aus Labuhan Lombok heraus passiert man ein kleines Waldstück mit mächtigen Brettwurzelbäumen. Kleine Oasen mit fruchtbaren Sawah-Feldern und Kokos- und Obsthainen wechseln mit karger, trockener Gras- und Buschlandschaft ab. Von *Labuhan Pandan,* wo es mittlerweile zwei Unterkünfte gibt, kann man sich zu den gegenüberliegenden unbewohnten Inseln mit weißem Sandstrand fahren lassen. Auf der Insel *Petagan* war eine Unterkunft im Bau, die nun fertiggestellt sein dürfte. Sechs Kilometer weiter ist das Dorf *Sambelia* erreicht, das fast ausschließlich aus Stelzenhäusern, den *rumah pangun,* besteht, wie sie für Sumbawa typisch sind. Die kleinen Vorgärten passen so gar nicht zu unserer Vorstellung eines tropischen Dorfes, geben optisch dennoch ein schönes Bild ab. Besonders in der Trockenzeit sieht man Wattebäusche an den Bäumen, wenn sie nicht gerade durch einen Windstoß auf die Straße purzeln. Das Material nennt sich *Kapok* und stammt vom gleichnamigen Baum, der mit 30 m eine durchaus beachtliche Höhe erreichen kann. Dieses watteähnliche Material wird in Indonesien zum Füllen von Matratzen und Kissen verwendet. Zwar legt es sich schnell platt, plustert sich in der Sonne aber fast von alleine wieder auf und ist zudem, da es mit einer natürlichen Wachsschicht überzogen ist, sehr unempfindlich gegen Feuchtigkeit. In manchen Dörfern kann man sehen, wie die Frauen mit viel Kraft Matratzen stopfen und mit der Hand zusammennähen.

Auf dem Weiterweg erreicht man nach einem kleinen Schwenk vom Meer weg den Ort **Sungian**. Von hier wirken die vorgelagerten Inseln Gili Sulat und Gili Lawang zum Greifen nah. Dicht bestanden mit Kokospalmen und Sandstrand, vermitteln sie den Eindruck traumhaften Insellebens. Sollte jemand in Erwägung ziehen, auf einer der Inseln zu übernachten, besteht die Möglichkeit, sich von Fischern übersetzen zu lassen. Man braucht allerdings genügend Trinkwasser und ein schnakensicheres Zelt.

## 18. Teilstrecke: Zur Hochburg der Wetu-Telu-Religion

Je weiter es nach Norden geht, desto steppenartiger wird die Landschaft.

An dem Dorf *Obel Obel* vorbei, wo der Sandstrand nun pechschwarz schimmert, weiter nach *Kali Puthi* am gleichnamigen Fluß. Dieser wird in der Regenzeit zu einem reißenden Strom. Von Kali Puthi sind es 18 km bergauf ins Bergdorf *Sembalun Lawang* und 2,5 km weiter nach *Sembalun Bumbung*. Ich fahre weiter in Richtung Westen und erreiche nach 10 km das kulturhistorisch bedeutende *Bayan*. Hier entstand angeblich die erste islamische Gemeinde auf Lombok sowie die erste, vor über 300 Jahren erbaute Moschee. Nach Süden führt die Straße steil bergauf ins immergrüne **Batu Koq** und weitere 3 km höher ins Reihendorf **Senaru**. Mittlerweile bestreitet hier ein Großteil der Bevölkerung seinen Lebensunterhalt mit dem Trekkingtourismus zum Vulkan Rinjani. Dieses Reihendorf in 600 m Höhe ist traumhaft gelegen. Der Blick schweift über dunkelgrüne Reisfelder in die Ebene, weit hinaus bis auf das Meer. Ausreichend Niederschlag, mildes Klima und fruchtbarer Boden bringen hier reiche Ernte hervor. Papayabäume säumen die Grundstücke. Bananenstauden tragen über einen Meter lange Bananenbündel, der Stamm droht unter dem Gewicht zusammenzubrechen und kann nur noch durch einen Bambusstab gestützt werden. Kohl und Karotten gedeihen prächtig. Zwanzig Meter auf der östlichen Seite der Straße wurde ein neuer Kanal gebaut, der das kalte, klare Wasser des weiter oberhalb fließenden Flusses Sindenggile am Dorf vorbeiführt. Damit ist eine ständige und qualitativ hochwertige Wasserversorgung gesichert.

In der geschmackvoll angelegten Anlage des Losmen Guru Bakti beziehe ich ein Zimmer mit Meerblick. Der Besitzer, ein Grundschullehrer, hatte Ende der 80er Jahre als einer der ersten sein Haus in eine kleine Pension umgewandelt. Bei zunehmenden Touristenzahlen war er über lange Jahre hinweg in der Lage, diese schöne ruhige Anlage aufzubauen.

## 19. Teilstrecke: Zu den paradiesischen »Aussteigerinseln«

Die ersten 11 km bis nach Anjar, ein hauptsächlich von Javanern besiedeltes Dorf, sind ein wahres Vergnügen, da es die meiste Zeit zügig bergab geht. Die Luft ist frisch, das zarte Licht der Morgensonne läßt alles sehr friedlich erscheinen. Noch eine Zeitlang begleitet mich der Anblick des traumhaft schönen Rinjani. Die Straße führt dicht an der Küste entlang, zuweilen schlägt sie merkwürdige Schleifen ins Inselinnere. Die Landschaft ist ausgesprochen trocken. Außer einigen Kokospalmen und einigen Büscheln Gras gedeiht nicht viel, und das keine 20 km von der blühenden Ebene um Batu Koq entfernt. In einem kleinen armseligen Dorf lenke ich mein Fahrrad in den schützenden Schatten. Unter einem kleinen Dach aus Palmblättern sitzt eine magere Frau mit ihrem Kind im Arm und verkauft Zuckerrohrstücke sowie Tee und Kaffee. Das saftige Zuckerrohrholz ist erfrischend und weckt Kräfte. Beim Tee betrachte ich die Frau und einige der Dorfbewohner, die alle ihren Tätigkeiten nachgehen, bevor es zu heiß wird. Die Menschen wirken hier ausgezehrter, aber auch zäher. Die Gesichter sind eingefallen, die Backenknochen treten deutlich sichtbar hervor. In dieser Umgebung, sie zählt zu den ärmsten Regionen Lomboks, eine Existenz aufzubauen, ist härteste Knochenarbeit.

Etwa 25–30 km von Anyer entfernt wird die Landschaft wieder zunehmend grüner. Was eben noch ausgelaugter, trockener Boden war, sind auf einmal Felder, die mit dunkelgrünen, manchmal auch schon goldbraunen Reisähren bedeckt sind. Plastiktüten und Vogelscheuchen sind über die Felder gespannt, um die gefräßigen Vögel abzuschrecken. In *Godang* biegt ein Weg nach Osten zum Rinjanimassiv ab. Dort beschließe ich, eine Pause einzulegen, um mir den Wasserfall Tui Pupas und die nahegelegenen Höhlen anzuschauen. Bei der Hitze wirken sie angenehm kühl und laden zu einem kleinen Nickerchen ein.

Folgt man der schmalen Straße weiter hinauf zu dem 6 km entfernten Ort *Selebos*, kommt man auf halbem Weg zum Dorf *Gangga*, wo viele Anhänger der *Wetu-Telu*-Religion wohnen. Es ist nicht einfach, die Menschen auf diese Religion anzusprechen, da sich ein Großteil nicht offiziell dazu bekennt. Da man sie keiner der großen Religionen zuordnen konnte, wurden im Jahre 1965 viele der Anhänger Opfer der fanatischen Kommunistenvertreibung. Sie wurden als Atheisten klassifiziert und mit Kommunisten gleichgesetzt. Daher äußern sich besonders ältere Menschen, die diese Massaker miterlebt haben, nur zögerlich darüber. Im angrenzenden heiligen Wald namens *Bebekeq* werden regelmäßig Zeremonien der Wetu Telu abgehalten. Ein genaues Datum war nicht auszumachen.

Die Strecke von Gondang über Tanjung, wo jeden Sonntag ein geschäftiger Markt abge-

### Nützliche Hinweise:

Merpati und Bouraq sind die Hauptanbieter im Flugverkehr zwischen den Sunda-Inseln. Bima auf Sumbawa nimmt eine Verteilerrolle im Flugverkehr ein. Von hier werden folgende Städte angeflogen: Bajawa, Denpasar, Ende, Kupang, Labuhan Bajo, Mataram, Ruteng Surabaja, Waingapu. Mit Zwischenstop werden auch Yogya, Semarang, Ujung Pandang und Jakarta angeflogen.
Auf den Inseln Bali, Lombok, Sumbawa, Flores sind die verschiedenen Orte mit Bussen und Minibussen zu erreichen.
Adresse Merpati Bima: Jl. Soekarno Hatta 60; Tel. (03 74) 4 26 97
Weitere Infos im Serviceteil.

halten wird, bis nach Bangsal ist eine wahre Freude. Kleine knorrige Bäume bilden eine schattenspendende Miniaturallee, Bauern winken einem freundlich von ihren Feldern zu. *Cidomos* prägen mehr und mehr das Straßenbild. Dies sind kleine Pferdekutschen, die Menschen und Waren transportieren. In **Bangsal** eingetroffen, muß ich mich nun entscheiden, auf welche der drei Gilis ich übersetzen möchte. Die äußerste, Trawangan, gilt als die berühmte Partyinsel für westliche Singles, Gili Meno ist eher für den gehobeneren Geldbeutel, während Gili Air von allem etwas hat. Gili Air ist dicht besiedelt und führt, neben den Einkünften aus dem Tourismus, noch ein relativ selbständiges, intaktes Dorf- und Wirtschaftsleben. Durch die verhältnismäßig hohe Zahl an Touristen, die in Bangsal jeden Tag verschifft werden, wurden auch einige »windige Gesellen« angelockt, die hier das schnelle Geld wittern, so daß ich beschließe, mein Fahrrad aus Sicherheitsgründen mit

Die Westküste von Lombok zwischen Pemenang und Ampenan ist bedeckt von Palmen, Buchten, weißen Sandstränden und tiefblauem Meer.

auf die zwanzigminütige Überfahrt nach Gili Air zu nehmen.

## 20. Teilstrecke: In den Südwesten von Lombok

Es führen zwei Straßen von Pemenang nach Ampenan:

**A. Über den Baun-Pusuk-Paß** Die Straße linker Hand über den Baun Pusuk ist die abwechslungsreichere. Von *Bangsal* kommend, erreicht man eine kleine Kreuzung, an der unzählige Cidomos auf Passagiere warten. Links führt die Straße nach Bayan, scharf rechts nach Senggigi. Folgt man der Straße geradeaus, geht es zunächst an bunten Auslagen einiger Geschäfte vorbei, danach säumen kleinere Reisterrassen die Straße, die sukzessive an Höhe gewinnt. Die Vegetation wird üppiger, und die Luft wirkt mit ansteigender Höhe allmählich frischer. In Serpentinen schlängelt sich die Straße auf 600 Meter Höhe. Oben auf dem Bergrücken, einem Ausläufer des Gunung Punikan, ist der Blick zurück auf die Gilis überwältigend. Auf der Anhöhe gibt es ein sauberes Restaurant und zur Hangseite hin eine Unterkunft. Dieser idyllische, mit dichtem Monsunwald bewachsene Bergrücken ist beliebter Treffpunkt von Touristen. Hier ist der Javaneraffe, auch Langschwanzmakak genannt, beheimatet. Selten gibt es beim Zusammentreffen mit den Tieren Ärger, denn die »Rollenverteilung« ist genau abgestimmt: die Besucher geben, die Affen nehmen, und das mit großem Eifer.

Während die Nordseite noch sehr ursprünglich ist, ziehen sich Nutz- und Kulturpflanzen auf der Südseite weit in den Wald hinein. So sieht man bei der Abfahrt neben Kokospalmen vor allen Dingen auch die Gebangpalme. Sie dient hauptsächlich als Zuckerlieferant. Um den Zucker der Palme zu gewinnen, wird die Blütenstaude, die aus der Mitte der Palme herauswächst, angeschnitten, ein Eingriff, der den Tod des Baumes bedeutet. In langen Bambusrohren wird der Saft, der aus der Schnittstelle austritt, aufgefangen. In übergroßen *Voques* wird der Saft verkocht, bis eine braune, klebrige Flüssigkeit übrigbleibt. Diese wird in Einheitszylinder gepreßt, getrocknet und Stückweise unter der Bezeichnung *gula merah,* roter Zucker, verkauft. Ein Dorf, in welchem man sich diesen Arbeitsprozeß anschauen kann, ist *Sidemen*, keine fünf Kilometer unterhalb der Paßhöhe.

Um nicht zu früh auf die Hauptverkehrsstraße Ampenan – Labuhan Lembar zu gelangen, empfiehlt es sich, folgende Streckenführung zu wählen: Auf der Straße Jl. Dr. Wahidin nähert man sich der Stadtagglomeration *Ampenan-Mataram*. Beim Marktflecken *Lendang Bajur* nach Westen in Richtung *Meninting* abbiegen, das drei Kilometer weiter an der Küste liegt. Auf der Straße Salah Sungkar geht es nun südwärts nach Ampenan hinein. Am alten verfallenen Hafen muß man in eine Seitenstraße einbiegen, die dann in südliche Richtung weiterführt. Auf dieser, Jl. Arya Banjar Getas, befindet sich auf der linken Seite ein chinesischer Friedhof, danach überquert man den Fluß Berinyok. Hauptrichtung ist Süden, Orientierungspunkt der auf einer kleinen Anhöhe liegende Tempel Gunung Pengsong. Die Straße ist nicht sonderlich gut, um so lohnender ist der Blick vom balinesischen Tempel zum Gunung Agung auf Bali und, im Norden, auf den Rinjani. Danach folgen die Dörfer Bongor und Panaruken. Südlich von *Gerung* kreuzt man die Hauptstraße nach **Lembar,** das noch 10 km entfernt ist.

**B. Auf der Küstenstraße** An der Kreuzung in *Pemenang* scharf nach rechts abbiegen. Diese Straße folgt dem von Buchten durchzogenen Küstenstreifen. Weitläufige Kokoshaine wechseln sich mit weißen Sandstränden und scharfkantigen Klippen ab. Die Straße in diesem ausgesprochen hügeligen Küstensaum verläuft im Profil ähnlich einem Elektrokardiogramm und ist ausgesprochen kraftraubend! In *Senggigi* springen die prunkvollen Hotelbauten der Luxuskategorie ins Auge. Daneben existieren, tropisch gleichgültig, scheinbar unberührte Dörfer. Der kleine, auf Fels gebaute balinesische Tempel Batu Bolong, direkt an der Brandung, ist ein lohnendes Pausenplätzchen. In der Abendstimmung und bei klarem Wetter ist der Blick auf den Gunung Batur auf Bali bezaubernd. Ab *Ampenan* fährt man wie unter Tour A. beschrieben.

In *Labuhan Lembar* bestehen zwei Möglichkeiten, nach Bali zu gelangen. Zum einen die Auto- und Personenfähre nach **Padangbai,** die 4 1/2 bis 5 1/2 Std. für die Überfahrt braucht und in der Regel alle zwei Stunden abfährt. Die schnellere und wesentlich bequemere Alternative ist das Mabua-Express-Speedboot, das die Strecke in 2 1/2 Std. bewältigt und zudem in **Benoa** anlegt, das nur 16 km vom internationalen Flughafen und von *Kuta* entfernt liegt. Abfahrt ist jedoch nur um 14:30 Uhr und 17:00 Uhr.

Auf der dem Hafen vorgelagerten Insel Nannggu sind schöne, auf Pfählen errichtete Strandbungalows entstanden, zu denen man mit einem Auslegerboot gelangen kann. Zelten ist auf der Insel und auch am Strand bei Labuhan Lembar ebenfalls möglich.

### Tourenprofil: Fahrradtour von Flores nach Bali

| Strecke / Ort | | Höhe in m | Fahrzeit in Std. | Entfernung in km | Bemerkungen |
|---|---|---|---|---|---|
| | | | **Flores** | | |
| Start | Maumere | 10 | – | – | – |
| 1. Teilstrecke | Pantai Coca | 10 | 4–4 1/2 | 55 | Von der Nord- an die Südküste über eine Anhöhe |
| 2. Teilstrecke | Moni | 800 | 5 1/2–6 | 60 | Ab Wolowaru 12 km lange Steigung bis Moni |
| 3. Teilstrecke | Ende | 5 | 3 1/2 | 56 | Kurzer Anstieg, danach angenehme Abfahrt |
| 4. Teilstrecke | Riung | 5 | 7–8 | 126 | Küstenstraße bis Aegela über Hochebene an die Nordküste |
| 5. Teilstrecke | Soa | 500 | 6 | 66 | Überwindung mehrerer Bergrücken |

## Tourenprofil: Fahrradtour von Flores nach Bali

| Strecke / Ort | | Höhe in m | Fahrzeit in Std. | Entfernung in km | Bemerkungen |
|---|---|---|---|---|---|
| 6. Teilstrecke | Bajawa | 1300 | $2\frac{1}{2}$–3 | 24 | Kontinuierliche Steigung |
| 7. Teilstrecke | Borong | 5 | $3\frac{1}{2}$ | 70 | Größtenteils bergab |
| 8. Teilstrecke | Ruteng | 1100 | 4 | 60 | Kontinuierliche Steigung, vorbei am See Rana Mese |
| 9. Teilstrecke | Nanggalili | 8 | 4 | 74 | Bei km 63 Abzweigung nach links an die Küste |
| 10. Teilstrecke | Labuhan Bajo | 5 | $4\frac{1}{2}$ | 70 | Ausgesprochen hügelig |
| | | **Sumbawa** | | | |
| 11. Teilstrecke | Sape | 5 | 8 | | Achtstündige Überfahrt mit der Fähre |
| 12. Teilstrecke | Bima | 15 | 3 | 46 | Steigt stetig sachte an. Ab Raba ist es eben |
| 13. Teilstrecke | Dompu | 20 | 3–4 | 66 | Entlang der Bima-Bucht bis Sila flach, heiß |
| 14. Teilstrecke | Plampang | 80 | 6–$6\frac{1}{2}$ | 110 | Vorbei an den Fischerdörfern Labuhan Jamba und L. Bontong |
| 15. Teilstrecke | Sumbawa Besar | 20 | $3\frac{1}{2}$–4 | 75 | Eintönig, heiß und trocken |
| 16. Teilstrecke | Poto Tano / L. Lombok | 2 | 5 | 95 | Am Dorf Alas vorbei / 2 Std. Überfahrt nach Labuhan Lombok |
| | | **Lombok** | | | |
| 17. Teilstrecke | Sungian | 2 | $2\frac{1}{2}$ | 30 | Abwechslungsreiche, wenig motorisierte Teilstrecke |
| 18. Teilstrecke | Senaru / Batu Kok | 650 | $3\frac{1}{2}$ | 45 | Bis Desa Anyar flach, danach starker Anstieg |
| 19. Teilstrecke | Bangsal | 2 | $2\frac{1}{2}$–3 | 50 | Schöne Abfahrt, abwechslungsreich |
| 20. Teilstrecke | Labuhan Lembar | 2 | $4\frac{1}{2}$–$5\frac{1}{2}$ | 72 | Über Ampenan zum Fährhafen Bali |
| | | **Bali** | | | |
| 21. Teilstrecke | Benoa Port | 2 | $2\frac{1}{2}$ | | Mapua-Express-Luftkissenboot, normale Fähre landet in Bali bei Padangbai |
| | Kuta / Flughafen | 5 | 1 | 16 | – |
| Total etwa: | | | $89\frac{1}{2}$–$95\frac{1}{2}$ | 1266 | |

# 6 Die Normalroute
# Vulkantrekking: Zum Gunung Tambora auf Sumbawa

Die Besteigung von Calabai aus ist die gängige Route zum Gipfel des Vulkans. Gängig bedeutet aber nicht, daß sie hoch frequentiert wäre. Dies liegt an den mageren Transportmöglichkeiten von Dompu nach Calabai, der unzureichenden touristischen Infrastruktur und den damit einhergehenden Schwierigkeiten, eine Trekkingtour in diesem Gebiet zu organisieren. Dies macht aber auch den Reiz aus, ein kaum erschlossenes Gebiet selbst zu erkunden.

### Kurzcharakteristik

Die eigentliche Besteigung des Vulkans ist nicht sonderlich schwer. Was das Unternehmen erschwert, ist die mühselige Anreise, die Organisation der Tour. Zuweilen mag es mühsam sein, das Dickicht zu durchdringen, wenn die Route längere Zeit nicht begangen wurde.
**Beste Jahreszeit:** April–August
**Gesamtgehzeit:** 4 Tage
**Kartenskizze:** Siehe Seite 84

## 1. Etappe: Zum Dorf Pancasila

Der eigentliche Aufstieg zum Vulkan beginnt in **Pancasila**. Die etwa 15 km von Calabai nach Pancasila kann man, als Vorbereitung auf die Tour, zu Fuß gehen. Wer Kraft und Zeit sparen möchte, mietet sich ein Motorrad oder versucht, den Laster zu erwischen, der früh morgens dorthin fährt.

In Pancasila gebietet es die Höflichkeit, sich zunächst an den *kepala desa* zu wenden. Als Dorfvorsteher wird er Begleiter für die Tour vermitteln. Mit diesen muß man den Preis aushandeln; in der Regel muß man zwei Begleiter anheuern. Die Übernachtung ist dann in der Familie des Führers möglich.

## 2. Etappe: Mühsamer Aufstieg im Monsunwald

Auf einem Weg für Pferdekarren geht es leicht ansteigend die Flanken des Vulkans hinauf. Die Vegetation wird üppiger und grüner. Nach etwa einer Stunde erreicht man das *kampung Tambora*. Nun zweigt ein Trampelpfad mitten in die üppige Vegetation ab. Der schmale Pfad ist bald überwachsen, und der Einsatz der *parang*, einer Machete, kann jetzt schon nötig sein. Nach zwei Stunden ändert sich die Vegetation, die Bäume sind höher, der Bodenbewuchs nimmt ab. Mit etwas Glück kann man hier Hirsche, wilde Eber und Affen beobachten. Bei Regen kann dieser Abschnitt zur reinsten Rutschpartie werden, was nicht so schlimm wäre, wären da nicht die Blutegel. Während sie an trockenen Tagen nur vereinzelt auftreten, sind sie bei Regen überaus lästig. Zur Abwehr muß man die Hosenbeine und Strümpfe mit Tabaksud oder einer Salzlauge tränken. Nach weiteren vier Stunden Aufstieg erreicht man einen Fluß, dessen Wassermenge stark saisonbedingt ist. Hier wird der Mischwald von relativ trockenem Fichtenwald abgelöst, hier gibt es aber auch die riesigen Nesseln, vor denen man im Dorf gewarnt wird. Das Gelände wird zunehmend steiler. An diesem Tag sollte man über die Waldgrenze hinauskommen, um am nächsten Vormittag relativ früh den Kraterrand erreichen zu können. Zum anderen ist es hier einfacher, einen Platz für das Zelt zu finden.

## 3. Etappe: Die Kraterbesteigung

Mit leichtem Gepäck, der Rest wird am Biwakplatz zurückgelassen, bewältigt man schon im Morgengrauen die letzten Höhenmeter. Der

**Der 2821 m hohe Kraterrand des Gunung Tambora.**

## Hintergrund: Der Gunung Tambora

Die größte Halbinsel im Nordosten der Insel Sumbawa wird vollständig von dem 2821 Meter hohen Vulkan Tambora eingenommen. Beim Ausbruch vom 5. bis 7. April 1815 schleuderte er mit einer Kraft von ca. 170 000 Hiroshimabomben 150 Kubikkilometer Asche und Bimsstein in die Atmosphäre. Der ehemals um die 4300 m hohe Vulkan schrumpfte durch diese Explosion um etwa 1400 Höhenmeter. Eine mächtige Asche- und Bimssteinschicht bedeckte die Insel und die Küste. Die Mächtigkeit dieser Decke schwankt zwischen mehreren Zentimetern und einem Meter. Flora und Fauna wurden über weite Gebiete von der Asche erstickt, riesige Flächen konnten nicht mehr bewirtschaftet werden. Riffe wurden durch die Ablagerungen abgetötet, wodurch der Lebensraum der Meerestiere vernichtet wurde. Der Bevölkerung war somit jegliche Lebensgrundlage genommen, was eine schwere Hungerkatastrophe zur Folge hatte. Auf den Kleinen Sunda-Inseln kamen mindestens 90 000 Menschen durch die Auswirkungen dieser Jahrtausendexplosion um. Die Masse an Staub und Asche, der in die obere Atmosphäre gelangte, führte 1816 zum »Jahr ohne Sommer«, das selbst in Europa Mißernten brachte. In der Literatur finden sich viele verschiedene Angaben über den Durchmesser des heutigen Kraters. Die Zahlen schwanken zwischen drei und elf Kilometern. Nach eigenen Erfahrungen und Recherchen halte ich einen Kraterdurchmesser von 9 bis 10 km für realistisch.

Vom WWF und der indonesischen Naturschutzbehörde ist das Gebiet um den Vulkan mit 1100 $km^2$ vermessen worden. Durch den intensiven Holzeinschlag ist der Lebensraum für seltene endemische Arten, die dort noch vorkommen, stark bedroht. Leider ist das Gebiet noch nicht offiziell als Naturschutzpark ausgewiesen.

In Anbetracht des intensiven Holzeinschlags, 20 000 ha wurden schon abgeholzt und zum Teil neu aufgeforstet, erscheint die Förderung des Trekkingtourismus in diesem Gebiet positiv. Damit würde die wirtschaftlich schwache Region insgesamt aufgewertet. Es wäre zu wünschen, daß eine steigende Touristenzahl das nationale und internationale Engagement fördert und einen weiteren unkontrollierten Raubbau einzudämmen vermag.

Der Durchmesser des Kraters beträgt fast unvorstellbare acht bis 10 Kilometer.

Pfad führt über loses, scharfkantiges Lavagestein. Wenn die robusten Zwergstrauchgewächse verschwinden, sind es nur noch wenige Meter bis zum Kraterrand, der hier einer gigantischen Terrasse ähnelt. Der Blick in den Krater ist atemberaubend. Bei klarer Sicht sind im Westen der hohe und verhältnismäßig spitz zulaufende Krater des Vulkans Rinjani auf Lombok und im Vordergrund die Insel Moyo zu sehen. Wie schon erwähnt, wird es hier oben augenblicklich kühl, sollten Wolken aufziehen, ansonsten besteht nur die Gefahr eines schmerzenden Sonnenbrandes. Zum Biwakplatz zurückgekehrt, kann man die Umgebung erkunden oder die angenehme Stille dieser Landschaft genießen. Abends beim Lagerfeuer spannt sich ein unbeschreiblicher Sternenhimmel über dem Berg auf, und ein Gefühl der grenzenlosen Freiheit macht sich breit.

## 4. Etappe: Der Rückweg

Der Rückmarsch ist wesentlich einfacher, da es bergab geht und der Pfad schon freigeschlagen ist. Je nach Kondition und Zeitplanung ist der Rückweg in einem oder zwei Tagen zu bewältigen.

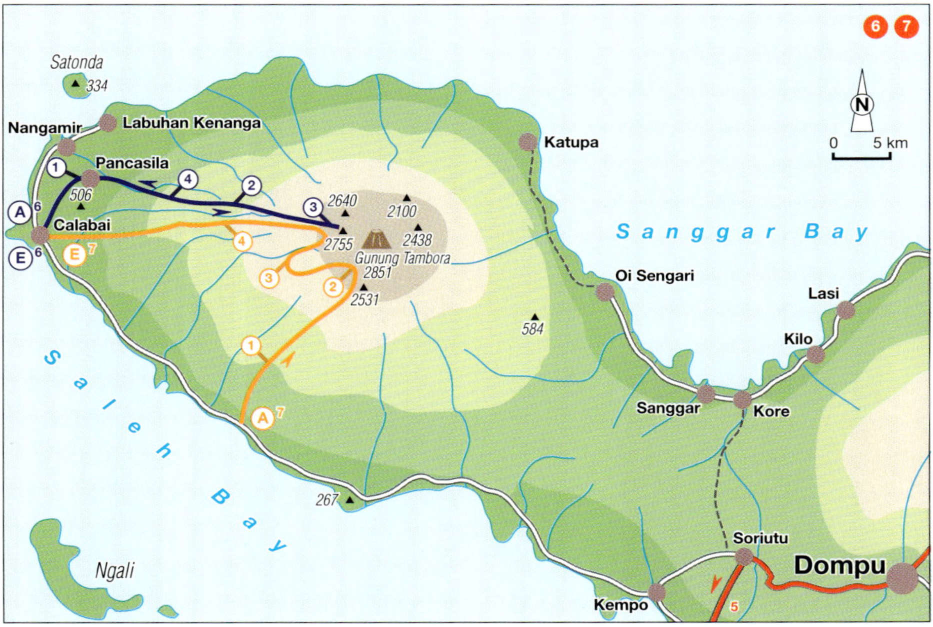

## Nützliche Hinweise:

**Anreise:** *Mit dem Fahrrad:* Von **Soriutu** sind es ca. 90 km bis in das Holzfällerstädtchen **Calabai**. Sämtliche wichtigen Einkäufe sollten schon in Dompu oder in Soriutu erledigt werden, da die Auswahl in Calabai nur sehr spärlich ist. Ab *Kempo* führt die Straße am saphirblauen Meer entlang. Die Sturzbäche, die jedes Jahr in der Regenzeit die Straße ins Meer spülen, versucht man heute mit modernen Brücken und Steinwällen einzudämmen. Die Straße ist oft über Kilometer eine Sandpiste, und das Fahren wird entsprechend mühsam. Ausreichend Wasser mitnehmen, denn die Region ist nur sehr spärlich besiedelt, trocken und heiß!
*Mit Bus/Boot:* Zwei bis drei Busse fahren von Dompu aus nach Calabai. Mit einem Schnellboot kann man von Sumbawa Besar anreisen.
**Unterkunft:** Das einzige Losmen, es gehört der Holzgesellschaft, steht in Calabai; ein kleines schönes Holzhaus direkt an der Küste mit Blick auf Moyo Island.
**Registrierung:** Zur eigenen Sicherheit ist es ratsam, sich in Calabai bei der Polizei registrieren zu lassen. Eine Kopie des Reisepasses sowie Angaben über die voraussichtliche Rückkehr sind ausreichend.

Abstieg durch den niederen Nebelwald.

# 7 Abenteuerliche Besteigung

# Gunung Tambora – von der schwierigeren Seite

!!!

Diese Wanderung beschreibt beispielhaft, wie sich Trekkingtouren in Indonesien auch mit wenig Hintergrundinformation zusammenstellen und planen lassen. Enger Kontakt zu den Menschen vor Ort ist dafür erste Bedingung. Die besten und zuverlässigsten Führer sind Jäger und Sammler. Um an sie heranzukommen, bedarf es Zeit, Glück, Feingefühl und mindestens eines Grundwortschatzes an Indonesisch. Aufgrund der widersprüchlichen und ungenauen Information, die ich über den Vulkan im Vorfeld sammeln konnte, wurde mir klar, daß ich auf einen sehr gewissenhaften und erfahrenen Führer angewiesen sein würde.

**Kurzcharakteristik:**

Es wird ausgesprochen schwer sein, diese Tour nachzugehen, da nur wenige sichtbare Pfade vorhanden sind. Es besteht bei der Planung einer solchen Tour absolut freie Wahl, allerdings sind alle unnötigen Risiken zu vermeiden. Es bedarf guter Kondition und Fitneß.
**Beste Jahreszeit:** April–August
**Gesamtgehzeit:** 4 Tage
**Kartenskizze:** Siehe Seite 84

## 1. Etappe: Zum Jägerstand des Pak Mustakim

Am Morgen fahren zwei Busse in Richtung Calabai im Norden der Halbinsel. Der erste, um kurz nach sieben, hält erst gar nicht auf unser Zeichen, sondern rauscht überladen an uns vorüber. Der nächste kommt 1 1/2 Std. später, ebenso voll wie der erste, so daß wir uns hinten am Heck an einer Leiter, die auf das Dach führt, festhalten. Weiter nach oben können wir nicht, da das Dach mit Menschen und Gepäck beladen ist. Völlig eingestaubt lassen wir uns nach einer Stunde an einer kleinen Kreuzung mitten im Nirgendwo absetzen. Mittlerweile ist die Sonne sengend heiß, die staubige Piste flimmert grell, auf der linken Seite lädt das tiefblaue Meer zum Baden ein, und auf der gegenüberliegenden Seite erhebt sich majestätisch der Vulkan, dessen Kraterrand von Wolken eingehüllt ist. Ein schmaler Weg führt zum Meer, wo sich wohl ein kleiner Hafen befindet. Wir klettern rechter Hand über den Zaun, der ein Regierungsgelände umgibt. Das Gebäude sieht trostlos und verlassen aus, angeblich ein Haus der Forstwirtschaft.

Nun gehen wir auf einer holprigen, nur für Geländewagen befahrbaren Piste durch trockenes Savannengras. Die Steigung ist sanft, dennoch bin ich nach kurzer Zeit schweißnaß. Milik lacht, als er mein tropfendes Gesicht sieht, bei ihm bilden sich nur einige kleine Perlen auf der Stirn. Nachdem wir zwei Stunden später einige Höhenmeter bewältigt haben, kühlt eine leichte Brise den glühenden Körper. Über schwarzverbrannte Erde führt uns unser Pfad. In der Trockenzeit werden diese Grasflächen immer wieder abgebrannt, obwohl sie nicht einmal bewirtschaftet werden. Gegen 14 Uhr erreichen wir eine erste Anhöhe. Mittlerweile taucht zwischen dem braunen Gras immer wieder ein grüner Busch oder Halm auf. Auch kleinwüchsige Bäume gibt es hier, wenn auch spärlich. Der Kontrast zwischen dem braunen Land und dem blau glitzernden Meer könnte nicht größer sein. In südlicher Richtung erheben sich zwei kleine Berge wie Termitenhügel aus der gleichförmigen Landschaft.

Auf etwa 1500 m Höhe erreichen wir in einer Senke die Hütte des Jägers Mustakim. Bewacht wird diese von zehn scharfen Hunden, die zu unserem Glück alle gut angebunden sind. Milik scheint fast erfreut darüber zu sein, den Jäger nicht anzutreffen. Mustakim, so erzählt er mir, habe zwei Söhne, die hier mit ihm leben. Es seien wilde Kinder, da sie nicht zur Schule gegangen seien und auch sonst nie in einer Gemeinschaft gelebt hätten. Dadurch seien sie unberechenbar und unverschämt geworden. So nehmen wir uns vom Hochstand ein großes Stück getrocknetes Hirschfleisch, stecken einen Geldschein sichtbar in einen Holzspalt und ziehen weiter.

Kurz vor Einbruch der Dunkelheit erreichen wir zwei kleine verfallene Hütten. Einige Büsche, zwei Bananenstauden und Zitronenbäume bilden einen Schutzwall. Dies sei seine Hütte gewesen, erzählt mir Milik stolz, als er noch zur Jagd gegangen ist. Auch die Stauden und die Bäume habe er gepflanzt. Mit einigen Handgriffen richtet er das Dach des auf Stelzen errichteten Schlafplatzes wieder her. Die Schlafkoje ist in 60 cm Höhe, damit man bei heftigen Regenfällen nicht von unten naß wird und vor allerlei Getier geschützt ist. Nachdem das Feuer angeschürt ist, gehen wir zu einer kleinen Quelle, um frisches Wasser zu holen. Über einem kleinen Feuer bereitet Milik unser Abendessen zu, während ich mit meinem Keramikfilter Trinkwasser pumpe. Unsere Mahlzeit besteht aus Reis, getrocknetem Fisch, der sehr salzhaltig und reich an Protein ist, sowie einem süßen Tee und Keksen. Das getrocknete Hirschfleisch, das Milik kurz über dem Feuer erwärmt, schmeckt außerordentlich streng und deftig, so daß ich es zunächst verschmähe.

Die Nacht ist kühl, nur unser kleines Feuer knistert leise in der stillen Nacht, und durch das Loch in dem Strohdach spannt sich ein funkelnder Sternenhimmel über uns. Wir sitzen dicht am Feuer, Milik zieht entspannt an seiner Nelkenzigarette, und wir erzählen uns aus unserem Leben. Milik ist Mitte vierzig und hat zwei Kinder. Er habe spät geheiratet, sagt er, denn es sei schwer, als Jäger eine Frau zu finden. Man sei oft wochenlang unterwegs, riskiere sein Leben, und der Fang sei dennoch immer ungewiß. Wildschweine, Hirsche, Schlangen, wilder Honig zählten zu seiner

**Die Hütte des Jägers Mustakim. Die Hütte liegt windgeschützt in einer Senke. Über dem Hochstand ist Hirschfleisch zum Trocknen aufgehängt.**

**Während der ersten Dreiviertelstunde folgen wir einer Piste. In der sengenden Sonne treibt es uns schnell den Schweiß auf die Stirn.**

Beute, aber auch Rattan habe er aus dem Monsunwald geschlagen, um es zum Verkauf ins Dorf zu bringen. »Wenn man ein guter Jäger ist, kann man schnell viel Geld verdienen«, setzt er hinzu, dann zieht er wieder kräftig an seiner Kretek-Zigarette, daß es nur so knistert.

## 2. Etappe:
## Der Blick über den Kraterrand

Wir stehen um fünf Uhr auf und marschieren um sechs Uhr los. Im Gras glänzen die Tautropfen, nach wenigen Schritten ist meine Hose kalt und naß. Der Krater wirkt durch die klare Morgenluft unbeschreiblich nah. Daß wir etwa vier Stunden bis oben brauchen werden, möchte ich zunächst nicht glauben. Als die Steigung zunimmt, wechselt abrupt die Vegetation, und wir gehen nun auf dem scharfkantigen Lavageröll in kleinen Schritten den Kraterkegel hinauf. Während ich Milik bei der gestrigen Hitze noch um seine Schlappen beneidet habe, möchte ich in diesem Geröll nun nicht mit ihm tauschen. Doch er federt mit sachten Schritten unbekümmert weiter nach oben.

Nach $3^1/_2$ Std. haben wir es geschafft. Drei Meter vor dem Rand bleibt Milik stehen, da er sehr viel Respekt vor dem Krater hat. Mir verschlägt es die Sprache, als ich in den Krater blicke. Vor meinen Augen breitet sich ein Kraterloch von unvorstellbarem Ausmaß aus. Fast senkrecht fällt der Schlot etwa 300–350 m tief ab. Auf halber Höhe befindet sich ein etwa 100 m breiter Absatz. Der Kraterboden ist flach, und entgegen manchen Behauptungen ist kein See im Inneren. Der Rand ist fast kreisförmig und auf erstaunlich einheitlicher Höhe. Die innere Wand zeigt tiefe Schluchten und Abrisse. Auf mein Bitten wagt sich Milik ebenfalls für einen Moment näher an den Rand. Über eine Stunde lang blicke ich hinunter und verfolge ein interessantes Naturschauspiel: Wie jeden Tag ziehen ab 10 Uhr Wolken auf. Sie erreichen den Rand, steigen noch ein Stück höher und wälzen sich dann in den Krater hinein. Bei dieser Abwärtsbewegung lösen sie sich wieder auf. Während hier oben noch freie Sicht herrscht und sozusagen ein riesiges Loch in der Wolkendecke entsteht, sieht es von unten schon wolkenverhangen aus. Dadurch erklärt sich auch, weshalb es im Inneren des Kraters so ausgesprochen trocken ist. Sollte es in der Regenzeit auch über dem Krater mal zu Niederschlägen kommen, mag sich vielleicht eine großflächige Pfütze bilden, die einem See ähnelt.

Wir können nur ein kurzes Stück direkt am Kraterrand entlanglaufen, da sich fünfhundert Meter weiter im Norden eine tiefe, klaffende Schlucht auftut, die sich weit ins Tal hinunter zieht. Dies bedeutet für uns einen langsamen, schrägen Abstieg. Kleinere Schluchten zwingen uns immer wieder, ein Stück hinauf oder noch weiter hinunter zu klettern. An einem größeren ausgetrockneten Flußbett beschließt Milik, das Nachtlager zu errichten. Er kennt einen Felsvorsprung, der sicher vor Regen schützt. Unser Wasservorrat wird erschrekkend knapp, denn alle Quellen oder Tümpel, die wir angesteuert hatten, waren nun, am

## Eine indonesische Geschichte

Die Erzählung der abenteuerlichen Besteigung des Gunung Tambora ist dem Jäger Milik gewidmet, dem ich dieses Erlebnis zu verdanken habe.
Auf der Fähre nach Sape mache ich die Bekanntschaft mit Frau Abdullah, Gattin des pensionierten Polizeioberst in Bima, und ihrer Tochter. Kurz entschlossen lädt sie mich in ihr Haus nach Bima ein. Ich bedanke mich für die Gastfreundschaft und freue mich über die Unkompliziertheit, mit der diese Menschen Fremde zu sich nach Hause einladen.
Abends treffe ich in Bima ein und fahre durch die ungewohnt lebhaften Straßen von Bima zu ihrem Haus. Bei Pak Adnan, dem Familienvater, stelle ich mich vor, und auch er heißt mich willkommen. Nach dem Abendessen, das ich mit dem ältesten Sohn einnehme, setzen wir uns zusammen und Pak Adnan zeigt sich interessiert an meinem Plan, mit dem Fahrrad bis nach Bali zu fahren. Als er von dem Vorhaben hört, den Gunung Tambora zu besteigen, warnt er mich eindringlich. Da ich sein Gast bin, trägt er nach indonesischem Brauch für mein Wohlergehen Verantwortung. So überreicht er mir am nächsten Tag die Adresse und ein Schreiben an seine Schwester, die am Fuße des Vulkans in einem kleinen Dorf namens Kesi wohnt und mit einem Lehrer verheiratet ist. Er legt mir nahe, mich bei ihnen zu melden, da sie mir sicher weiterhelfen könnten.
Von Bima fahre ich ins 66 km entfernte *Dompu* und von dort 22 km weiter nach *Soriutu*. Dort gabelt sich die Straße. Linker Hand geht es westwärts auf dem Sumbawa Highway, rechts zieht sich eine schmale Asphaltstraße nordwestwärts Richtung Calabai. Nach weiteren 20 km erkundige ich mich bei einer größeren Häusersiedlung, es ist das Dorf, das ich suche, nach dem Haus des Lehrers und werde auch gleich hingeführt.
Indonesische Familien sind sehr groß und bilden ein festes Gefüge. Ist man einmal in einer Familie eingeführt, so steht einem der gesamte Clan wohlgesinnt gegenüber. Als ich der Frau erzähle, das ich von ihrem Bruder aus Bima geschickt wurde, läßt sie mich sofort eintreten, bietet mir zu trinken an und richtet ein Zimmer für mich her.
Am Nachmittag berichte ich ihrem Mann von meinem Vorhaben, auf der grasbewachsenen Südwestseite zum Gipfel des Gunung Tambora aufzusteigen, am Kraterrand entlangzuwandern, um dann im Norden durch den Dschungel hinab nach Calabai zu gelangen. Zunächst bieten sich zwei junge Burschen an, mich zu führen. Da sie aber erst einmal oben waren, habe ich doch Bedenken. Sie betonen, daß sie mich auf jeden Fall zur Hütte eines Jägers bringen würden, der mich weiterführen könne. Sollte dieser jedoch nicht anzutreffen sein, müßten wir wieder umkehren. Nach einigen Diskussionen bemerkt Pak Abubakar, mein Gastgeber, daß ein weiterer Jäger namens Milik im Dorf wohne, der aber schon seit längerem nicht mehr zur Jagd ausgezogen sei. Ich bitte darum, ihn sprechen zu dürfen. Die jungen Männer gehen los, mit ihm zu reden. Zunächst lehnt er die Führung ab; als die beiden ihm jedoch berichten, daß ich Indonesisch spreche, ist er bereit, sich am Abend mit mir zu treffen. Schon nach wenigen Minuten sind wir uns vertraut, und er stimmt dem Vorhaben zu. Es würde keine leichte Tour, versichert er mir, aber er traue es mir zu. Da für ihn nie die Notwendigkeit bestand, um den Krater herumzugehen, ist diese Route auch für ihn eine Premiere. Über den Preis sind wir uns schnell einig und verabreden uns für den nächsten Morgen um sieben Uhr.

**Die klare Luft und der enorme Kraterumfang sind überwältigend. Laut Erzählungen hat es bisher noch niemand gewagt, in den Krater hinabzusteigen.**

Ende der Trockenzeit, versiegt. Auch entlang des Flußbettes müssen wir lange suchen, bis wir ein Steinbecken mit braunem Wasser finden. Milik riecht daran und ist der Überzeugung, es trinken zu können. Die braune Färbung ist durch die Gerbsäure der hineingefallenen Blätter zu erklären, dennoch bin ich skeptisch.

Unser Quartier, das Milik für die Nacht gewählt hat, ist optimal. Wir sind keine 100 m über der Wolkengrenze, die wie ein dichter Teppich die Sicht ins Tal versperrt. Wir essen das gleiche wie am Vortag, nur ist heute der Reis etwas bräunlich, und ich habe mich seit Mittag an den Geschmack des Hirschfleisches gewöhnt, so daß ich es mit Appetit verzehre.

## 3. Etappe: Wir tauchen ein in den dichten Wald

Nach einem Teller Reis und Fisch brechen wir schon vor sechs Uhr auf. Nach wie vor sind wir auf der Suche nach Wasser, und wir kommen nur langsam voran, mit Tendenz Richtung Krater. In der Ferne sehe ich schon den grünen Teppich des Monsunwaldes. In den flachen Ausläufern im Vordergrund sind deutlich Nadelbäume zu erkennen, und die Vermutung liegt nahe, daß es sich hier um aufgeforstete Gebiete handelt. Nach einigen Stunden beginnt mein Knie zu schmerzen, doch an eine Pause können wir jetzt nicht denken. Gegen halb zwölf erreichen wir ein zweites Mal den Kraterrand. Der Grat ist hier weitläufig und besteht aus feinem Tuff. Die Wolken treiben das gleiche Spiel wie tags zuvor, und wenn wir inmitten dieser weißen Watte stehen, wird es beträchtlich kühl. Das warme Gestein lädt zu einer entspannenden Mittagspause ein.

In einem wolkenfreien Moment nehmen wir unsere Wanderung wieder auf, und nach einer halben Stunde finden wir einen deutlichen Pfad, der sich entlang eines Gratausläufers in Richtung Wald zieht. Dann durchstreifen wir eine Art Plateau, der Boden ist staubig, und sämtliche Gewächse sind knochentrocken und braun. Wir nutzen die Gelegenheit, ein kleines Feuer zu machen, um Kaffee zu kochen. Übrig bleibt uns weniger als ein halber Liter braunes Wasser. Schon jetzt dürstet es mich nach mehr, aber ich zwinge mich, das Wasser zu rationieren. Um 14 Uhr durchqueren wir einen niederen Nebelwald. Wie dichte Bärte hängen die Moosflechten von den Ästen. Die Sicht beträgt oft nicht mehr als fünf Meter, und die meiste Zeit müssen wir gebückt laufen, um unter den Ästen hindurchzukommen. Der Pfad ist ebenso plötzlich verschwunden, wie er aufgetaucht war. Immer wieder müssen wir ein Stück zurück, wenn wir

plötzlich vor einer dichten Dornenhecke stehen oder es zu steil bergab geht.

Die Zeit verrinnt wie im Flug, und ich habe nicht den Eindruck, daß wir weit gekommen sind. Zunächst empfinde ich es als angenehm, daß die Vegetation sich verändert. Die Baumkronen sind höher, aber auch die Bodengewächse und Wurzeln werden vielfältiger. Kühl ist es unter dem dichten Laubdach, doch der Wasserverlust durch das Schwitzen ist beträchtlich. Mit seiner *parang*, der Machete, schlägt Milik uns einen Pfad durch das dichte Gestrüpp. Mal balancieren wir auf einem Dach aus Wurzeln, mal kriechen wir darunter hindurch. Die feinen, jungen Äste der Rattan-Palme lassen mich schier verzweifeln. Immer wieder hängen die dünnen, mit Widerhaken gespickten Äste vor unserem Gesicht, zwar nur spaghettidick, aber reißfest wie ein Stahlseil. Hat sich auch nur ein Häkchen in der Kleidung verfangen, gibt es kein Vorwärtskommen, ohne die Kleider zu zerreißen. Zurück, behutsam enthaken und vorsichtig durch das Nadelöhr schlüpfen. Milik schneidet nur das nötigste an Ästen ab und versucht, ohne viel Widerstand die Hindernisse hinter sich zu lassen. Ein Vorgehen, das man bei allen guten Führern durch den Dschungel beobachten kann.

Mittlerweile drehen sich meine Gedanken nur noch um Wasser und die wenig hoff-

**Fernblick vom Kraterrand in Richtung Westen. Später am Vormittag, ab 10 Uhr, wird die Sicht schlechter, denn Wolken hüllen dann meist den Vulkan ein.**

nungsvoll stimmende Aussicht, in diesem Dickicht übernachten zu müssen, da es nur noch eine Stunde hell ist. Selbst ein Zelt könnten wir hier nicht aufbauen, so dicht ist der Untergrund bewachsen. Kurz vor Sonnenuntergang erreichen wir einen Bereich mit ein paar ausgesprochen mächtigen Teakbäumen. Am Fuß der Bäume bedecken nur Blätter den Boden – ein Platz für die Nacht. Schnell sammeln wir noch ein wenig Holz, um mit nicht mehr als einem Viertelliter Wasser eine Fertignudelsuppe für uns beide zu kochen. Am Feuer versuchen wir, unsere schweißnassen Kleider zu trocknen. Nach kurzer Zeit am Feuer übermannt mich die Müdigkeit, und ich schlafe durstig und völlig erschöpft ein. Ich träume von einem sprudelnden Glas Mineralwasser und schrecke hoch. Es dauert einige Sekunden, bis ich begreife, wo ich bin, und enttäuscht sinke ich neben den riesigen Baumstamm zurück.

## 4. Etappe: Die grüne Hölle

Ohne etwas trinken oder essen zu können, brechen wir schon um 5:30 Uhr zum Weitermarsch im Dickicht auf. Das Relief wird jetzt aber immer bergiger, was für uns ein kraftraubendes Auf und Ab bedeutet. Teilweise geraten wir an Schluchten, die wir uns entlanghangeln, bis wir eine Möglichkeit finden, hinabzusteigen, um jenseits wieder einen Aufstieg zu versuchen. Meist findet sich am Boden der Schluchten ein Flußbett, das aber nur zur Regenzeit Wasser führt. Hin und wieder können wir auf einem Sattel durch eine Lichtung hindurch das Meer sehen. Auch wenn es noch unendlich weit ist, so haben wir doch unser Ziel vor Augen. Um uns herum ist alles tiefgrün, auf den Blättern sammeln sich Tautropfen, die ich zuweilen verzweifelt ablecke. Mir fällt es in diesem Moment sehr schwer, einzusehen, daß wir keine dieser Blätter oder Früchte essen können; sobald ich eine verlockende Frucht begierig anschaue, schüttelt Milik den Kopf und bedeutet mir, daß sie ungenießbar oder giftig ist. Zwei Pflanzen, die er mir zeigt, soll ich mir gut einprägen, da sie böse Hautschwellungen und Schmerzen verursachen können. Die eine ähnelt unserer Brennessel, nur daß die Härchen auf den Blättern und ihr gesamter Wuchs wesentlich kräftiger sind. So auch ihre Wirkung, die ich, als meine Hose die Blätter nur sachte streift, durch ein unangenehmes Brennen auf dem Oberschenkel zu spüren bekomme. Eine Berührung mit der anderen Pflanze verursacht für genau sieben Tage eine schmerzhafte Rötung der Haut, die durch Heilpflanzen nur wenig zu mildern ist.

Wieder einmal steigen wir in ein Flußbett hinab in der Hoffnung, einen Wassertümpel zu finden. In einer handgroßen Steinmulde befindet sich ein wenig Wasser, Mückenlarven tummeln sich darin. Mühsam pumpe ich dieses dunkelbraune Wasser durch den Filter, was einen hellbraunen Schluck keimfreien Wassers ergibt. An einer dichten Stelle bleibt Milik stehen und zeigt auf einen fingerdicken, abgeschnittenen Ast. »Hier waren schon einmal Leute, wahrscheinlich Rattanfäller«, erklärt er mir. Ich betrachte die winzige Schnittstelle und staune darüber, wie er diese in dem

Wirrwarr an Pflanzen und Ästen hat erkennen können.

In einem abgestorbenen Baumstamm entdeckt Milik ein Bienennest. Gekonnt schlägt er mit seiner *parang* die Öffnung so groß, daß seine Hand gerade hineinpaßt. Dann streckt er sich fast bis zur Schulter in den Baum und holt handtellergroße Waben heraus. Als wäre es Wasser, saugen wir sie aus. Der Honig ist relativ flüssig und schmeckt sehr würzig und kräftig. Ich frage Milik, weshalb die Bienen sich so kampflos ihre Waben zerstören lassen. Darauf zeigt er mir seinen Arm, der von einem Dutzend Stichen übersät ist. Das sei normal, erwidert er, und mißt den Stichen keinerlei Bedeutung bei.

Die Hoffnung, Wasser zu finden, habe ich inzwischen aufgegeben. Der Gedanke, noch eine Nacht ohne Wasser aushalten zu müssen, ist grauenhaft. Nach einem kurzen Abstecher, den Milik alleine unternommen hat, kommt er zurück und fragt mich, ohne eine Miene zu verziehen, ob ich Lust hätte zu baden. Mißtrauisch schaue ich ihn an. Das wäre zu schön, um wahr zu sein! Wir kämpfen uns über umgeworfene Baumstämme ein immer enger werdendes Flußbett hinauf. Die Wände überragen uns bald, es wird dunkler, kühl und feucht. Das Flußbett verjüngt sich zu einer kleinen Schlucht, dann stehen wir vor einem zwei Meter hohen Felsvorsprung. Milik zeigt nach oben und lächelt, »da oben, da ist soviel Wasser, daß wir uns waschen können«. Er klettert hinauf, und ich höre, wie er seinen Kanister eintaucht und das Wasser gurgelnd hineinläuft. Als ich die Flasche zum Trinken ansetze, überströmt mich ein wahnsinniges Glücksgefühl. Ich fühle mich gerettet und sicher, obwohl wir noch mitten im tiefgrünen Wald sitzen. Schnell sammeln wir Feuerholz zum Kochen. Auf einmal nehme ich die vielen grünen Schattierungen, das Gesumme und Gezirpe der Tiere wieder wahr. Wasser ist Leben, nie wurde es mir bewußter als in dieser Situation!

Nach eineinhalb Stunden ziehen wir, es ist drei Uhr, frohen Mutes weiter. Noch immer ist es ein mühsamer Weg, den wir zurücklegen müssen. Erst nach weiteren 3 1/2 Std. wird die Vegetation lichter, und man erkennt den Einschlag der Holzarbeiter. Wir passieren einige Flächen aufgeforsteten Waldes, der trostlos und karg um sein Überleben ringt. Breite Regenfurchen deuten die starke Erosion des Oberbodens an.

Endlich erreichen wir eine schmale, befahrbare Piste, die nach wenigen Metern auf eine ca. 20 m breite Staubpiste führt. Weshalb die Straße so unglaublich breit ist, erkennen wir wenig später, als einer dieser riesigen Holztransporter mit drei mächtigen, etwa 30 m langen Teakbäumen an uns vorbeidonnert. Um 19.30 Uhr erreichen wir die Kontrollstation 21, die für die Registrierung der Lastwagen zuständig ist. Die über unsere Ankunft völlig fassungslosen Wärter erzählen uns, daß noch ein Laster vorbeikommen müßte, mit dem wir bis nach Calabai fahren könnten, denn es sind immerhin noch 19 km.

Wie angekündigt, dröhnt gegen 20:30 Uhr ein Truck heran. Selten habe ich ein so großes Führerhaus gesehen. Zu fünft sitzen wir nebeneinander auf der Fahrerbank, zwei Arbeiter sitzen, mit Wollmasken gegen den Staub geschützt, auf der Kühlerhaube neben den Scheinwerfern. Milik und ich sind froh, es geschafft zu haben. Schon können wir über vieles, was uns zugestoßen ist, wieder lachen. Stolz berichten wir den Holzarbeitern von unseren Erlebnissen, und in unseren Stimmen schwingt ein wenig Traurigkeit mit. Vor fünf Tagen waren wir uns noch fremd, und jetzt will ich gar nicht an den Abschied denken. In dieser kurzen Zeit haben wir uns vertrauen und schätzen gelernt, und uns verbindet ein unvergeßliches Erlebnis, das uns niemand nehmen kann.

### Nützliche Hinweise:

**Anreise:** Siehe auch Tour 6.
**Unterkunft:** Übernachtung bei Privatleuten. Auf dem Vulkan ist ein Zelt nützlich.
**Möglichkeiten:** Eine komplette Umrundung oder ein Abstieg auf der Südostseite nach Piong und Kore sind möglich, seien aber der eigenen Kreativität überlassen.

# 8 Auf dem Normalanstieg
# Vulkantrekking: Der Gunung Rinjani auf Lombok

Der Rinjani ist der zweithöchste Vulkan Indonesiens. Sein riesiges Massiv und seine stattliche Höhe von 3726 m bestimmen das Landschaftsbild Nordlomboks. Der Aufstieg ist anstrengend und beschwerlich, zählt aber zu den schönsten und abwechslungsreichsten im ganzen Archipel. Dabei werden verschiedene Vegetationsstufen durchwandert, von Kulturland über Bergwald, Nebelwald bis hin zum bewuchslosen Lavageröll in Gipfelnähe. Der Anblick des Biotops im Krater mit seinem Miniatur-Vulkan »Baru« und dem halbmondförmigen See entschädigen schon am ersten Tag für sämtliche Anstrengungen. Tourenlänge und -route lassen sich gut auf die Kondition des Wanderers abstimmen.

**Kurzcharakteristik:**

Die Landschaft um und im Vulkankrater bietet für alle Trekkingbegeisterten ein faszinierendes Erlebnis. Auch für Konditionsschwächere ist die Wanderung bis zum Kratersee Segara Anak und den heißen Quellen eine unvergeßliche Tour. Für den ausgesprochen mühsamen Gipfelsturm sind auf jeden Fall vier Tage einzuplanen, auch wenn Konditionsstarke den Weg in drei Tagen schaffen können. Eine ganz besondere Herausforderung ist die Gipfelbesteigung und Überquerung des Rinjani, die fünf Tage dauert.

**Beste Jahreszeit:** April bis Oktober; Ende April / Anfang Mai: Ende der Regenzeit, Route wenig frequentiert, Natur in voller Blüte. Juni–Mitte September: Hauptsaison für die Besteigung; meist trocken, gute Bedingungen für den Gipfelaufstieg, sehr hohe Frequentierung bis zum See.

**Kartenskizze:** Siehe Seite 101

## 1. Etappe:
## Zum See Segara Anak und zurück

Am Tag vor unserem Aufbruch beschließen wir, nachdem wir Pak Mustamin Proviant und Zelt übergeben haben, damit er seine Bambusstange beladen kann, diesen Nachmittag am nahegelegenen Wasserfall *Sindanggala* ausklingen zu lassen. Nach einer ausgiebigen Wasserfalldusche und einem Spaziergang entlang des Kanals mit phantastischem Blick über die Reisfelder, die im rötlichen Licht goldgrün glitzern, kehren wir erst bei Dunkelheit wieder in unsere Unterkunft zurück. Die Nacht ist klar, die Sterne funkeln über dem mächtigen Massiv, dem Sitz der Götter.

Früh am Morgen machen wir uns startbereit. Die Dinge, die wir nicht mit auf den Berg nehmen wollen, vertrauen wir der Pensionsmutter an. Um zehn vor sechs kommt in kurzer Hose, einen Sarong um die Hüfte geknotet, und in Gummischlappen unser Träger Mustamin angefedert. Es bietet sich für die erste Tagesetappe an, in kurzen Hosen zu laufen. Eine Regenjacke und ein trockenes T-Shirt sollten aber griffbereit sein.

Um sechs Uhr schultern wir die Rucksäcke, während Mustamin sich die etwa 20 kg schwere Bambusstange auf die rechte Schulter hebt, als wäre es nichts.

Schon nach wenigen Minuten, noch von der Asphaltstraße aus, sieht man in südlicher Richtung das gewaltige Massiv des Rinjani. Noch wird unser Blick zum Gipfel durch den äußeren Kraterrand versperrt. Nachdem wir das Dorf Senaru und ein PHPA-Büro, in dem man sich registrieren lassen sollte, passiert haben, verwandelt sich der Weg in einen Trampelpfad. Dieser schlängelt sich durch brachlie-

**Der bezaubernde Wasserfall Sindanggala oberhalb von Batu Koq.**

gende Reisfelder, auf denen jetzt mannshohes Elefantengras wuchert. Nach gut einer Stunde Marsch stehen wir genau an der Grenze zwischen Kulturland und Naturschutzpark, gekennzeichnet durch eine große Tafel der Naturschutzbehörde.

Obwohl es erst sieben Uhr ist, ist es unangenehm warm und feucht. Doch kaum betreten wir den Regenwald, wird es schlagartig kühler. Der Pfad, der sich nun durch den Dschungel zieht, ist breit und ausgetreten. Dies läßt sich damit erklären, daß über 2000 Menschen pro Jahr den Vulkan erklimmen. Rinjani bedeutet im altjavanischen Sprachgebrauch soviel wie »Gott« oder »Allmächtiger«. Nach einer Legende der Sasak lebt die Prinzessin Anjani, die Tochter eines mächtigen Gottes, auf dem Vulkan. Auch die auf Lombok lebenden Balinesen verehren den Rinjani als heilige Stätte und Sitz der Götter. Besonders

**Der Anführer der frechen Javaneraffen bei der Schutzhütte »Pos III«.**

die Anhänger der Wetu-Telu-Religion, zu denen sich 30 000 der Sasak zählen, pilgern bei Vollmond zu Hunderten auf den Berg, um den Göttern zu huldigen.

Bei Pos. II (s. Skizze, S. 101) treffen wir eine Gruppe indonesischer Studenten aus Yogya. Sie haben nicht den Ehrgeiz wie wir, den Gipfel zu besteigen, sondern wandern nur bis zum See und den heißen Quellen. Die meisten der indonesischen Wanderer und Pilger gestalten ihre Tour wie diese Studenten.

Umweltbewußtsein ist bei vielen Indonesiern noch nicht geschaffen. Einige »naturliebende« Touristen unterstützen zudem dieses Verhalten, weshalb vom Bonbonpapier bis hin zur Fischdose alles achtlos in die Büsche geworfen wird. Am Ende der Hauptsaison werden Säuberungstrupps auf den Berg geschickt, um die Abfälle zu beseitigen. Es ist leider nötig, die eigenen Träger, aber auch andere Wanderer anzuhalten, ihren Müll selbst wieder mitzunehmen. Bei meiner ersten Tour auf den Vulkan, 1992, sammelten wir auf dem Rückweg zwei Säcke Abfall und stellten sie dem Ranger der Naturschutzbehörde, der damals freiwillige Spenden annahm, als unseren Beitrag auf den Tisch …

Bei Pos. II steht eine windschiefe Hütte, die notdürftig Regenschutz bietet und zum Übernachten genutzt werden kann. Nachdem wir ausgiebig Wasser getrunken haben, ziehen wir weiter aufwärts. Je weiter wir hinaufsteigen, desto feuchter und kühler wird es. Der Wald wird langsam lichter, die Höhe und die Mächtigkeit der Bäume nimmt ab. Vermehrt sind Farne, Moos und Flechten zu sehen. Nun hören wir auch das Geschrei von Affen. Mustamin warnt uns hauptsächlich vor deren »Anführer«: Er sei ein schamloser Dieb und schrecke auch nicht davor zurück, Menschen das Essen aus der Hand zu reißen, tritt man ihm nicht energisch entgegen.

Kurze Zeit später erreichen wir Pos. III. Hier, auf ca. 2100 m Höhe, ist es merklich kühler, und am Nachmittag ziehen Wolken auf.

Dieser Stützpunkt besteht aus zwei offenen Hütten, von deren älterer nicht mehr viel vorhanden ist, da Bretter und Planken als Feuerholz Verwendung gefunden haben. Etwa zwei Minuten unterhalb der Hütten ist ein winziger Bach, der manchmal Wasser führt, das man aber vor dem Trinken kochen oder filtern muß. Während wir unseren Wegproviant verzehren, kommen drei Affen in unsere Nähe. Neugierig verfolgen sie jede unserer Handbewegungen. Als Robert, mein australischer Weggefährte, eine Bananenschale ins Gebüsch wirft, stürzen sie sich gierig darauf. Sichtlich enttäuscht über die Schale, rücken sie uns daraufhin noch näher zu Leibe. In der Zwischenzeit hat Mustamin ein kleines Feuer entfacht, um Tee zu kochen. Gesüßt mit rotem Zucker *(gula merah)* ist der süße Tee genau das Richtige nach dem scharfen Gemüse mit Reis, um die erschöpften Lebensgeister wieder zu wecken.

Nach weiteren zwanzig Minuten Aufstieg lichtet sich der Wald, und der Blick auf den Kraterrand wird frei. Die letzte Stunde bis dorthin kann noch einmal richtig schweißtreibend werden. Bei wolkenlosem Himmel ist kurz oberhalb der Waldgrenze die Fernsicht überwältigend, doch brennt die intensive Tropensonne erbarmungslos auf den Trekker nieder. Ist es bewölkt, wird es schnell kalt und windig.

Der Aufstieg wird in der oberen Hälfte felsig und steil. Hier sucht sich jeder seine eigene Fährte, so daß auf diesem Stück keine eindeutigen Pfade auszumachen sind; man sollte sich nach Westen orientieren. Als der Kraterrand nur noch wenige Meter von mir entfernt ist, halte ich inne, verschnaufe noch einmal und nähere mich dann langsam dem Rand. Die Wolken reißen kurz auf, und als erstes sehe ich den eigentlichen Gipfel aus dem gegenüberliegenden Kraterrand emporragen. Ich trete vor bis zum Rand und bleibe fasziniert stehen. Unter mir erstreckt sich ein beeindruckendes Landschaftsbild. Der Krater ist zu drei Viertel von einem halbmondförmigen See ausgefüllt, dem Segara Anak. Etwa in der Mitte ragt ein kleiner Vulkan empor, dem leichte Rauchschwaden entsteigen. Auf der östlichen Kraterseite ist eine V-förmige Öffnung, die sich fast bis auf die Höhe des Kratersees hinunterreicht. An dieser Stelle ziehen die Wolken herein, die genügend Feuchtigkeit transportieren, um es dort unten üppig blühen zu lassen. Unterhalb der Einschnittstelle befinden sich heiße Quellen und Trinkwasser; gute Zeltmöglichkeiten bestehen direkt am See.

Die Strapazen der vergangenen sechs Stunden sind hier oben, am Rim I, auch Pelawangan I genannt, wie weggeblasen. Vor mir geht es fast senkrecht etwa 600 m in die Tiefe, der See schimmert blau und türkis und strahlt eine unwahrscheinliche Ruhe und Harmonie aus. In diesem Krater von 6 mal 8 km Fläche wirkt der

**Blick entlang des Kraterrandes (Rim 1) Richtung Osten.**

Vulkan *Gunung Baru,* neuer Berg, mit seiner Höhe von ca. 150 m eher harmlos und ungefährlich. Daß dem nicht so ist, deuten die zarten Rauchschwaden an, die aus dem Vulkanschlund aufsteigen. Hält man sich vor Augen, daß dies die Besteigung eines riesigen Pulverfasses ist, kann einem schon ein wenig mulmig werden. Doch der Reiz, den Gipfel zu erklimmen, und die einzigartige Landschaft lassen alle Zweifel schnell verblassen.

Am Kraterrand entlang gehen wir in Richtung Westen. Eine einbetonierte rote Mülltonne dient als Wegweiser für den Abstieg zum Kratersee. Selbst auf diesem Hauptpfad hinunter zum See stürzen jedes Jahr Menschen zu Tode; es ist auf keinen Fall ratsam, einen anderen Weg auszuprobieren! Bei guter Witterung dauert der Abstieg für die 600 Höhenmeter zwischen 2 und 2 1/2 Std. Abschnittweise ist es eine heikle Kletterpartie mit Felstreppen bis zu zwei Meter Höhe. Faszinierend, wie Mustamin mit seiner Bambusstange und seinen Schlappen den Abstieg meistert. Mal liegt die Stange auf der linken, ein Handwechsel, eine kurze Drehung der Stange, und schon liegt sie sicher auf der rechten Schulter.

Nach 1 1/2 Std. haben wir den gefährlichen Abstieg, den ich mir bei Regen nicht vorzustellen wage, gemeistert. Das letzte Stück mit leichtem Gefälle führt durch hüfthohes Step-

pengras. Schweißnaß erreichen wir den Zeltplatz, entledigen uns unserer Kleider und springen in den erfrischenden See. Vor Jahren wurden hier Karpfen und Tilapiae ausgesetzt, so daß viele Pilger ihre Mußestunden mit Angeln verbringen. Vom See sind es noch 350 m bis zu den heißen Quellen. Als wir dort ankommen, ist gerade eine Gruppe Indonesier beim Bad. Sie liegen zu zweit oder zu dritt in kleinen flachen Becken. Ein großer Pool mit direktem Zufluß aus dem Gestein ist noch frei. Als ich zielstrebig auf rutschigen Steinen auf den Pool zubalanciere, mahnt man mich zur Vorsicht, da das Becken ausgesprochen heiß sei. Ich tauche meinen Fuß in die gelbe, schwefelhaltige, dampfende Brühe und ziehe ihn im gleichen Moment mit einem Schrei zurück. Alles lacht, und ich verstehe nur, warum sie lieber in den flachen, kleinen Becken liegen. Weil den Thermalquellen die verschiedensten heilsamen Wirkungen zugeschrieben werden, kommen die Einheimischen hierher und verweilen oft viele Stunden in den heißen Becken.

Während sich Mustamin schon wieder um die Mahlzeit kümmert und uns Ingwertee serviert, bauen wir unser Zelt auf. Kaum ist die Sonne untergegangen, wird es klamm und kühl. Dicht am Lagerfeuer verzehren wir unseren Teller mit Reis, Nudeln, getrocknetem Fisch und Gemüse. Wir sind zu erschöpft zum Reden. Statt dessen lauschen wir still dem Knacken des Feuers und erfreuen uns am Sternenhimmel, der sich über uns ausbreitet.

## 2. Etappe: Ruhetag am See

Gegen acht Uhr weckt uns unsere treue Seele Mustamin mit einem Kaffee. Es ist strahlend blauer Himmel, die Sonne brennt wie durch ein Brennglas auf uns nieder. Bis um halb elf ist der Gipfel frei. Mit großem Respekt blicke ich die 1700 m steile Wand hinauf. Nur an die 20 Prozent der Vulkantrekker versuchen, den Gipfel zu erklimmen, und noch weniger schaffen es bis zum höchsten Punkt.

Mit einem Ranger, der hier ausnahmsweise nach dem Rechten sieht, streife ich ein wenig umher. Der dichte Bestand der Koniferen hat in der näheren Umgebung des Zeltplatzes schon deutlich abgenommen. An noch gesunden Bäumen sind immer wieder die Einschläge von Macheten, um die Rinde abzulösen, zu sehen. »Eigentlich dürfen keine Bäume gefällt werden«, meint der Ranger, »da es sich hier seit 1984 um ein Naturschutzgebiet handelt, aber wie du siehst, hält sich keiner daran.« Wir schöpfen an diesem Tag durch Baden, Angeln, Schlafen und Spazierengehen Kraft für den bevorstehenden Aufstieg.

**Blick vom Kraterrand (Rim I) auf den Kratersee Segara Anak und den Vulkan Gunung Baru.**

Indonesische Pilger beim Angeln im Kratersee.

## 3. Etappe: Die Herausforderung

Um 0:30 Uhr rüttelt Mustamin an unserem Zelt. Mühsam kriechen wir aus unseren Schlafsäcken. Es ist ausgesprochen kalt, und in diesem Moment ist es nur sehr schwer vorstellbar, einen siebenstündigen Aufstieg bewältigen zu müssen. Wir schlürfen unseren heißen, süßen Tee und bereiten uns innerlich auf die Tour vor. Nur das Allernötigste nehmen wir in unseren Tagesrucksäcken mit: Jeder 1,5 l Wasser, Kekse, Schokolade, einen Bunkus Reis, Regenjacke, Pullover, Erste-Hilfe-Tasche, Taschenlampe und Ersatzbatterien. Kurz nach ein Uhr brechen wir auf, während Mustamin sich nun den verdienten Schlaf gönnt.

Zunächst geht der Weg, sanft ansteigend, durch taufrisches Gras. Die erste Stunde läßt sich zügig gehen, da der deutliche, aber schmale Trampelpfad keine nennenswerten Steigungen aufweist. An einem Abschnitt, der stetig abwärts führt, fragen wir uns sogar, ob wir den richtigen Weg eingeschlagen haben. Die Nacht ist wieder einmal sternklar, doch leider reicht das Licht des Halbmondes nicht aus, den Weg zu beleuchten, so daß wir auf unsere Taschenlampen angewiesen sind. Daß es der richtige Pfad ist, merken wir sehr abrupt, als der Weg steil nach oben führt. Langsam, aber stetig erklimmen wir die Felsrücken und Überreste von Stufen, die einst mit einem Geländer den Aufstieg erleichtert haben. Um vier Uhr erreichen wir Pelawangan II. Auf dem ersten Bergrücken angelangt, bemerken wir rechts ein Hinweisschild. An diesem Schild führt der Pfad vorbei weiter zum Gipfel. Etwa 200 m weiter links ist ein kleiner Fichtenhain. Dort ist es etwas windstiller, ein guter Platz zum Ausruhen. Dies ist ebenfalls ein strategisch günstiger Ort, sein Camp aufzuschlagen, möchte man auf den Gipfel und danach auf der Ostseite wieder absteigen. Schon nach kurzer Rast beginnt uns zu frösteln, so daß wir beschließen, langsam weiterzugehen.

Die erste halbe Stunde Marsch beginnt auch bei diesem Abschnitt mit einer sanften Steigung. Danach ist es wichtig, genau auf die Wegführung zu achten, da sie sich in dem losen Gestein schnell verliert. In diesem Teil sind einige leichte Kletterpartien zu bewältigen. Wird der Weg zu gefährlich, sei es durch tiefe Schluchten oder Bruchkanten, ist es sicherer, wieder einige Meter zurückzugehen und eine Umgehung der unpassierbaren Stelle zu probieren. Nach zwei Stunden mühsamen Steigens erreichen wir den Kraterrand. Mittlerweile beginnt sich der Horizont im Osten leicht rotviolett zu färben. Robert, der eigentlich nur zum Surfen nach Indonesien gekommen ist, haben die vergangenen Anstrengungen ausgelaugt: »This is great up here, but that's enough for me.« Ich reiche ihm wortlos zwei Tafeln einer einheimischen Süßigkeit: Erdnüsse, umhüllt von eingekochtem roten Zucker mit Ingwer und Pfeffer. Wir lutschen eine Weile an der feurigen Süßspeise und beobachten den Himmel. Langsam verblassen die Sterne über uns, im Osten beginnend, während es im Westen noch finster ist. Ich blicke hoch zum Gipfel, er scheint nun zum Greifen nah, und ich kann kaum glauben, daß es bis dorthin noch zwei Stunden sein sollen. Während die

Ostflanke durch zarte Sonnenstrahlen zum Leben erwacht, ist es im Krater noch dunkel und kalt. Eigentlich hat Robert recht, wir haben es geschafft, es ist wunderschön, hier zu sitzen, was sollte von oben mehr zu sehen sein als von hier in etwa 3000 m Höhe? Es gibt keine vernünftige Erklärung für das, was wir tun, aber wir gehen weiter. Es ist im wahrsten Sinne des Wortes eine Gratwanderung: Rechts fällt der Kraterrand in wenigen Stufen senkrecht bis zum See hin ab, während er auf der äußeren Seite gleichmäßig steil abfällt. Der Wind weht uns immer noch frostig um die Ohren. Um nicht immer wieder in dem losen Tuffgestein zurückzurutschen, haue ich bei jedem Schritt den Schuh ins Geröll, um mit der Fußspitze ein bißchen Halt zu bekommen.

Die Sonne steht nun voll über dem Horizont, die Luft wird wärmer. Nach wie vor ist keine Wolke zu sehen. Auf halbem Weg steht ein Betonklotz, Gedenkstein für die Menschen, die von ihrer Gipfeltour nicht zurückgekehrt sind. Wir bleiben kurz stehen, nachdenklich. Ich richte meinen Blick wieder Richtung Gipfel, der mir unwahrscheinlich nah erscheint. Wir stapfen, den Blick zu Boden gesenkt, langsam und mühsam auf dem Kraterrand nach oben. Noch zwei- oder dreimal bleiben wir stehen, um das im Licht aufblühende Land zu betrachten, aber es zieht uns weiter nach oben. Nach zweieinhalb Stunden, die letzten Reserven mobilisierend, ist der Gipfel, 3726 Meter über dem Meer, erreicht.

Wir sind gebannt von der landschaftlichen Schönheit. Im Osten ragt, verblüffend groß, mit einer beeindruckenden Ausdehnung der Krater des Gunung Tambora empor, und vor uns, an der Küste, liegen die Inseln Gili Lawang und Gili Sulat im spiegelglatten Meer. Im Westen strahlt der Gunung Batur auf Bali

**Warnung:**

Es wird davon abgeraten, den Aufstieg während der Regenzeit zu unternehmen. Allein im Zeitraum von Januar bis April 1997 sind dort acht Menschen ums Leben gekommen. Der Aufstieg bis zum Rim I / Pelawangan I ist möglich, wenn nicht gerade Sturzbäche den Pfad hinunterströmen. Auf jeden Fall wird es eine schlammige Partie, und die rutschigen Wurzeln wird man schnell fürchten lernen. Zum Auf- und Abstieg sollten zwischen 1 und 2½ Std. hinzugerechnet werden.

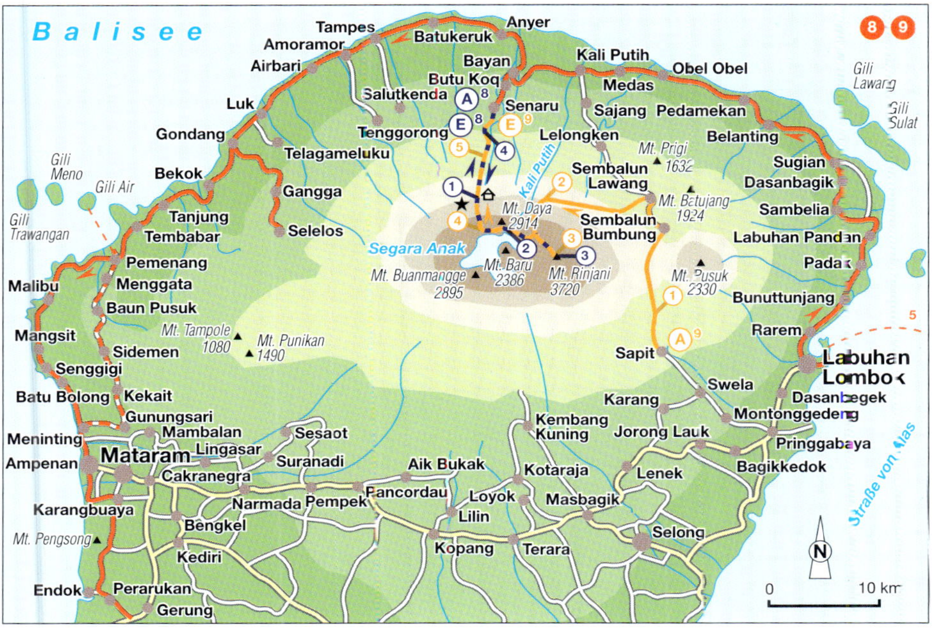

Im fernen Osten erblickt man den gewaltigen Kraterrand des G. Tambora auf Sumbawa.

## Nützliche Hinweise:

**Anreise / Rückreise:** Vom Busbahnhof in *Sweta* (einen Kilometer von Cakranegara entfernt) verkehren öffentliche Busse bis *Bayan* im Norden Lomboks. Von dort fahren Bemos, Kleinbusse, nach **Batu Koq** und **Senaru**. Die Fahrt für die 90 km dauert zwischen 2,5–3 Std.
**Unterkunft:** In beiden Orten sind Losmen vorhanden, oft mit wunderschönem Blick über die fruchtbare Ebene bis hin zum Meer.
**Ausrüstung:** Zusätzliche Ausrüstung, wie Zelt, Schlafsack und Isomatte, können vor Ort ausgeliehen werden. In der Hauptsaison sind die Trekkingutensilien aber oft vergriffen. Aufgund der zunehmenden Holzknappheit Kocher mitnehmen!
**Träger:** Oft bieten sich Einheimische als Träger und Koch an, ein willkommener Luxus. Es ist in jedem Fall sinnvoll, Träger aus dem Dorf zu engagieren, da sie ortskundiger und durch die dörfliche Integration gewissenhafter sind. Zum anderen gewinnt ein solch strukturschwacher Raum durch das Zusatzeinkommen für junge Leute an Attraktivität und kann die Abwanderung vermindern. Pak Mustamin und Pak Sudarman waren mehrmals meine zuverlässigen und gewissenhafte Begleiter, die ich sehr empfehlen kann.
Der Aufstieg von *Sebalun Lawang* (s. Tour 9) gestaltet sich etwas spartanischer, da in diesem Ort die Infrastruktur für die Vulkanbesteigung noch nicht in dem Umfang vorhanden ist wie in Batu Koq und Senaru. Daher ist es ratsam, bei einer Besteigung von Nordosten seine eigene Ausrüstung mitzubringen.

## Verschiedene Trekkingformen:

1. Kauf einer Komplett-Tour in Ampenan / Sengiggi: Drei bis vier Tage, alles inklusive (Ausrüstung, Transport, Verpflegung, Träger), für 130–180 US-Dollar. Z. B. bei Wisma Triguna, größeren Hotels oder Reiseveranstaltern.
2. Organisation durch eines der Losmen in Batu Koq oder Senaru, z. B. Pondok Guru Bakti; Preis pro Person ca. 60–80 DM; Preise abhängig von der Dauer, der zu mietenden Trekkingausrüstung, der Gruppengröße und natürlich des Verhandlungsgeschicks.
3. Eigenständige Durchführung: Kauf der Lebensmittel (am besten in Mataram / Ampenan), eigene Ausrüstung; je nach Kondition engagiert man jeweils für zwei Touristen einen Träger (ca. 10 DM pro Tag). Nicht vergessen, daß die Träger verpflegt werden müssen (Reis, Kretekzigaretten).

in vollem Glanz, und selbst die »Aussteigerinseln« Gili Terawangan, Gili Meno und Gili Air im Nordwesten von Lombok kann man erspähen. Geradezu winzig erscheint mir der See mit dem kleinen Vulkan von hier oben. Bäume sind nur noch als kleine Punkte zu erkennen. Nachdem wir unsere Gipfelfotos geschossen haben, genießen wir völlig erschöpft unseren Gemüsereis. Ich lege mich mit dem Kopf bis an die Abbruchkante, und während ich in die Tiefe blicke, schlafe ich vor Erschöpfung ein. Als ich eine Dreiviertelstunde später wieder aufwache, ziehen langsam Wolken den Berg hinauf. Robert liegt schnarchend in einer Kuhle, seinen riesigen Cowboyhut tief ins Gesicht gezogen. Ich wecke ihn auf, denn bevor die Wolken den oberen schmalen Kamm völlig bedecken und die Gratwanderung durch die schlechte Sicht gefährlich machen, wollen wir wieder in der Nähe von Rim II sein.

Der Rückweg auf dem Kamm bis hinunter zum Fichtenhain geht zügig voran und macht riesigen Spaß. Mit großen Schritten gleiten und rutschen wir auf dem losen Tuffmaterial nach unten. Nach eineinhalb Stunden erreichen wir Rim II, und weitere zwei brauchen wir bis zum See. Völlig ausgetrocknet stürzen wir uns auf das frische Wasser, das uns Mustamin geholt hat, und dann mit voller Montur in den See. Während ich mich im See treiben lasse, blicke ich noch einmal hinauf zum Gipfel. Die Wolken umhüllen bereits den oberen Teil, und ich bin mir schon gar nicht mehr sicher, ob ich wirklich oben war.

### 4. Etappe: Der Rückweg

Wir brechen frühmorgens um 7 Uhr auf, um noch einen freien Blick von Rim I zu bekommen und um nicht in die pralle Vormittagssonne zu geraten. Für den Abstieg benötigen wir, wie beim Aufstieg, zwei Stunden, und erreichen schon um 10:30 Uhr die Hütte bei Pos. III. Dort machen wir eine ausgiebige Mittagspause und sind nach weiteren $2^1/_2$ Stunden in unserem Losmen Guru Bakti.

Von unserer Terrasse, mit einem kühlen Bier in der Hand, blicken wir stolz auf das Vulkanmassiv des Gunung Rinjani, dem Sitz der Götter, deren Ruhe wir hoffentlich nicht allzusehr gestört haben.

**Der Sitz der Götter – das mächtige Zentralmassiv des Rinjani auf der Nordhälfte von Lombok – prägt das Leben der Bevölkerung bis in die heutige Zeit.**

# 9 Vulkantrekking in fünf Etappen
# Rinjani-Überschreitung

Es hat einen ganz besonderen Reiz, einen Berg zu überschreiten, da die Wege nicht doppelt gegangen werden müssen und man ganz einfach mehr sieht und erlebt. In diesem Fall ist zu beachten, daß das Gepäck zum neuen Ankunftsort gebracht werden und der Rücktransport der Träger bzw. Führer geregelt werden muß. Die Tour endet in *Batu Koq*; die letzten beiden Tage sind mit Tour 8 identisch.

### Kurzcharakteristik:

Diese Tour beginnt in *Pesugulan* am Südosthang des Rinjanimassives, etwa 30 km von Labuhan Lombok entfernt, und führt hinüber nach *Batu Koq* auf der nördlichen Seite des Vulkans.
**Beste Jahreszeit:** Mai–September
**Gesamtgehzeit:** 4–5 Tage
**Kartenskizze:** Siehe Seite 101

## 1. Etappe:
## Wanderung ins Knoblauchdorf

Die wichtigsten Lebensmittel werden schon in Ampenan besorgt, da die Auswahl in den kleineren Ortschaften drastisch abnimmt. Auch wenn es mittlerweile eine motorisierte Möglichkeit gibt, von *Pesugulan* nach *Sembalun Lawang* zu gelangen, lohnt es sich, diese traumhaft schöne Strecke zu marschieren. Um das zarte Morgenlicht in seiner vollen Pracht zu genießen, beginnt die Wanderung bereits

**Grandiose Aussicht vom Gipfel des 3726 m hohen Rinjani hinunter in den Krater. Im Hintergrund schimmern schwach die Konturen des Gunung Agung auf Bali.**

im Morgengrauen. Aus dem Dorf heraus sieht man noch vereinzelt Häuser. Ackerland links und rechts neben dem Weg ist vor nicht allzu langer Zeit dem Wald abgerungen worden. Baumstümpfe ragen noch aus dem Boden heraus. Nach einer Stunde wird der Wald zunehmend dichter, und wenig später ist man mit Straße, Wald, Affen und Vögeln alleine. Nach zwei Stunden nimmt die Steigung allmählich zu; die Straße führt nun in Serpentinen auf den Pusuk-Paß. Von hier oben ist der Ausblick grandios. Bis zu den Dörfern Sembalun Bumbung und Sembalun Lawang, die man vom Paß aus sehen kann, geht es bergab. Das weitläufige Tal gehört zu den ertragreichsten Regionen auf Lombok. Hauptanbauprodukte sind Zwiebeln *(bawang merah)* und vor allen Dingen Knoblauch *(bawang puthi)*. Der Ertrag reicht sogar für den Export nach Bali und Java. In etwa zwei Stunden ist man in **Sembalun Lawang,** an dessen nördlichem Ende ein Knoblauchmonument errichtet wurde. Das Homestay Wisma Cemarasu bietet eine einfache Bleibe für die Nacht.

## 2. Etappe: Aufstieg zum Rim II / Pelawangan II

Ab Sembalun Lawang wird ein Führer bzw. Träger benötigt, da gerade im unteren Bereich der richtige Pfad schwer zu finden ist. Schnell sind zwei Stunden vertan, ist man erst einmal auf dem falschen Weg. Was den Aufstieg besonders erschwert, ist die sengende Sonne, da es keinerlei Schatten gibt. Außerdem muß man für zwei Tage Wasser mitnehmen, weil es am Rim II selbst keines gibt!

Am **Rim II,** dem Tagesziel, stellt man das Zelt windgeschützt nahe eines Fichtenhains oder in einer ausgehobenen Mulde unterhalb des Pfades in Richtung See auf. Die Abzweigung ist durch ein Schild gekennzeichnet. Einen Kocher mitzubringen ist hier sehr zu empfehlen, da es nur spärlich Bruchholz gibt.

## 3. Etappe: Gipfelbesteigung

Von diesem Stützpunkt genügt es, um 4 Uhr aufzubrechen. Der Weg verläuft wie in Tour 8, 3. Etappe, beschrieben. Der Rückweg vom Gipfel gestaltet sich entsprechend einfach, solange

**Träger Pak Mustamin beim Aufstieg aus dem Krater.**

die Wetterbedingungen gut sind. Der Weiterweg ist abhängig von der körperlichen Verfassung der Wandernden und dem Wasservorrat. So kann man in luftigen Höhen auf dem Rim II bleiben, oder man nimmt den weiteren Abstieg zum See schon an diesem Tag in Angriff.

## 4. Etappe: Abstieg zum See

Beim Abstieg zum See, der ca. 3 Std. dauert, genießt man noch einmal ein großartiges Panorama. Es bleibt genügend Zeit, sich am See zu erholen. Der Abstieg ist schon in Etappe 4 bei Tour 8 beschrieben. Wer es eilig hat, verzichtet auf das erfrischende Bad und schließt noch den Abstieg nach **Batu Koq** an; die Etappe verlängert sich damit auf etwa 9 Std. Oder man betrachtet ihn als 5. Etappe dieser großartigen Überschreitung.

### Nützliche Hinweise:

**Anreise:** Entweder mit dem Fahrrad oder mit einem Bus von *Sweta* bei Ampenan. Bei Aikmel biegt die Straße nordwärts ab nach Sapit.
**Ausrüstung:** *Sembalun Lawang*, der eigentliche Ausgangsort, ist wesentlich weniger komfortabel als Batu Koq und Senaru. Daher ist es ratsam, seine Ausrüstung komplett mitzubringen.
**Unterkunft:** In Losmen und im Zelt. Siehe Serviceteil.

# III. Sumatra

## ▶ Inselkunde: Das sagenumwobene Sumatra

Sumatra ist mit einer Fläche von 473 600 km² die zweitgrößte Insel Indonesiens und die viertgrößte der Welt. Vierzig Millionen Menschen bevölkern die Insel.

Mit einer max. Breite von 400 km und einer Länge von 1770 km erstreckt sie sich südlich und nördlich des Äquators bis zum 6. Breitengrad. Das Rückgrat Sumatras, das sich an der Westseite von Banda Aceh bis an die südlichste Spitze zieht, ist der innere Faltengebirgszug. Dieser bildete sich vor 10–12 Millionen Jahren im späten Pliozän und ist stark vulkanisch geprägt. Schätzungsweise 65 Vulkane säumen diesen Gebirgszug, von denen etliche heute noch aktiv sind. Diese Gebirgskette, auf Sumatra bis zu 3800 m hoch, zieht sich weiter über Java, Bali, Lombok, Sumbawa bis nach

**Der Tobasee mit der Insel Samosir, die im Hintergrund bis zu 600 m aus dem See herausragt.**

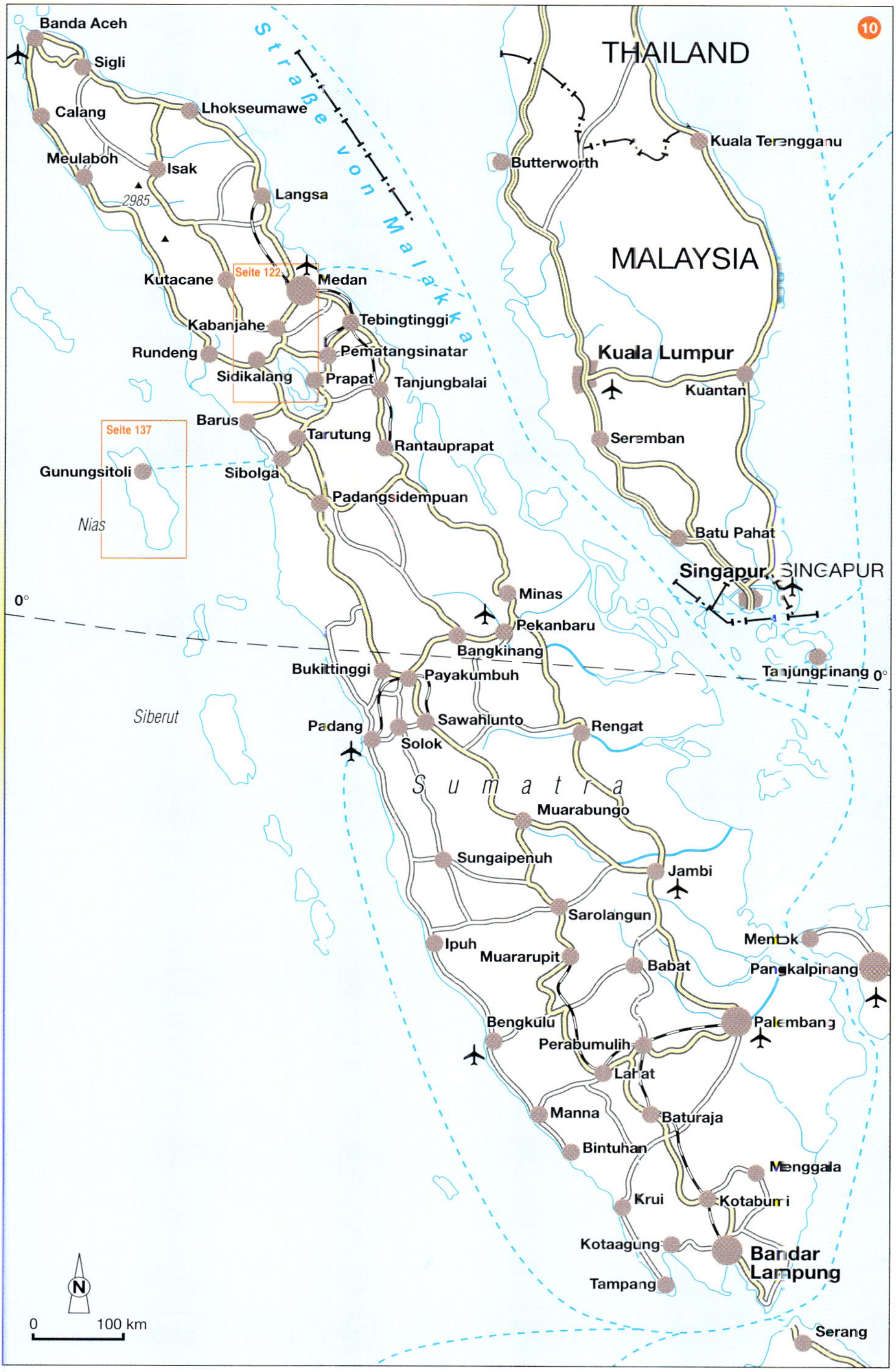
10
THAILAND
MALAYSIA
SINGAPUR
Straße von Malakka
Sumatra
Banda Aceh
Sigli
Calang
Lhokseumawe
Meulaboh
Isak
Langsa
2985
Kutacane
Seite 122
Medan
Kabanjahe
Tebingtinggi
Rundeng
Pematangsinatar
Sidikalang
Prapat
Tanjungbalai
Barus
Seite 137
Tarutung
Rantauprapat
Gunungsitoli
Sibolga
Padangsidempuan
Nias
Butterworth
Kuala Terengganu
Kuala Lumpur
Kuantan
Seremban
Batu Pahat
Singapur
Minas
Pekanbaru
Bangkinang
0°
Bukittinggi
Payakumbuh
Tanjungpinang
Siberut
Padang
Sawahlunto
Solok
Rengat
Muarabungo
Sungaipenuh
Jambi
Sarolangun
Ipuh
Muararupit
Babat
Mentok
Pangkalpinang
Bengkulu
Palembang
Perabumulih
Lahat
Manna
Baturaja
Bintuhan
Menggala
Krui
Kotabumi
Kotaagung
Bandar Lampung
Tampang
Serang
N
0
100 km

## Rafflesia Arnoldi

*Rafflesia Arnoldi* wurde nach ihren europäischen Entdeckern, Sir Stamford Raffles und Joseph Arnold, benannt. Am 20. Mai 1818, tief im Dschungel von Südwest-Sumatra, entdeckten sie die größte und bis heute mysteriöseste Blütenpflanze der Welt. Sie ist purpurrot, hat sechs fleischige Blätter, in der Mitte eine kreisrunde Öffnung und einen Durchmesser bis zu 1,10 m; sie wiegt an die 8 kg. Sie ist eine Schmarotzerpflanze; ihr bekanntester Wirt ist der wilde Wein *Tetrastigma lanceolarium*. In welchem Verhältnis Parasit und Wirtspflanze stehen und wie die Samen in die Rinde des Wirtes kommen, ist noch nicht vollständig geklärt. 27 Monate wächst die Pflanze heran, bis sie dann für vier Tage blüht und danach zu einer schwarzen, schleimigen Masse wird. Während ihrer Blüte verströmt sie einen unangenehm penetranten Verwesungsgeruch, der Unmengen von Fliegen anzieht. Ihr häufigstes Verbreitungsgebiet ist auf Sumatra im Leuser-Nationalpark, in den dichten Wäldern von Bukittinggi und im Kerinci-Park. Um diese faszinierende Blume zu finden, braucht man neben Zeit und Geduld auch eine Portion Glück.

Flores. Der inneren Bergkette steht eine äußere, nicht vulkanische, größtenteils untermeerisch verlaufende gegenüber. Beginnend bei den der Westküste vorgelagerten Inseln Simeulue und Nias bis zur Insel Enggano taucht diese Gebirgskette ab, um mit den Kleinen Sunda-Inseln Sawi und Roti im äußersten Osten Indonesiens wieder aufzutauchen.

Unermeßlich reich an natürlichen Ressourcen, steht Sumatra hinsichtlich des Exportvolumens von Öl, Erdgas, Kohle, Zinn, Bauxit und Edelhölzern an erster Stelle. Durch riesige Plantagen im Norden übertrifft Sumatra auch in Agrarprodukten wie Kautschuk, Palmöl, Tabak, Tee und Kaffee die Produktion der restlichen Inseln. Umgerechnet werden in Sumatra ca. 60 Prozent des Bruttosozialproduktes Indonesiens erwirtschaftet. Der größte Teil der Gewinne fließt ins Zentrum Java. In den vergangenen Jahrzehnten bis Anfang der neunziger Jahre wurde im Vergleich zur wirtschaftlichen Stellung Sumatras nur wenig Geld in den flächendeckenden Ausbau der Infrastruktur gesteckt. So sind auch heute immer wieder Unabhängigkeitsbestrebungen im Gange, die zumindest eine wirtschaftliche Abnabelung von Jakarta fordern.

Durch sechs große Naturschutzparks wird versucht, dem dramatischen Raubbau an Flora und Fauna Einhalt zu gebieten. Die größten Parks sind der *Leuser-*, der *Kerinci-* und der *Barisan-Park*. Hier ist heute noch der Orang-Utan, der »Mensch des Waldes«, sind Tiger, Nashörner, unzählige Affenarten, wie z. B. der Schwarze Gibbon, Vögel, darunter der Paradiesvogel, zu bewundern. Die größte Blume der Welt, *Rafflesia Arnoldi*, verschiedene Orchideenarten, wilder Ingwer gedeihen in den dichten Dschungelgebieten Sumatras. Doch auch ihr Lebensraum wird zunehmend knapper. Siedlungen breiten sich immer weiter in entlegene Waldgebiete aus, und durch das Transmigrationsprogramm werden gezielt große Urwaldgebiete für landwirtschaftliche Nutzung und Siedlung gerodet. Nicht zuletzt werden riesige Areale wegen ihrer wertvollen Teakhölzer geplündert. Mit 4,1 Mio. Tonnen Sperrholz pro Jahr gehört Indonesien weltweit zu den größten Exporteuren.

Sumatra beeindruckt aber auch durch die Vielzahl seiner ethnischen Gruppen. Bei den vier größten Gruppen der insgesamt 14 Ethnien handelt es sich um die Malaien, die Minangkabau, die Acehnesen und die Batak, die sich untereinander noch einmal stark differenzieren. Nicht nur die Hauptethnien unterscheiden sich in Sprache, Kultur und Herkunft, sondern auch die Untergruppen. So z. B. bei den Batak, die sich in sechs Gruppen gliedern, und zwar nach Sprache, Kleidung und Tradition. Dies macht das Reisen auf Sumatra abwechslungsreich und spannend.

**Die Hafenkulisse von Haranggaol. Die großen Satellitenschüsseln sind eines der wichtigsten Statussymbole und bereits in allen Ecken des Archipels zu finden.**

# 10 Dschungeltrekking zu den Orang-Utans
# Von Brastagi durch den Dschungel nach Bukit Lawang

Der Europäer, mit dem Blick durch die Hollywoodbrille, kennt den Urwald aus dem »Dschungelbuch«, mit dem Menschenkind Mogli in Obhut der Tiere, oder Tarzan, der von Liane zu Liane schwingt.
Dschungel – Dichter, Zeichner, Filmer haben den Dschungel benutzt als Synonym für das Ausgeliefertsein an die Natur, für deren Kraft. Dschungel, so die Wissenschaftler, ist ein einzigartiges, sensibles, in sich abgeschlossenes Biosystem.
Die Holzindustrie sieht in jedem prächtigen, jahrhundertealten Stamm eine Geldsäule. Die Landwirtschaft nahm fälschlicherweise an, daß ein Boden, der solch eine Artenvielfalt hervorbringt, unerschöpflich nährstoffreich sein müßte. So war der Urwald für sie nur lästiges Grünzeug, das abgefackelt werden mußte, um Nutzpflanzen zu ziehen. Nur für wenige Menschen ist der Urwald Lebensraum. In Neuguinea sind es die Papua, auf Borneo (Kalimantan) unter anderem die Punan. Diese Menschen leben in dem sensiblen Ökosystem Urwald und sind wohl die einzigen, die es in seiner Komplexität wirklich verstehen.
Wer sich zum ersten Mal auf eine Trekkingtour in den Urwald einläßt, kann nicht erahnen, was ihn erwartet, auch wenn er Fotos betrachtet und Erlebnisberichte gelesen hat. Der Urwald ist krachend laut, er ist dunkel, er ist rein, er spendet Kraft; es zwickt im Urwald, es duftet, es stinkt, es ist schwül, es ist kalt, es juckt, es saugt, der Urwald ist eintönig, er ist beengend, er ist weit, er ist voller Leben, er ist tödlich, eigene Grenzen tun sich auf, Gefühle wallen, Schmerz macht sich breit, Freude – was für ein Erlebnis!

## 1. Etappe: Am Rande des Leuser-Nationalparks

Um uns auf die langen, zum Teil dunklen Märsche durch das Dickicht des Urwaldes vorzubereiten, unternehmen wir eine wunderschöne Wanderung auf den Vulkan Sibayak, der unmittelbar vor den Toren des geschäftigen Brastagi liegt (siehe Tour 11).

Am frühen Morgen sitzen unsere Führer, Ismail und Garsong, mit uns dreien, Oliver, Franka und mir, in einem kleinen Bemo auf dem Weg nach *Kuta Rayat*. Von diesem kleinen Dorf soll die Wanderung nach **Bukit Lawang** beginnen. Nach einer Stunde Fahrt kommt der kleine Wagen nicht mehr weiter. Die Stelle, an der wir aussteigen, so berichtet uns Ismail, sei vor drei Jahren noch dichter Wald gewesen. Jetzt stehen vereinzelt Holzbaracken auf den trostlosen Kuppen; ringsherum liegen Felder. Große schwarze Baumstümpfe, die nicht entfernt wurden, stechen aus den sauber angelegten Feldern heraus. Wegen ständig wachsender Bevölkerung und zunehmendem Bedarf an Grundnahrungsmitteln werden neue Agrarflächen geschaffen, und deshalb hat dieser einzigartige Urwald mit seinen seltenen Tieren zu weichen. Etwa eine halbe Stunde laufen wir an Feldern entlang, bis sich die Vegetation langsam verdichtet. Das Gelände ist hügelig, der Weg windet sich auf und ab. Plötzlich bleibt Ismail stehen und bedeutet uns mit einem Handzeichen, sofort ruhig zu sein. Seine Augen suchen gezielt die hohen Baumkronen ab. Dann zeigt er auf die Spitze eines Baumes. Zunächst sehe ich auf die Entfernung nicht viel mehr als grüne Blätter. Doch da, »Black Gibbons«, flüstert Ismail. Wir haben Glück, überhaupt welche zu Gesicht zu bekommen. Daß sie sich so nah am Waldrand aufhalten liegt daran, daß sie auf der Suche nach Fruchtbäumen sind. Das Gibbongeschrei und das Knacken der Äste begleiten uns noch einige Zeit.

Unser Weg ist zwischen 1,5 und 2 m breit, was durchaus angenehm ist, dadurch bleibt es noch sehr luftig und hell. Nach 2½ Std. erreichen wir einen kleinen Bach, und obwohl wir niemanden hier antreffen, hängt eine komplette Garnitur zum Trocknen auf einer Wäscheleine. Garsong reicht uns zur Erfrischung leckere kleine Passionsfrüchte, die er bereits in Brastagi gekauft hat. Brastagi ist berühmt für seine Passionsfrüchte, aus denen auch wohlschmeckender Sirup gewonnen wird, der in großen Mengen bis nach Malaysia und Thailand exportiert wird. Während wir das Fruchtfleisch aussaugen, bereitet Ismail einen Tabaksud vor. Als er fertig ist, verlangt er unsere Socken, die er in den Sud taucht und danach kräftig auswringt. Franka schaut ihn völlig ungläubig an, und als Ismail ihren fragenden Blick sieht, grinst er breit: »Das machen wir gegen die Blutegel, die sterben nach kurzer Zeit, wenn sie etwas davon aufsaugen.« Tabaksud ist der effektivste Schutz, den ich bisher gegen Blutegel kennengelernt habe. Am Anfang ist das Gehen in den nassen Strümpfen unangenehm, später, wenn bei 32 °C und einer Luftfeuchtigkeit von 90 % ohnehin alles schweißnaß ist, ist das schnell vergessen.

Der Bach stellt die östliche Grenze des Leuser-Nationalparks dar. Jetzt nimmt die Höhe der Bäume deutlich zu, und obwohl die Lehmpiste sich verbreitert, wird es am Boden relativ düster. Es zirpt und schwirrt um uns herum. Ismail zeigt auf einen mächtigen Baum. Langsam wandert unser Blick hinauf, fast endlos hoch ist der Stamm. So ein Mahagonibaum kann bis zu 800 Jahre alt werden. Und nur eine knappe Stunde dauert es, bis ein solcher Riese gefällt ist, schießt es mir durch den Kopf. Berge ausgehobener Erde türmen sich auf dem Weg; auf der rechten Seite sieht es so aus, als würde ein Graben ausgehoben. Auch soll ein neues PHPA-Büro in dieser Region und

## Kurzcharakteristik

Die beschriebene Dschungeltour führt von *Brastagi* nach *Bohorok* und *Bukit Lawang*. Die Tour dauert drei Tage und zwei Nächte. Das erste Nachtquartier ist in einem kleinen Dorf, das völlig abgeschieden im Tal zwischen zwei mit undurchdringlichem Wald bewachsenen Berghängen liegt. Für die zweite Übernachtung gewährt ein alter Veteran Einlaß in sein bescheidenes Heim. Dies steht am Rande des unbewohnbaren Dschungels, hoch auf einer Bergkuppe. Obwohl man nur drei Tage unterwegs ist und abends ein Dach über dem Kopf hat, ist diese Tour anstrengend und eine Herausforderung. Die Strapazen, die auf den Trekker zukommen, sind beachtlich, aber die Erlebnisse und Erfahrungen, die er im Urwald sammeln kann, sind jede Anstrengung wert.
**Kartenskizze:** Siehe Seite 122

**Noch auf breiten Pfaden führt der Weg immer tiefer in dichten Dschungel.**

**In Bukit Lawang hängt eine Orang-Utan-Mutter seelenruhig vor meinem Zimmer im Geäst und bildet eine Schaukel für ihr Junges.**

## Leuser-Nationalpark – Heimat der Orang-Utans

Als eines der abwechslungsreichsten und ausgedehntesten Primärwaldgebiete Südostasiens erstreckt sich der Nationalpark Gunung Leuser über eine Fläche von knapp 9500 km$^2$ und bietet ein vielschichtiges Spektrum verschiedener Lebensräume. Die Landschaftsvielfalt dieses 1980 eingerichteten Nationalparks reicht vom Küsten- und Tieflandregenwald über den Bergregenwald und Nebelwald bis hinauf zu den kargen Berggipfeln nichtvulkanischer Berge, z. B. des Gunung Leuser. Dieser ist mit seiner stattlichen Höhe von 3381 m zweithöchster Berg Sumatras. Hier sind seltene, vom Aussterben bedrohte Tiere beheimatet. Tiger, Elefanten sowie das seltene Sumatranashorn und der Sonnenbär haben in diesem Park ein Refugium gefunden. Unter den 313 registrierten Vogelarten sind zwei besondere Exoten: der Argusfasan und der Nashornvogel.

Primaten wird man mit Sicherheit hören oder sogar sehen können. Hier sind zu nennen der Weißhandgibbon, der Schwarze Gibbon, der Schlankaffe, wegen seiner Punkfrisur auch Thomas-Leaf-Affe genannt, der Siamang, der Schweinsaffe, verschiedene Makkakenarten und der Menschenaffe Orang-Utan, der nur in den (feuchten) Wäldern Borneos und eben Sumatras vorkommt. Sein Name stammt aus dem Malaiischen und bedeutet soviel wie Mensch des Waldes. Fossile Funde belegen, daß er einst sogar in Java und China gelebt hat. Männliche Orang-Utans werden bis zu 100 kg schwer. Weibchen hingegen sind wesentlich zierlicher und erreichen ein Körpergewicht von max. 50 kg. Trotz ihrer Größe und ihres beträchtlichen Gewichtes schwingen und turnen Orang-Utans agil durch die Baumkronen. Sie haben eine hohe Lebenserwartung von 30–35 Jahren, die Fortpflanzungsrate dagegen ist niedrig. Mit zehn Jahren wird ein Weibchen geschlechtsreif. Das hilflose Orang-Utan-Junge bleibt zwischen vier und zehn Jahre bei seiner Mutter. Diese bekommt im Durchschnitt alle sechs Jahre ein neues Junges. Der einzige Feind dieses für Menschen harmlosen Tieres ist der Mensch. Durch den Kahlschlag großer Waldgebiete nimmt man den Affen ihren Lebensraum. Außerdem wurden in der Vergangenheit gezielt Weibchen geschossen, um deren Junge zu fangen und zu verkaufen. Die Nachfrage nach Jungtieren war ausgesprochen hoch, da der Besitz eines Orang-Utans in Südostasien als hohes Statussymbol gilt. Aus diesem Grund wurde 1973 ein Orang-Utan-Rehabilitationszentrum errichtet. Nach viel Öffentlichkeitsarbeit und langen Diskussionen waren Privatleute bereit, ihre Tiere abzutreten. In der Schule werden aus der Gefangenschaft entlassene Orang-Utans wieder an ein Leben in freier Wildbahn gewöhnt. Die Station befindet sich in *Bukit Lawang*. Will man sie besichtigen, muß man zunächst eine Eintrittsgenehmigung bei der PHPA-Naturschutzbehörde besorgen. Von dort läuft man zwei Kilometer auf der rechten Seite des Flusses *Landat* stromaufwärts. In einer leichten Flußbiegung liegt auf der gegenüberliegenden Seite die Station. Zweimal täglich, um 8 Uhr sowie um 15 Uhr, schippern die Ranger Besucher hinüber. Hier bekommt jeder mit Sicherheit einige dieser anmutigen »Waldmenschen« zu Gesicht.

möglichst dicht am Wald errichtet werden, wie unserer Führer weiß. Ich frage mich nur, weshalb dafür eine so breite Schneise in den Primärwald geschlagen werden muß, denn die Straße hat sich mittlerweile auf gut sechs Meter verbreitert. Wenig später sehen wir einen mächtigen Bagger an der Arbeit. Es stinkt nach Auspuffgasen und Benzin. Es bleibt zu hoffen, daß das nicht der Anfang vom Ende dieser »grünen Hölle« ist!

Wegen der breiten Einfuhrschneise und der meterhoch aufgeschütteten Erde kann Ismail zunächst den Pfad in den Dschungel nicht finden. Die vier Stunden bis hierher waren ein reiner Spaziergang im Vergleich zu dem, was uns nun erwartet. Wir steigen eine sechs Meter lange, fast senkrechte Böschung hinunter. Mir kommt es so vor, als würden wir eine Luke öffnen, hinuntersteigen und die Luke hinter uns wieder schließen. Wir stehen inmitten des dichten Urwalds. Es ist beträchtlich kühler, die Luftfeuchtigkeit aber bei fast 100 %. Die Stämme der kleinwüchsigen Bäume sind rutschig. Alle Blätter, Pflanzenstengel, Äste, Pilze, Schlingpflanzen und der mit dichtem Laub bedeckte Boden scheinen feucht und naß, obwohl es nicht geregnet hat. Während wir im Dickicht stehen und auf Garsong warten, der die Nachhut bildet, traue ich meinen Augen nicht. Vom Laub und den bodennahen Blättern züngeln unzählige Blutegel nach meinen Schuhen und Hosenbeinen. Gierig ziehen sie ihren Körper in die Länge; während sie sich mit einem Ende am Blatt festhalten, sucht das andere Ende nach dem leckeren Opfer. Der Kopf greift blitzschnell zu, gleichzeitig läßt das hintere Ende los. Die großen, etwa drei Zentimeter langen Egel sind am ehesten zu ent-

**Dem dunklen, tiefen Dschungel entronnen, lädt die kleine, helle Lichtung entlang eines Baches zu einer Pause ein.**

**Die erbarmungslose Würgerfeige hat ihr Opfer fest umschlossen. Bis der innere Baum abgestorben ist, sind die Wurzeln der Würgerfeige stark genug, die Baumkrone eigenständig zu halten.**

decken und zu entfernen, die kleinen, bindfadendünnen sind jedoch die, die einem das Leben schwer machen. Sie schlüpfen durch die Löcher der Schnürsenkel und pulen sich durch die Strümpfe durch. Manche starten ihren Weg nach oben und suchen sich ein Plätzchen am Bauch oder am Rücken. Nachdem sie sich vollgesaugt haben, fallen sie gesättigt ab. Wer nicht so lange warten möchte, kann die Biester gleich nach dem Biß problemlos abziehen. Sind sie schon länger angesaugt, hilft Tabaksud, Salzlauge oder eine brennende Zigarette. Damit das Blut des Wirtes nicht gerinnt, wird vom Egel ein gerinnungshemmendes Mittel abgesondert, das dazu führt, daß die Wunde lange weiterblutet. Ist keine Medizin griffbereit, nimmt man Tabak und drückt diesen fest auf die Wunde. Nach spätestens drei bis fünf Minuten ist das Blut gestillt.

Wir gehen dicht hinter Ismail her, der sich durch das Gehölz seinen Weg sucht. Prächtige Nestfarne, die zu den Epiphyten zählen, gedeihen über uns an und auf den Baumstämmen. Diese Pflanze benutzt ihren Wirt nur als Träger. Ihre Nährstoffe zieht sie aus verfaulendem organischem Material wie Blättern, die vom Blätterkranz des Nestfarns aufgefangen und verwertet werden. Wenig später lichtet sich der Wald ein wenig, die Bodendecker nehmen ab, und gigantisch hohe Feigenbäume, die sich auf riesige Brettwurzeln stützen, beeindrucken uns durch ihre Gestalt. Auf diese Schönheiten und bizarren Formen kann man sich nur konzentrieren, wenn man stehenbleibt. Ansonsten ist der Blick meist auf den Boden gerichtet, immer bedacht, sicheren Tritt zu fassen und nicht hängenzubleiben.

Die letzte Dreiviertelstunde geht es im dichten Unterholz steil bergab. Hier muß es geregnet haben, alles ist naß, und jeder Schritt wird zu einem rutschigen Wagnis. Kleinere Bäume und Büschel dienen als »Steighilfe« beim Herabsteigen steiler, felsiger Hänge. Nach vier Stunden erreichen wir das Tal. Nun führt uns Ismail über die Dämme zwischen Reisfeldern. Ringsum liegt alles in weißem Dunst. Wir sind so stark erhitzt, daß Dampfschwaden von unseren Körpern aufsteigen. Im Dorf werden wir begrüßt, als hätten wir uns telefonisch angekündigt, dabei gibt es hier nicht einmal Strom. Zum ersehnten Bad gehen wir in Gummischlappen an verschiedenen Fischteichen vorbei, Frauen oberhalb, Männer unterhalb des Flußlaufes. Man badet in etwa 2 m tiefen Senken. Das klare, kalte Wasser wird vom Fluß abgezweigt und fließt durch ein überstehendes, hohles Bambusrohr in die Senke. Am Abflußende der Senke liegt ein Brett über dem Fluß. Dies ist die Toilette der männlichen Dorfbewohner, da in den Häusern keine sanitären Anlagen eingerichtet sind. Nur zwei der Häuser haben eine Wasserleitung. Auf den Holzplanken eines Gemeinschaftszimmers rücken wir in der Nacht eng zusammen, da es besonders in den Morgenstunden noch einmal merklich abkühlt.

## 2. Etappe:
## Durch unberührten Dschungel

Als wir am Morgen das Tal durchqueren, dauert es keine zwanzig Minuten, bis uns unter der lachenden Sonne der Schweiß aus allen Poren rinnt. Ich bin richtiggehend froh, als wir unter das schattenspendende Pflanzendach kommen. Doch was wir gestern hinabgestiegen sind, müssen wir heute auf der gegenüberliegenden Seite in westlicher Richtung hinaufhangeln. Der Weg ist schlammig, denn es hat geregnet, und obendrein ist er ausgetreten, weil er bis zu einer Kochstelle für den nahrhaften roten Zucker *(gula merah)* viel von Lastpferden begangen wird. Ohrenbetäubend laut knattern Zikaden ihr Morgenständchen. Als mir Garsong eine an einem Baumstamm sitzende Zikade zeigt, kann ich nicht fassen, wie ein sieben Zentimeter kleines Tier einen solchen Krach veranstalten kann.

Nach 1 1/2 Std. auf dem Bergrücken angekommen, kühlt uns eine leichte Brise. Die heutige Etappe würde länger dauern als die gestrige, dafür sei das Unterholz weniger dicht, so daß es sich etwas angenehmer laufen ließe, beruhigt uns Ismail mit einem Lächeln auf den Lippen. Wir sehen hier im Dschungel beeindruckende Exemplare der Würgerfeige. Sie ist eine »Killerpflanze«; ein Baum, der von ihr befallen ist, hat kaum eine Überlebenschance. Die Samen des Ficus werden meist durch Vögel verbreitet. Er fällt in die Kronen hoher Bäume, dies können Mahagoni, Teak oder Dipterokarpazeen sein. Völlig genügsam wächst die Pflanze in der Baumkrone heran und schickt ihre Wurzeln dem nährstoffreichen Erdboden entgegen. Haben die Luftwurzeln erst einmal Fuß gefaßt, gibt es für den Baum kein Entrinnen mehr. Der Name Würgerfeige kommt wohl daher, daß man früher annahm, sie würde ihrem Wirt mit den mächtigen, immer dicker werdenden Wurzeln die Luft zum Atmen nehmen. Der Ficus tötet seinen Wirt jedoch, indem er ihn vollkommen vom Sonnen-

**Laut der Auskunft unseres Führers handelt es sich bei den in Reihe und in gleichen Abständen angelegten Knoten um Eier eines Insektes.**

licht abschirmt, wodurch ihm die Möglichkeit zur Photosynthese, zur Ernährung also, geraubt wird. Der Wirtsbaum verfault und vermodert, bis nur noch der mächtige »Würger« stehenbleibt.

Während wir auf den Boden schauen, um keine Hindernisse zu übersehen, hält Ismail an und deutet an einem toten Baum auf eine dicke, braune Ausbuchtung in 15 m Höhe: Nest von Millionen Termiten. Obwohl Termiten äußerlich den Ameisen ähneln, gehören sie nicht zu den Hautflüglern, sondern zur Überordnung der Schabenartigen. Sie spielen eine bedeutende Rolle in der Nahrungskette und sind unersetzlich im Prozeß der Zersetzung von organischem Material. Ismail ist gerade dabei, uns wilden Ingwer zu zeigen, als ich im Bruchteil einer Sekunde vier schmerzhafte Stiche an Stirn, Hals, Bauch und Rücken verspüre. Durch diese Stechattacke völlig erschrocken, fuchtle ich wild um mich. Sofort ist Ismail herbeigeeilt, wirft einen flüchtigen Blick auf die Einstiche und mustert die nahestehenden Pflanzen. Dann reißt er einer Pflanze einige Blätter ab, zerkaut sie kurz und preßt mir die kleinen Klumpen auf die roten Stiche. Der beißende Schmerz läßt rasch nach, und ich bewundere Ismails natürliche Hausapotheke. Nach etwa sechs Stunden Marsch kommen wir zu dem beeindruckendsten Brettwurzelbaum, den wir auf dieser Strecke sehen. Die einzelnen Wurzelbretter, die sternförmig vom Stamm herabwachsen, sind über zwei Meter hoch. Seinen Umfang schätze ich auf 8–10 m. Leider ist es fast stockfinster, so daß keines der Gruppenfotos mit einer Wurzel als Hintergrund gelingt. Der freie Vorhof des Baumes lädt zunächst zu einer Rast ein, doch das Überangebot an Blutegeln schreckt uns wirkungsvoll ab.

Mittlerweile ist es drei Uhr nachmittags, und es sind noch mindestens drei Stunden zu gehen. Da keiner von uns Lust verspürt, im Dunkeln herumzuirren, beschleunigen wir unseren Schritt. An einer Stelle verliert sogar Ismail den Weg. Garsong, der bis dahin immer souverän im Hintergrund agiert hat, übernimmt nun die Führung, bis wir wieder auf dem richtigen Pfad sind.

Die Grenze zwischen Urwald und dem zwei Meter hohen Alang-Alang-Gras könnte schärfer nicht sein. So, wie wir durch die Luke eingestiegen sind, verlassen wir den Dschungel durch eine unsichtbare Tür. Wie durch einen grünen Tunnel folgen wir dem Pfad, der durch das hohe Gras führt, und da besonders Schlangen sich hier gerne aufhalten, ist mir während der Durchquerung nicht ganz wohl in meiner Haut. Doch das einzige, was uns kurz aufhält, ist das riesige Netz einer wunderschönen gelbschwarz gestreiften Spinne, *Nephila maculata*. Sie hat ihr Netz genau über dem Pfad an den kräftigen Gräsern links und rechts befestigt. Ismail agiert wie die meisten Urwaldmenschen nach dem Motto »leben und leben lassen«. So kriechen wir unter dem Kunstwerk durch und erreichen völlig verdreckt und erschöpft die spartanische Hütte von Pak Jumari, dem alten, ausgedienten Soldaten. Dieser ist an verdreckte Ausländer gewöhnt, und sein breites Lachen, als wir uns mit letzter Kraft die Schuhe ausziehen, entblößt seine letzten zwei Schneidezähne.

Als wir zum Bad schreiten, nieselt es. Zwei Badestellen hat Jumari zu bieten, nicht getrennt nach Geschlechtern, denn das spielt hier keine Rolle mehr, sondern entsprechend der persönlichen Bedürfnisse und vorhandenen Kräfte. Rechts hinter seiner auf 80 cm hohen Stelzen stehenden Hütte geht es steil hinab zu einem klaren, kalten Fluß. Fünf Minuten später und durch zwei Ausrutscher nun völlig verdreckt, kommen wir in dem Flußbett an. Wir sind umgeben von wildem Grün, die Luft ist ganz erfüllt vom Rauschen des Flusses. Waschen kann kaum schöner sein. Die zweite Badestelle ist wesentlich näher und führt von der Vorderseite der Hütte rechts über einige Stufen den Hügel hinunter. Dort fließt ein kleiner Bach, aus dem man Wasser schöpfen kann. Am unteren Ende der Badestelle liegt wieder ein Brett quer über den Bach zur Verrichtung der Notdurft.

Zurück in der Hütte, ziehen wir unsere trockene Garnitur an, die fest in Plastiktüten eingewickelt ist, um vor plötzlichen Regenfällen im Urwald geschützt zu sein. Die Hütte besteht aus zwei großen Räumen, einem

Kochraum und einem Vorzimmer, wo Jumari mit Frau und Kindern schläft. Der Boden besteht aus gevierteilten Bambuslatten, die sehr stabil und durch die hohe Elastizität zudem sehr angenehm zum Sitzen und Liegen sind. Nach dem pikanten Abendessen dauert es nicht lange, bis wir unserer Müdigkeit erliegen und einschlafen.

## 3. Etappe:
## Auf dem Weg nach Bukit Lawang

Im Halbschlaf vernehme ich zwei merkwürdige Geräusche. Das erste klingt sehr hell und prasselnd, in schneller Abfolge wird es laut-leise-stumm, immer wieder. Das andere klingt dumpf, als würde Holz auf Holz stoßen, gleichmäßig und langsam. Weil es aber noch dunkel ist, kümmere ich mich nicht um das, was außerhalb der Hütte stattfindet, und schlafe wieder ein. Jumaris Frau lacht, als ich ihr nach dem Aufstehen von den Geräuschen berichte; sie hat, wie es alle Indonesierinnen tun, den Reis von Steinen und leeren Hülsen gereinigt. Dies geschieht in einem runden, einen Meter breiten, geflochtenen, an den Rändern hochgezogenen Bastteller. Etwa ein Kilo Reis wird auf den Teller gestreut und wie beim luftigen Wenden eines Pfannkuchens hochgeschleudert. So wird die Spreu vom Reis getrennt. Steine werden später mit der Hand ausgelesen. Das dumpfe Geräusch entstand durch das Zerstampfen des Reises in einem Holzblock, in dessen Mitte eine Kuhle ist, worin der Reis liegt. All diese Vorbereitungen dienen dem Frühstück, wofür die gute Frau regelmäßig um 5 Uhr aufsteht.

Auf der letzten Etappe müssen wir etwa 6–7 Std. Marsch einplanen. Zu Beginn gehen wir auf einem Pfad, nach gut 1½ Stunden erreichen wir das erste Dorf, von wo ein sichtbarer Weg weiterführt. Die Coca-Cola-Flasche ist schon seit längerem bis in die entlegensten Winkel dieser Erde gedrungen. An der Peripherie des Urwaldes wird das Sinnbild des

Kurz vor Marike tun wir es den Kindern gleich und springen in die kühlen Fluten eines Flusses.

## Tourenprofil: Von Brastagi nach Bukit Lawang

| Strecke / Ort | | Höhe in m | Gehzeit in Std. | Entfernung in km | Bemerkungen |
|---|---|---|---|---|---|
| Start | Kuta Rayat | 1200 | – | – | – |
| 1. Etappe | Pama Semeler | 950 | 6–8 | 15–16 | Anfangs gut zu laufen, danach sehr unzugänglich und bergig |
| 2. Etappe | Rumah Jumari | 1000 | 7–9 | 14–15 | Ursprünglicher Dschungel, zwei zu überwindende Bergkämme |
| 3. Etappe | Marike | 800 | 6–7 | 12–13 | Bis zu Dorf Marike, von dort mit dem Bus nach Bukit Lawang |

»American way of life« mit Motorrädern flaschenweise angeliefert. Obwohl das Getränk hier auch nicht mehr kostet als in der Stadt, ist es, angesichts der geringen Kaufkraft der Dorfbewohner, verhältnismäßig teuer. Als wir auf die Bretterbude zusteuern, die als Dorfkneipe fungiert, höre ich moderne Discorhythmen, was in dieser Abgeschiedenheit stutzig macht. Tief hinten im Raum der Kneipe flimmert ein Fernseher, und rechts oben im Bildschirm erscheint das Logo des Musiksenders M-TV. Es ist erst vier Monate her, daß eine Stromleitung in dieses Dorf verlegt wurde, und schon hat sich unser Wirt eine Satellitenschüssel gekauft. Jetzt sitzen Kinder und Jugendliche vor dem Bildschirm und schauen sich alles an, was es nur zu sehen gibt. Da sie das Fernsehen als realen und objektiven Informationslieferanten betrachten, stellen sie sich die westliche Welt so vor, wie es ihnen in Hollywood-Filmen vorgegaukelt wird. Das führt zu gewissen Auswüchsen, etwa, wenn junge Männer meinen, es sei im Westen üblich, Frauen mit eindeutigen Angeboten zu konfrontieren, und das nachmachen. In manchen Filmproduktionen wird besonders die blonde Frau als Sexbesessene dargestellt, der man als Mann nur seine Bereitschaft signalisieren muß, um sofort mit ihr ins Bett steigen zu können.

Bis nach *Marike,* unserem Zielort, sind es noch weitere 4 1/2 Std. Von dort gibt es dann einen unregelmäßigen Kleinbusverkehr nach *Bukit Lawang*. Zügig gehen wir die Strecke nach Marike. Es kommen keine nennenswerten Steigungen mehr vor, und der Weg wird zunehmend breiter. Nach wie vor wird hier jedoch der Warenverkehr mit dem Motorrad abgewickelt. Wir haben noch das Glück, einen Orang-Utan zu sehen, der mit lautem Krachen in einem dichten Baum verschwindet. In einigen Dörfern am Weg bekommen wir sogenannte Schweinsaffen zu Gesicht. Sie leben in Gefangenschaft und sind von den Bewohnern dressiert worden, auf Anweisung gezielt die Kokosnüsse von den Palmen zu holen. Die vielen Hunde, die uns in den Dörfern auffallen, dienen als Schutz vor diebischen Affen, die sich gerne an den Vorräten zu schaffen machen. Das letzte Stück des Weges führt endlos stangengerade dahin.

**Marike** ist ein Ort mit Steinhäusern, vielen Geschäften und protzigen Satellitenschüsseln auf den Dächern. Linker Hand geht es in die Stadt hinein. Nach dreißig Metern erreicht man eine Kreuzung, auf deren linker Seite sich ein Eckrestaurant befindet. Aus dem einzigen Kühlschrank in der Umgebung bekommt man eisgekühlte Getränke, das Essen ist gut, aber feurig scharf. Nach rechts sind es 9 km bis zur Hauptstraße von Medan nach Bohorok. Wir fahren von Marike aus mit einem Kleinbus nach *Bukit Lawang*, wo wir 1 1/2 Std. später eintreffen. Bukit Lawang war früher ein kleines, verschlafenes Nest. Das ursprünglich rein islamische Dorf ist heute Sitz der bekannten Orang-Utan-Rehabilitationsstation und ein Urlaubsziel von Wochenend-, Rucksack- und Pauschaltouristen. Nach den Strapazen und Entbehrungen im Dschungel ist ein wenig westlicher Luxus ausgesprochen angenehm.

## Nützliche Hinweise

Man sollte eine Tour durch den Dschungel keinesfalls auf eigene Faust durchführen. Zum einen sind vor und hinter dem Kerngebiet, also dem unbewohnten Regenwald, viele verschiedene Trampelpfade und Abzweigungen, so daß man sich schnell verlaufen kann. Im Kerngebiet des Waldes mag die Hauptrichtung als ein zu erahnender Pfad vorgegeben sein, dieser wird von einem Laien aber in der Regel nicht als solcher wahrgenommen. Zum anderen muß jedem bewußt sein, daß dort Gefahren lauern, die man nicht einzuschätzen vermag bzw. mit denen wir nicht umzugehen wissen. Daraus wird ersichtlich, daß es lebenswichtig sein kann, sich von einem Einheimischen führen zu lassen, der neben dem Weg auch die Tücken des Urwaldes zu beherrschen versteht. Viele indonesische Jugendliche, oft aus weit entfernten Regionen, werden durch das vermeintlich lockere und freizügige Leben der Touristen und den Reiz des schnellen Geldes in die »Trekkingdörfer« gelockt, nach Bukit Lawang, Brastagi und Kutacane, oder auch in das entferntere Tuk Tuk am Tobasee. Sie bieten sich als Führer durch den Dschungel an, obwohl sie vielleicht erst ein- oder zweimal bei einer Führung dabei waren. In Notfällen können die Folgen dramatisch sein!

Die Naturschutzbehörde bildet Dschungelführer aus, ein erster Schritt in die richtige Richtung. Jedoch bleibt zu bezweifeln, ob die Qualität der Führer damit entscheidend verbessert wird, bedenkt man, daß Vorschriften in Indonesien oft sehr locker gehandhabt werden. Wer ist also ein gewissenhafter und zuverlässiger Führer, und wie finde ich ihn?

Zunächst sollte die Person Ihnen auf Anhieb sympathisch sein, denn Sie werden drei Tage oder länger mit ihr zusammen verbringen. Fragen Sie:
- nach Herkunft und Alter;
- nach der Zahl der Führungen, die er schon geleitet hat;
- nach den Gebieten, in denen er sich auskennt;
- verlangen Sie eine genaue Tourenbeschreibung!
- Bestehen Sie darauf, daß maximal drei Trekker auf einen Führer kommen!

Je mehr Sie über den Führer in Erfahrung bringen, desto sicherer wird die Entscheidung ausfallen!

Wer ganz sicher gehen möchte, bucht eine solche Tour bei einem Outdoorunternehmen. Diese Touren sind zwar teuer, aber man bleibt mit hoher Wahrscheinlichkeit vor bösen Überraschungen gefeit; zum anderen sind diese Organisationen gut ausgerüstet, so daß bei einem Unfall schneller Hilfe geholt werden kann.

**Einige Adressen, um Führer bzw. detaillierte Informationen zu bekommen:**
*Bukit Lawang:* Direkt bei der Naturschutzbehörde PHPA. Sie bietet verschiedene Touren an und stellt Führer, oft Ranger, die mit dieser Tätigkeit ihr mageres Monatsgehalt aufbessern.

*Brastagi:* 1) Wisma Ikut, Jl. Gundaling, Tel.: (06 28) 91 17 1. Losmen im holländischen Kolonialstil. Die Unterkunft ist auf einem kleinen Hügel gelegen. Die Zimmer sind denkbar einfach, aber der Blick morgens von der Terrasse ist wunderschön. Dort ist Ismail Lubis, ein sehr fähiger Führer, anzutreffen. Er hat Dschungeltouren bis zu einer Länge von acht Tagen im Repertoire. Sollte er nicht anzutreffen sein, helfen Sinata, Garsong, Protes und Darius gerne weiter.

2) P.T. Almindo, Tour and Travel; the adventure specialist; Mr. J.L. Rostello. Haus: Torang Inn, Lt. 4 / Jl. Veteran 8 / Brastagi 22 15 1, Tel.: (06 28) 9 11 49 oder 9 19 66. Dieses Unternehmen wird von einem Schweizer geleitet.

*Kutacane:* Dies ist das eigentliche Tor zum Leuser-Nationalpark. Um Trekkingtouren im Leuser-Nationalpark durchzuführen, benötigt man eine Erlaubnis von der PHPA in Tanah Merah, das, Richtung Blangkejeren, mit dem Bemo 15 Minuten von Kutacane entfernt ist.

*Medan:* Edelweiss, Jl. Irian Barat 47–49, Tel.: (0 61) 51 72 97, 53 08 63; veranstaltet Dschungeltrekking, Rafting auf dem Alas sowie Tauchgänge. Hier ist man in Händen von Profis. Eine Rafting-Expedition von 5 bis 7 Tagen mit Übernachtung in Zelten inmitten unberührter Wildnis kostet ca. 500 US-Dollar.

# 11 Tagestour vor den Toren Brastagis
# Die Besteigung des Gunung Sibayak

Die Tour beginnt in Brastagi (1300 m) im Land der Karo Batak. Schon die holländischen Plantagenverwalter schätzten das erholsame Klima und die bezaubernde Landschaft. Die Besteigung des 2170 m hohen Vulkans Sibayak gehört zu einfacheren und dennoch wunderschönen Erlebnissen in Nordsumatra. Beeindruckend ist die Fernsicht über die dichten Bergwälder nach Nordwesten. Bizarr die Landschaft um den scharfkantigen, zackigen Kraterrand mit seinen gelben, schwefelhaltigen Austrittslöchern und seinen kolossalen Felsformationen.

**Kurzcharakteristik:**

Einfache Wanderung auf einen aktiven Vulkan. Gut zur Vorbereitung auf längere und anstrengendere Wanderungen geeignet. Ein absolut lohnender Ausflug für jeden aktiven Reisenden.

**Beste Jahreszeit:** April–September

**Gesamtgehzeit:** Tagestour

**Kartenskizze:** Siehe Seite 122

## Aufbruch im zarten Morgennebel

Vom Sibayak Multinational Guesthouse, einer kleinen Pension mit einer traumhaft schönen Gartenanlage, wandern wir los. Es geht links die Straße hinauf. Nach wenigen Metern erreichen wir eine landwirtschaftlich genutzte Ebene. In der frischen Luft hängt ein intensiver Zwiebelgeruch, der von einigen Feldern aufsteigt. Daneben wachsen Karotten, Kohl und Schnittlauch. Zwei Frauen sitzen am Straßenrand und waschen die geernteten Karotten, die in der Morgensonne orangegold glühen. Die kühle Luft, das Gemüse, die Nadelbäume, die unzähligen Blumen und das frische Grün ringsherum machen es uns schwer zu glauben, daß wir uns nur knapp 350 km nördlich des Äquators befinden. Die Straße macht eine Rechtskurve, während auf der linken Seite ein schlammiger Pfad in dichtes Grün abbiegt. Dieser führt hinauf bis zum Gipfel. Nach 100 m erreicht man einen kleinen Bretterverschlag, der als Kassenhäuschen fungiert, sollte jemand zum Kassieren anwesend sein.

Der folgende Anstieg ist einfach zu bewältigen. Eine 2,5 m breite Piste, die zum Teil mit Steinen grob gepflastert ist, schlängelt sich an dichtem Bergwald vorbei. Nach einer halben Stunde vernehmen wir ein schweres Dröhnen. Zunächst vermute ich, es sei der Vulkan. Darius aus dem Wisma Ikut, der mit unterwegs ist, klärt mich auf. Es handelt sich um ein geothermisches Kraftwerk, das weiter nordöstlich am Fuße des Vulkans arbeitet. An einer Stelle ist eine kleine Lichtung im Dickicht. Von hier ist es möglich, tief in das enge Tal und auf die gegenüberliegenden, dicht bewachsenen Berghänge zu schauen. Einige besonders hohe Urwaldriesen ragen weit über die grüne Blätterkuppel hinaus, Bärte von Flechten wehen an ihren kahlen Ästen. Tief unten im engen Tal steigen schneeweiße Wolken zischend empor – das Kraftwerk. Schmetterlinge in farbiger Vielfalt begleiten uns. Streckenweise führt der Weg abwärts, nur um danach noch einmal kräftig anzusteigen. Nach 2½ Std. erreichen wir eine kahlgeschlagene Fläche. Hier beginnen nun Treppen und ein betonierter schmaler Weg bis ca. 50 m unterhalb des Kraterrandes. Nach 10 Min. Marsch riechen die Schwefelfahnen, die an unseren Nasen vorüberziehen, immer intensiver. Kurz darauf erblicken wir gelbe, schwefelhaltige Austrittslöcher, denen heißer Dampf zischend entweicht. Über scharfkantiges Lavagestein müssen die letzten Meter bewältigt werden. Bizarre Gesteinsformationen treten an der Kraterseite hervor. Ein Teil der linken Kraterwand ragt 200 m senkrecht in den Himmel, über den Rand hinaus, und läuft am oberen Ende spitz zu. Der Kraterboden ist topfeben und oft mit Regenwasser bedeckt. Besucher, die die etwa 60 m auf den Kraterboden hinuntergeklettert sind, haben sich dort mit ihren Namenszügen, aus Steinen ausgelegt, verewigt; mir erscheint es nicht nachahmenswert, den Weg nach unten anzutreten.

**Eine halbe Stunde bevor man den Krater erreicht, riecht es bereits nach Schwefel. Knallig gelb leuchtet das Lavagestein an den Stellen, wo heiße Luft aus dem Erdinnern ausströmt.**

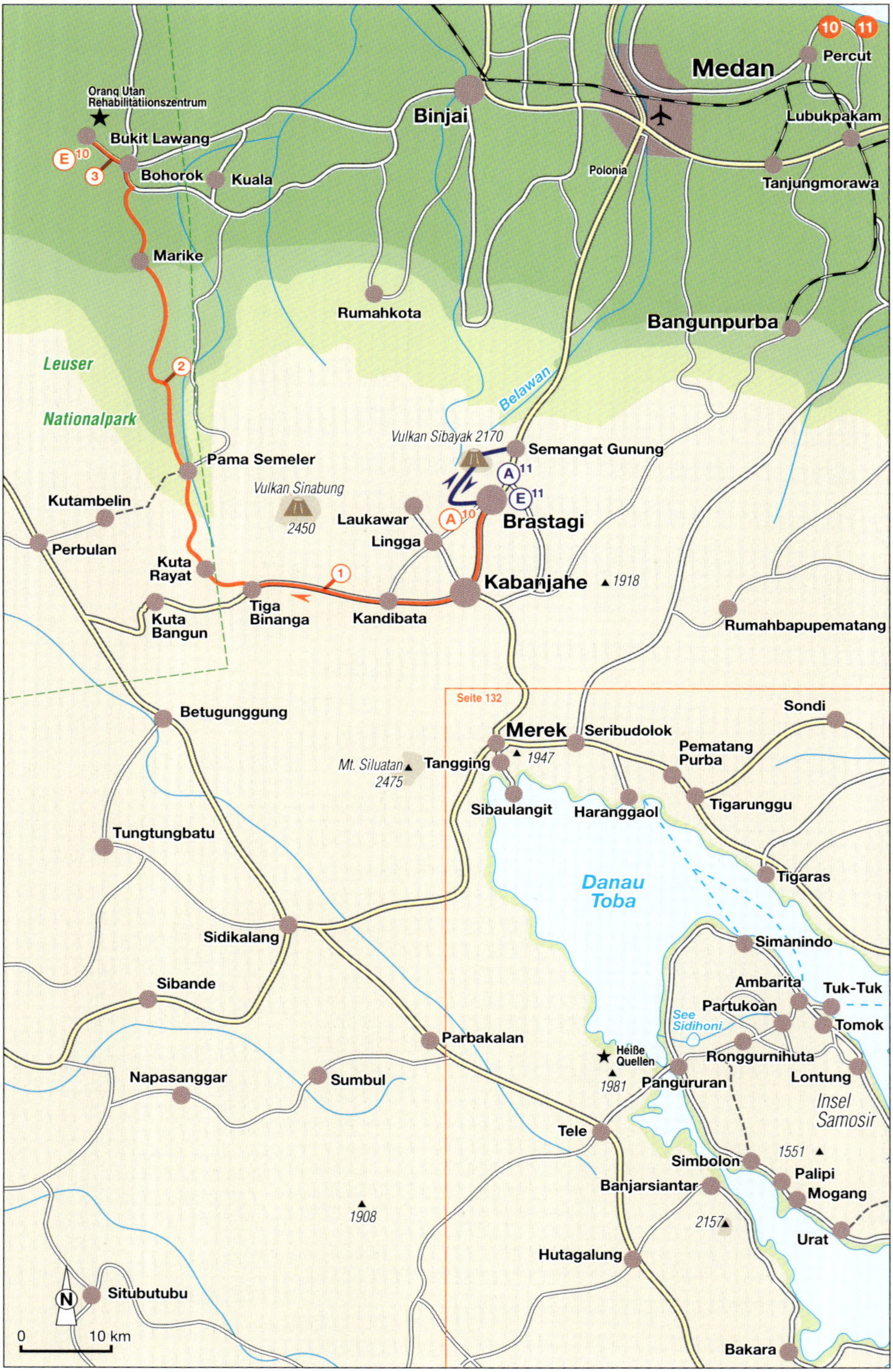

Medan
Percut
Binjai
Lubukpakam
Tanjungmorawa
Polonia
Orang Utan Rehabilitatiionszentrum
Bukit Lawang
Bohorok
Kuala
Marike
Rumahkota
Bangunpurba
Leuser
Nationalpark
Belawan
Vulkan Sibayak 2170
Semangat Gunung
Pama Semeler
Vulkan Sinabung
2450
Kutambelin
Laukawar
Brastagi
Lingga
Perbulan
Kuta Rayat
Kabanjahe
1918
Kuta Bangun
Tiga Binanga
Kandibata
Rumahbapupematang
Seite 132
Sondi
Betugunggung
Merek
Seribudolok
Pematang Purba
Mt. Siluatan
2475
Tangging
1947
Sibaulangit
Haranggaol
Tigarunggu
Tungtungbatu
Danau Toba
Tigaras
Sidikalang
Simanindo
Ambarita
Tuk-Tuk
Sibande
See Sidihoni
Partukoan
Tomok
Parbakalan
Heiße Quellen
Ronggurnihuta
Napasanggar
Sumbul
1981
Pangururan
Lontung
Insel Samosir
Tele
1551
Simbolon
Palipi
Banjarsiantar
Mogang
1908
2157
Urat
Hutagalung
Situbutubu
N
0
10 km
Bakara

**Majestätisch wächst das Vulkanmassiv des 2170 m hohen Gunung Sibayak aus der Karo-Hochebene empor.**

Rechts, am Kraterrand entlang, gehen wir auf die gegenüberliegende Seite. Dort gibt es eine Hütte, die sicheren Wind- und Regenschutz bietet. Es ist ausgesprochen windig und kalt, oft regnet es, Regenbekleidung sollte man daher keinesfalls vergessen. Ist man rechtzeitig auf dem Gipfel, das heißt vor 10 Uhr, und sind die Wolken noch nicht bis auf 2170 m hinaufgestiegen, dann ist der weite Blick auf das schimmernde Grün der Karo-Hochebene überwältigend.

Wir gehen nicht zur Hütte, sondern einen Pfad nach rechts hinauf auf den äußeren Kraterrand. Man steht nun dem steilen, 200 m hohen inneren Kraterrand gegenüber. Auf dem äußeren Kraterrand geht es links auf einem schmalen Felsrücken weiter nach oben. Für diesen Aufstieg sollte man aber schwindelfrei sein. Hält man sich dagegen leicht nach rechts und steigt hinab, kommt man wenig später an eine rutschige Treppe, die hinunter nach **Semangat Gunung** führt, das spätestens nach 1,5 Std. erreicht wird. Dort gibt es heiße Quellen, die wohltuend auf unsere angespannte Muskulatur einwirken. Mit einem Bemo fahren wir am Nachmittag zurück nach Brastagi.

## Nützliche Hinweise

Diese Besteigung kann bedenkenlos ohne Führer durchgeführt werden. Eine ebenfalls interessante Tour ist die auf den Gunung Sinabung, der mit 2450 m höher ist als der Gunung Sibayak. Hierfür braucht man allerdings einen ortskundigen Führer, da zu viele verschiedene kleine Trampelpfade in die Irre führen und es auf schmalen Pfaden durch den Bergwald geht. Informationen und Führer sind im Wisma Ikut und im Wisma Sibayak zu bekommen.
**Anreise:** Von *Medan* siehe Serviceteil. Von *Prapat* mit dem Kleinbus über Pemantang Purba und Kabanjahe nach *Brastagi*.
**Ausrüstung:** Festes Schuhwerk, Regenjacke, leichter Pulli, Wasser, Wegzehrung.

# 12 Im Land der Toba Batak

# Die Halbinsel Samosir

Zum Wandern und Trekken sind die Landschaft und das Klima um den *Danau Toba* geradezu geschaffen. Dieser größte Kratersee Südostasiens liegt auf 900 m Meereshöhe und weist ein sehr angenehmes, mildes Klima auf. Das Wasser des bis zu 520 m tiefen Sees ist glasklar und hat Trinkwasserqualität. Die Halbinsel *Samosir*, so groß wie Singapur, erhebt sich bis zu 750 m über den See und bietet dem Trekker außer saftigen Weideflächen, Pinienwäldern und Eukalyptushainen auch dichten Regenwald. Neben den landschaftlichen Reizen ist die Begegnung mit den stolzen Batak, ihrer Religion und ihrer Architektur die faszinierendste Attraktion auf Nordsumatra.

### Kurzcharakteristik

Idealer Einstieg, das Trekking in den Tropen zu erproben. Das ausgewogene Klima, das abwechslungsreiche Relief mit Höhenunterschieden bis zu 700 m, die immer noch lebendige Kultur der Batak sowie große kulturelle Schauplätze machen das Wandern hier so reizvoll.
**Beste Reisezeit:** Ideal sind die Monate von April bis September.
**Gesamtgehzeit:** 6 Tage (Variationsmöglichkeiten von 2–10 Tagen)
**Kartenskizze:** Siehe Seite 132

## Die Anreise

Die Anfahrt von Medan nach Prapat ist wahrhaftig kein Vergnügen, doch historisch äußerst interessant. Die monotone Landschaft ist Relikt der europäischen Kolonialgeschichte. Schier endlos sind die Kautschuk- und Ölbaumplantagen, die javanische und chinesische Zwangsarbeiter für die niederländischen Kolonialherren anlegen mußten. Die Straße, Teil des Trans-Sumatra-Highway, ist in sehr gutem Zustand, was die Fahrer dazu beflügelt, ihre »Rostlauben« auf Höchstgeschwindigkeit zu treten. Nach einer Stunde Fahrt hat man den Hitzekessel Medan hinter sich gelassen, es wird frischer, ist aber immer noch drückend warm. Erst hinter Pematang Siantar spürt man die klare, frische Hochlandluft. Eine halbe Stunde vor *Prapat* ist zum ersten Mal ein Blick auf den See möglich. Als wir die Ablegestelle erreichen, ist gerade Samstagsmarkt. Die Sinne werden von neuen Eindrücken überflutet. Es riecht nach Fisch, Obst, Metall, Abgasen, Blumen, Seeluft; ein leuchtendes Farbenmeer überwältigt das Auge: Handtücher, bunte Plastikbecher in allen Variationen, rote, grüne Chilis, *rambutan,* die braune Schlangenfrucht *salak* und vieles mehr. Die Überfahrt auf die Insel dauert eine halbe Stunde.

Eine der stilvollsten und ältesten Unterkünfte auf Tuk-Tuk Ni Asu, was wörtlich Hundehalbinsel bedeutet, ist das »Carolina«, wo wir unsere Sechstagetour um die Insel beginnen. Gegen Nachmittag ziehen riesig hohe Cumuluswolken über den äußeren Kraterrand herauf, und der Wind fegt immer stärker über den See. Schlagartig erlischt die Farbenpracht dieser Landschaft, es wird bedrohlich dunkel. Der sonst so blaue, klare See verwandelt sich in ein tobendes, schwarzes Meer. Noch bevor der Regen einsetzt, wirbelt eine Windhose dicht an Tomok vorbei nach Süden.

## 1. Etappe: Auf den Spuren der Vergangenheit

Unser erstes Tagesziel ist **Lontung** in südlicher Richtung, direkt unterhalb der steil herausragenden Bergkette, die sich auf der Ostseite Samosirs von Nord nach Süd erstreckt. Die Sippe der Lontung, die vor der Jahrhundertwende Fremden eher mißtrauisch gegenüberstand, hätte die Expedition des Freiherrn Joachim Brenner, der hier 1887 als einer der ersten Europäer war, beinahe tödlich beendet. Brenner und sein Gefolge waren mit einer Solu, einem Einbaum, von Ambarita aus in See gestochen, um über Lontung in Richtung Balige zu fahren. Wir hingegen wandern am Seeufer entlang nach Süden.

Heute morgen strahlt alles wieder in prächtigen Farben, die Luft ist rein und mild, der See spiegelglatt, als könnte nichts diese Harmonie zerstören. Wir brechen schon um 7 Uhr auf,

**Daß die Toba Batak überwiegend dem christlichen Glauben anhängen, ist dem deutschen Missionar L. Nommensen zuzuschreiben, dessen Verdienste hier noch immer gewürdigt werden.**

um die Vorteile des Morgens, die Kühle, die Ruhe zu nutzen. Schon kurz nachdem wir die mit Losmen reichlich bestückte Halbinsel verlassen haben, passieren wir das eigentliche Dorf *Tuk-Tuk*.

Mittlerweile gibt es neben den traditionellen Häusern auch preiswertere Ziegelhäuser, doch die Grundstruktur des Dorfes, jeweils drei bis vier sich gegenüberstehende Häuser, hat sich erhalten. Auch der festungsartige Erdwall um das Dorf ist an einigen Stellen noch zu erkennen. Der flach ansteigende Uferstreifen wird nach wie vor für den Reisanbau genutzt, zwischendrin einmal unterbrochen, um touristische Unterkünfte direkt in Seenähe zu errichten. Bizarr: der Blick auf die 700 m über Seehöhe herausragende Bergkette, und im Vordergrund weiche, sanfte Grashügel, auf denen Wasserbüffel weiden und bunte Wäsche zum Trocknen ausgelegt wird. Auf den Hügeln stehen vereinzelt kleine Häuschen unterschiedlicher Form, aber immer mit einem Kreuz versehen. Es handelt sich dabei um die Gräber der Batak. Entsprechend dem Wohlstand einer Familie unterscheiden sich diese in Größe, Form und Pracht. Die zwei- bis dreigeschossigen Grabterrassen werden von den vielen Hunden gerne als Sonnenterrasse genutzt. Die Gräber passen sich sichtlich dem Zeitgeist an. So findet man Nachbauten der Batakhäuser, Schiffe, Fische, auch Pyramiden, mal aus Stein oder Mauerwerk, dekoriert mit Fliesen oder in poppig leuchtender Farbe. Eines der bekanntesten und bedeutendsten Gräber ist wohl das des Königs Sidabutar in Tomok. Inmitten eines Hains uralter, mächtiger Hariara-Bäume stehen gehauene Steintröge, die die Schädel verstorbener Stammesfürsten enthalten. Der Steinsarkophag des Königs Sidabutar stammt aus dem 18. Jahrhundert. Neben den schlichten Steinsarggräbern der christianisierten Nachfahren des Königs findet man hinter einem der Hariara-Bäume eine archaische Figurengruppe, bestehend aus König, Königin, Priester und Wasserbüffel. Im Schatten der Bäume setzen wir uns bei diesem Grab nieder und lassen die Atmosphäre auf uns wirken. Da es erst kurz nach acht Uhr ist, genießen wir ganz ungestört die Stimmung an diesem eindrucksvollen Ort, einem letzten Relikt aus der Blütezeit der Batak-Kultur. Mit unserer Ruhe ist es jedoch bald vorbei, da Tomok auch ein Anlaufziel für Pauschaltouristen ist. Nachdem wir uns in einem der Restaurants gestärkt haben, wandern wir weiter in Richtung Süden.

Zunächst passieren wir den Ablegeplatz der einzigen Fähre, die hauptsächlich beladene Holztransporter aus dem Inselinneren auf das Festland übersetzt. 700 m hinter dem Grab des Königs führt eine staubige Piste nach rechts auf die Bergkette, geradeaus führt eine schmale Straße entlang des Sees nach Lontung. Mittags begleiten uns Schulkinder, die jeden Tag ihre 10 km zur Schule laufen. Am Ortseingang von **Lontung** hört die Straße auf. Hier ist auch ein kleiner Warung, in dem starker, süßer Kaffee serviert wird; sicherlich kann man hier auch eine einfache Mahlzeit bekommen.

## 2. Etappe: Anstieg auf das Plateau

Bevor die Sonne aufgeht, wecken uns kläffende Hunde und das Scheppern von Töpfen in der Küche. Kaum habe ich die Augen geöffnet, fangen sie zu brennen und zu tränen an. Das Haus ist komplett verqualmt, da gerade das Feuer für das Frühstück angeschürt wird. Die Familie, bei der wir untergekommen sind, fühlt sich geehrt durch unseren Besuch und gibt sich sichtlich Mühe, uns zu verwöhnen. Das Frühstück besteht aus Kochbananen und süßem Tee. Mit einem Gastgeschenk bedanken wir uns bei der Hausfrau und brechen gegen halb acht auf. Damit wir den Trampelpfad, der die Bergkette hinaufführt, nicht ewig suchen müssen, begleitet uns der älteste Sohn noch ein Stück des Weges. Er ist 22 Jahre alt, ein kräftiger Bursche, zurückhaltend, aber doch neugierig, und er möchte möglichst viel über uns erfahren. Seine tiefschwarzen Augen und sein kantiges Gesicht geben ihm einen geheimnisvollen Ausdruck, und ich muß daran denken, in welch lebensbedrohende Situation die Batak den Freiherrn Brenner vor 110 Jahren genau an diesem Ort gebracht haben.

Der Aufstieg ist mühsam und schweißtreibend, aber der Blick über den See, die Reisfelder und die geschwungenen Dächer der traditionellen Häuser ist atemberaubend. Ebenso das Tempo, mit dem die Bäuerinnen und Kinder diesen Hang samt ihren Lasten hinauf und hinunter gehen. Pinien, Tannen und ein Wasserfall, dessen Grollen wir schon lange gehört haben, bestimmen im oberen Viertel das Landschaftsbild.

Nach gut zwei Stunden erreichen wir eine Straße und das *kampung Tapahan*. Wir wandern auf der Straße in Richtung *Onan Runggu*. Diese alte Asphaltstraße ist kaum frequentiert und bietet eine grandiose Sicht über den Kratersee. Hier oben wird uns das Ausmaß des Vulkanausbruchs bewußt, der vor 75 000 Jahren diesen Krater geschaffen hat. Bei der gewaltigen Explosion entleerte sich die unterirdische Magmakammer, und die auf ihr lastenden Gesteinsschichten brachen in sich zusammen, so daß ein riesiges Kraterloch entstand, das sich über die Jahrtausende mit Wasser füllte – der Tobasee. Samosir entstand erst 35 000 Jahre später, als bei einer erneuten Explosion eine alte Scholle von unten heraufgepreßt wurde. Betrachtet man den Bodenhorizont, so entdeckt man in fast 1400 m Meereshöhe mächtige Kalkschichten, die durch Ablagerungen auf dem Seeboden vor der zweiten Erhebung entstanden sind.

Nach 2 km führt eine Straße nach rechts ins Inselinnere. Direkt an dieser kleinen Kreuzung steht eine Bretterbude, die sowohl als Wohnraum, Küche, Schlafzimmer und Warung dient. Das kleine Einkaufslädchen einer jungen Frau, die ihr Baby mit einem Batiktuch auf den Rücken gebunden hat, bietet kaum Auswahl. Doch ein paar Plätzchen, Kretekzigaretten und Kaffee kaufen wir bei ihr als weitere Gastgeschenke auf unserem Weg.

Nach wenigen Metern endet die Straße und verwandelt sich in einen breiten Weg, der später an einigen Stellen zu einem Trampelpfad verkümmert. Entlang der Strecke sind immer wieder kleine Häusergruppen zu sehen. Im Dorf *Pananggangan*, das etwas größer ist, gibt es eine Grundschule. Auf einem großen freien Platz vor der Schule treffen wir einen Lehrer, der sich ausgesprochen darüber freut, in dieser Gegend Touristen anzutreffen, so daß er uns gleich zu sich nach Hause einlädt.

**Der Wasserbüffel – Kerbau – ist im ganzen Archipel als der »indonesische Traktor« bekannt und wird aufgrund seines friedfertigen Gemütes von den Kindern wie ein Haustier behandelt.**

Bei einer Tasse echten Samosir-Kaffees erzählt er uns, daß das Leben hier oben sehr hart und trist sei. Der Boden ist wenig fruchtbar, es gibt nicht genügend frisches Wasser, keine medizinische Versorgung, und wenn man Produkte aus der Stadt will, so sind deren Preise sehr hoch. Jugendliche, die sich mit der Situation nicht einfach abfinden wollen, so erzählt er, verlassen das Dorf, um bei Tuk Tuk oder in den Städten ein angenehmeres Leben mit mehr Perspektive zu beginnen. Seine Einladung, in seinem bescheidenen Haus, das er als Lehrer von der Regierung gestellt bekommt, zu übernachten, nehmen wir dankend an.

## 3. Etappe: Der Schmetterlingstag

Es ist strahlend blauer Himmel, als wir uns am nächsten Morgen von der Lehrersfamilie verabschieden. Bunt ist die Blumenpracht, die sich uns heute zeigt. Immer wieder flattern große, farbenfrohe Schmetterlinge an uns vorbei. Fasziniert bleiben wir vor dem Kelch einer fleischfressenden Pflanze stehen, die am Wegesrand wächst. Die Batak nennen diese Pflanze Tahultahul, wir bezeichnen sie als Kannenpflanze, wissenschaftlich *Nepenthes maxima*. Der Weg erinnert mich an einigen Stellen an Pflasterstraßen aus der Römerzeit allerdings sind diese hier wesentlich schmaler. Wir wandern vorbei an schönen kleinen Sippendörfern mit fünf, sechs Batakhäusern. Dieser Teil der Insel ist sehr hügelig, und so können wir einige Male, wenn wir gerade auf einem der vielen Buckel angelangt sind, einen schönen Blick auf den See erhaschen. Schon gegen Mittag erreichen wir **Urat**. Nachdem wir uns eine Übernachtungsmöglichkeit besorgt haben, stürzen wir uns in den kühlen, erfrischenden See, begleitet von einer Schar Kinder und einigen jungen Männern, die dieses seltene Schauspiel lachend mitverfolgen. Da es in den meisten Häusern weder Bad noch Toilette gibt, waschen wir uns, wie hier üblich, mit Badebekleidung im See.

Ein altes Ehepaar gewährt uns diese Nacht Unterkunft. Ihr Haus sei groß, beteuern sie, und da die Kinder alle ausgeflogen sind, stünden die meisten Zimmer leer. Dennoch spielt sich alles in ihrem Wohnzimmer ab. Als wir ihnen erzählen, daß wir Brüder sind, freuen sie sich noch mehr über unseren Besuch. Um 22 Uhr rollt der Hausvater im Wohnzimmer zwei große Bastmatten aus, jeder bekommt ein Kopfkissen und eine Decke, und so schla-

Indonesierinnen beim Waschen der Wäsche.

Neben der Straße finden wir einige Exemplare der fleischfressenden Pflanze Nepenthes oder, wie sie die Batak nennen, Tahultahul.

fen Ehepaar und Brüder kurze Zeit später gemeinsam ein.

Am nächsten Morgen beschließen wir, noch einen Tag zu bleiben. Mit dem Hausvater gehen wir nach dem Frühstück zum See. Auf dem Weg zeigt er uns seine Reis- und Zwiebelfelder, seine Enten- und, mit besonderem Stolz, seine Goldfischzucht. Seit Ende der achtziger Jahre werden am See Goldfische als Speisefische gezüchtet. In großen Reusen, ca. 20 m vom Ufer entfernt und über Holzplanken zu erreichen, werden Fische gehalten. Die Fischzucht dient hauptsächlich dem Export in die umliegenden Regionen, nur in zweiter Linie dem Eigenbedarf. Da Tiere immer lebend auf den Märkten ankommen müssen, gestaltet sich der Transport der Fische nicht ganz einfach. Die große Nachfrage nach dieser etwas grätenreichen Spezialität treibt die Zahl der Fischzüchter in die Höhe. Früher, so berichtet uns der alte Mann, sei er noch jeden Tag mit seinem Einbaum hinausgefahren, um seine Fangreusen, die er im See ausgelegt hatte, zu kontrollieren. Der Bestand der Seefische sei aber drastisch dezimiert worden, so daß heute nicht einmal mehr der Eigenbedarf gedeckt werden kann.

## 4. Etappe: Am Ufer entlang nach Simbolon

Am frühen Morgen ziehen wir weiter. Unsere Gastgeber haben uns noch sehr ans Herz gelegt, sie wieder zu besuchen, sollten wir noch einmal in ihre Gegend kommen.

Die 13 km am See entlang in Richtung *Pangguruan* sind weniger abwechslungsreich. Auf einer Straße mit wenig Verkehr läßt es sich zügig wandern, die Kraterkulisse gegenüber vor Augen. Überall dort, wo der See zum Baden einlädt, schwimmen leider die Fischreusen für die Goldfischzucht. Die Strecke ist am besten am frühen Morgen oder am Nachmittag zu bewältigen, da es in der Mittagssonne ausgesprochen heiß wird. In **Simbolon** machen wir Quartier.

## 5. Etappe: Zum See Sidihoni

Kurz hinter dem Dorf Simbolon kommt man an ein großes, in der Trockenzeit fast ausgetrocknetes Flußbett mit einer Stahlbrücke. Fünfzig Meter hinter der Brücke, noch vor der ersten Kurve, biegt ein etwa 1,5 m breiter Weg nach rechts ab. Dieser schlängelt sich 11 km bergauf, über Reisterrassen und Weideflächen, vorbei an einzelnen Gehöften bis an die

**Das Wasser des bis zu 520 m tiefen Kratersees ist glasklar und hat Trinkwasserqualität. Für Wanderungen ist das Klima in 900 m ideal geeignet.**

**Ein unbekanntes Steingrab eines angesehenen Batak. Dieses Grab ist bei Simbolon auf dem Hinterhof eines Hauses zu finden.**

Hauptverbindungsstraße. Nachdem wir auf die alte Asphaltstraße von Pangguruan nach Tomok und Onan Rungu treffen, sind es noch 700 m nach rechts bis *Ronggurnihuta* oder linker Hand hinunter zum 7 km entfernten See *Sidihoni*. Die Vorstellung, an einem See, der auf einer Insel, die ihrerseits in einem Kratersee auf einer Insel liegt, zu übernachten, erscheint uns reizvoll. Nach 1½ Std. erreichen wir kurz vor Sonnenuntergang unser Ziel. Der Sidihoni ist ein kleiner See, dessen Ausdehnung stark von den Regenfällen abhängt; zum Zeitpunkt unserer Wanderung ist er etwa 250 m lang und 150 m breit. Bei Wenny's homestay finden wir eine sehr bescheidene Unterkunft für die Nacht. Ausnahmsweise trinken wir hier nicht einmal das abgekochte Wasser; es kommt aus dem See, in dem gewaschen, Motorräder geputzt, Toilette verrichtet wird, und der zudem Tummelplatz der Wasserbüffel ist. Meist hat die Familie einen kleinen Vorrat an Softdrinks und Wasser und manchmal sogar ein warmes Bier im Haus.

## 6. Etappe: Über die weite Hochebene nach Partokoan

Auf dem Plateau bewegt man sich zwischen 1400 und 1500 m über dem Meer. Das Klima in dieser Höhe ist ideal für den Kaffeeanbau. Kaffee ist das »Haupt-cash-crop-Produkt«, also die wichtigste landwirtschaftliche Ware dieser Gegend. Immer wieder kommen wir auf der Wanderung an größeren oder kleineren Parzellen vorbei. Etwa 200 m vor *Ronggurnihuta* geht es vor einer großen Wasserstelle links auf einen breiten Feldweg in Richtung *Partukoan*. Die Landschaft in diesem Abschnitt erinnert an europäische Aufforstungsgebiete mit ihren Monokulturen. Fichte, Pinie und Eukalyptus sind hier vorherrschend. Bis in den nördlichen Teil der Insel reichte früher der dichte, sehr artenreiche Mischwald. Das Holz wird hauptsächlich für den Hausbau und eine Papierfabrik in der Nähe von Balige verwendet. Schweift der Blick in die Ferne, prägen quadratisch angelegte Waldflächen unterschiedlicher Pflanzungsperioden das Bild.

Nach einer halben Stunde macht die Piste eine scharfe Kurve nach links, hier besteht die Möglichkeit, auf einem Feldweg abzukürzen. Der Weg verläuft entlang einer Stromleitung, vorbei an sehr ursprünglichen, aber armen Dörfern.

Bei genauem Betrachten der Dörfer ist ihre festungsartige Anlage nicht zu übersehen. Früher waren diese Wehrdörfer von hohen Erdwällen und Bambuszäunen umgeben, ein Schutz vor feindlichen Sippen. Eintritt gewährten schmale Eingangspforten. Ein Dorf bestand aus sechs bis sieben Häusern und einem größeren *sopo*-Haus, der Wohnstätte der Ältesten. Die Häuser stehen sich noch heute in zwei Reihen gegenüber, in der Mitte der rechteckige Dorfplatz.

Später gelangen wir auf eine offene Grasfläche. Der Pfad gabelt sich hier; um nach **Partukoan** zu gelangen, wandern wir linker Hand weiter. Der Fußpfad mündet in eine breite Piste, die eigens für die schweren Holztransporter gedacht ist. Unter dem schützenden Blätterdach ist es angenehm zu wandern, was sich schlagartig ändert, als wir eine halbe Stunde vor Partukoan einen sehr trostlosen abgeholzten Landstrich durchschreiten. Am Zielort angelangt, finden wir lediglich drei spartanische Häuser vor. Allerdings bieten zwei Familien Bewirtung und Übernachtung. Sie leben von den hier eher seltenen Touristen sowie vom Anbau und Verkauf von Kaffee und Passionsfrüchten.

## 7. Etappe: Atemberaubender Abstieg nach Ambarita

Unweit der Häuser tauchen wir, auf einem deutlich sichtbaren Pfad, in sehr dichten, kühlen Mischwald ein. Nach zwanzig Minuten überqueren wir eine der breiten Holztransporterpisten, um auf der anderen Seite in einem Pinienwald weiterzugehen. Dieser wandelt sich

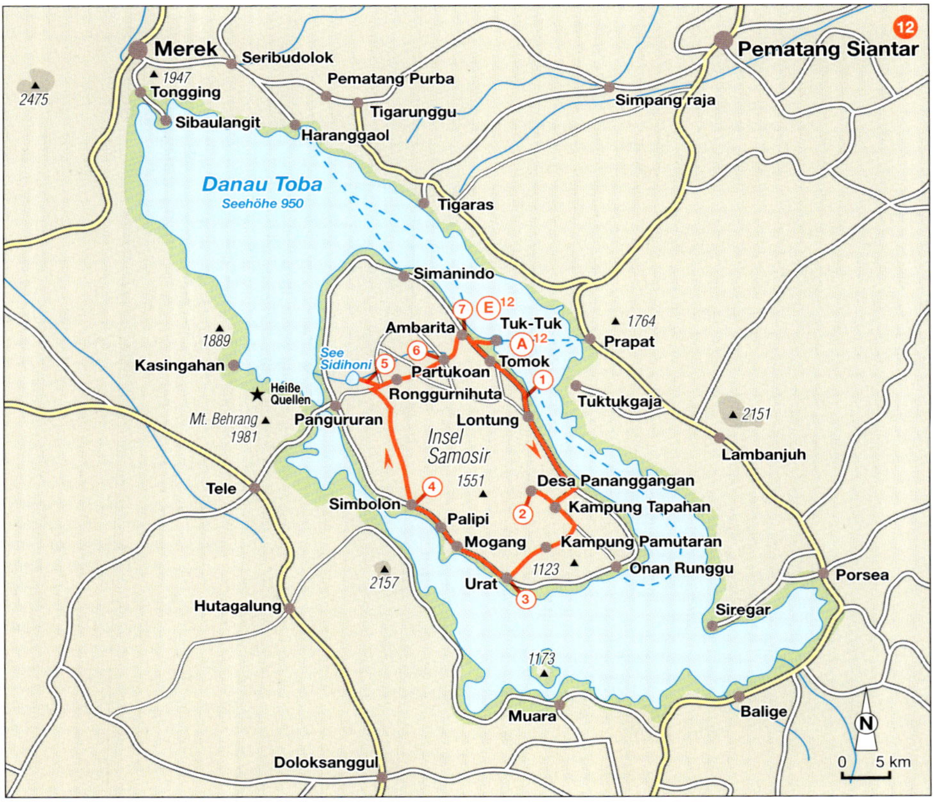

**Aufgrund der aufwendigen Baukonstruktion und der hohen Material- und Arbeitskosten werden die traditionellen Batakhäuser zunehmend von Häusern in modernem Baustil abgelöst. So sieht man oft niedrige, ebenerdige Häuser mit Blechdach neben den traditionellen Bauwerken auf Pfählen.**

## Die Batakhäuser

In der Architektur der Batakhäuser gibt es, wiewohl regionale Unterschiede existieren, identische, allen Häusern gemeinsame Merkmale. So werden die Häuser vollständig aus Holz gebaut, ohne Verwendung von Nägeln oder Schrauben. In der Anlage der Batakhäuser spiegelt sich der Glaube an die kosmische Trinität von Ober-, Mittel- und unterer Welt wider. Alle traditionellen Häuser werden auf Pfähle von ein bis eineinhalb Meter Höhe gebaut, was der unteren Welt entspricht. Dieser freie Platz dient den Haustieren wie Schwein, Kerbau, Hühnern, Hunden als Stall, und heute dient er auch als Garage für Fahrräder und Motorräder. Der schlichte Wohnraum stellt die Mittelwelt dar. In diesem großen Raum spielt sich das gesamte Familienleben ab. In der Mitte des Raumes befindet sich eine großzügige Kochstelle. Zum Schlafen werden Bastmatten ausgerollt, als Decke dienen schwere, selbstgewebte Tücher. Am beeindruckendsten ist die Götterwelt, die aufwendig gestaltete Dachkonstruktion. Bei diesen geschwungenen Satteldächern liegt der Mittelteil am tiefsten, während die Giebel hoch in den Himmel ragen, weit in den Hof hinein. Die Giebelfronten sind reich mit Schnitzereien verziert und in den symbolischen Farben Weiß, Rot und Schwarz bemalt. Die Dächer sind kunstvoll aus Palmwedeln geflochten. Bei neuen Eigenheimen wird aus Kostengründen die kosmische Dreiteilung aufgegeben und ebenerdig mit Beton gebaut; oben ein ganz profanes Wellblechdach. Letzteres setzt sich leider auch bei den traditionellen Häusern immer mehr durch. Die hervorragend klimatisierende Wirkung der traditionellen Palmstrohdächer geht damit verloren, tagsüber wird es im Innern unerträglich warm.

## Nützliche Hinweise

**Anreise / Rückreise:** Von Medan, der Provinzhauptstadt Nordsumatras, sind es fünf bis sechs Stunden Fahrt bis nach *Prapat*, das an der Nordseite des Sees liegt. Von dort legen stündlich, bis in den späten Nachmittag, Boote zur Insel Samosir ab. Bei der Rückreise nach *Medan* bietet es sich an, über Pemantang Purba, die Sipisopiso-Wasserfälle und Berastagi zu fahren.
**Übernachtung:** Auf *Tuk-Tuk*, einer kleinen Halbinsel, gibt es eine große Anzahl von Unterkünften jeder Preisklasse. Sehr zu empfehlen: Carolina Cottages. Weitere Unterkünfte (Losmen) in Ambarita, Tomok, Simanindo, Pangururan, Hot Springs, Partokoan. In den kleineren Dörfern ist man auf die Gastfreundschaft der Familien angewiesen. Zelten ist überall bedenkenlos möglich. Auf Seehöhe wird es nachts kühl, im Inselinneren kalt und ausgesprochen feucht.
**Sprache:** Sollte man noch nicht in der Lage sein, sich auf indonesisch verständlich zu machen, ist es ratsam, einen Dolmetscher anzuheuern. Da dies hier aber noch nicht üblich ist, sollte dieser über die Dauer der Tour genau informiert sein; man sollte sich nicht darauf verlassen, daß er auch als Führer fungieren kann, auch wenn er Batak ist!
**Schiffsverbindungen:** *Tuk-Tuk – Prapat:* stündlich von 7 bis ca. 16 Uhr, danach bis 21 Uhr, wenn das Boot ausreichend besetzt ist. *Ambarita – Prapat:* mehrmals täglich. *Ambarita – Haranggaol:* montags 7 Uhr. *Simanindo – Haranggaol:* montags und donnerstags. *Onan Runggu – Balige. Onan Runggu – Prapat. Lagundi – Huta Hotong, Sirugkungan, Pangasean, Janjematogu. Onan Runggu – Pangguruan. Pangguruan – Tuk Tuk.*

bald wieder zu tiefgrünem Mischwald mit riesigen Farnen, Schmarotzerpflanzen und Moosen. Dieser Wald hört völlig unvermittelt auf. Vor uns, die wir die Fernsicht genießen, geht es fast senkrecht hinunter zum See. Etwa 600 m unter uns liegen die tiefgrünen, großflächigen Reisterrassen um Ambarita. Um die Halbinsel Tuk-Tuk, die wir von hier oben sehr gut erkennen können, schippern einige Boote. Der steile Kraterrand mit den aufsteigenden, bizarren Wolkengebilden schließt den Hintergrund ab.

Während des gesamten Weges hinunter genießen wir diese unglaubliche Kulisse. Der Abstieg ist steil, und an manchen Stellen ist der Pfad keine dreißig Zentimeter breit; für Menschen mit Höhenangst sicher eine Herausforderung. Kurz bevor wir auf die Hauptstraße von Ambarita stoßen, passieren wir noch einen alten Friedhof europäischen Stils. Auf der Straße angelangt, biegen wir nach links Richtung *Simanindo* ab und wenige Meter weiter wieder nach rechts, Richtung See. Rechter

**Es handelt sich bei Samosir um eine Halbinsel, die bei Pangururan durch eine Landbrücke verbunden ist. Dies ist auch der Weg zu den 4 km entfernten heißen Quellen.**

Hand ein großer Fußballplatz, links davon die Polizei. Nach 15 Minuten, vorbei an mächtigen Hariara-Bäumen, kommen wir zu dem alten Königsdorf *Siallagan*.

Was dieses Dorf von den anderen Königsdörfern unterscheidet, ist der gut erhaltene Versammlungsplatz. Hier stehen aus Naturstein gehauene Stühle und ein Tisch. Diese etwa 300 Jahre alten megalithischen Baudenkmäler waren ein bedeutender Treffpunkt der Könige. Hier traten die Lebenden mit den vergöttlichten Ahnen in Kontakt. Zugleich waren diese Plätze Ort kannibalischer Opferrituale. Wie diese Rituale vonstatten gingen, versucht uns ein sichtlich angetrunkener Batak, der sich als Kulturführer ausgibt, lebhaft und leibhaft vorzuführen. In gebrochenem Englisch und mit viel Körpersprache demonstriert er uns, wie in dramatischen Kämpfen Gefangene erbeutet werden konnten. Diese wurden zunächst in eine Art Gefängnis gesperrt, das unter der Treppe des Königshauses zu sehen ist. Während der Gerichtsverhandlung schlüpft unser Geschichtenerzähler in mehrere Rollen gleichzeitig, König, Kämpfer, Gefangener und Henker. Gesenkten Hauptes trottet er nach Verkündung seines Todesurteils auf einen benachbarten kleineren Platz, zur Opferbank, wo schon der kraftstrotzende Henker auf ihn wartet. Als tapferer Krieger scheidet er aus dieser Welt. Er legt sein Haupt auf den steinernen Block, und mit zappelnden Füßen wird unser Schauspieler von eigener Hand enthauptet. Viel lebhafter und realistischer als es Paul, der protestantische Batak, uns vorgeführt hat, möchte ich dieses Ritual gar nicht erleben.

Nach einer weiteren Stunde Fußmarsch zwischen den zahlreichen Bars und Restaurants, die sich um die Hundehalbinsel angesiedelt haben, sind wir wieder in Carolina.

# Nias – Insel der Ahnen

## ▶ Inselkunde: Nias

Die 130 km lange und etwa 45 km breite Insel liegt 125 km westlich von Sumatra. Die Inseln Batu und Mentawai, Nias sowie Simeulue bilden den Bogen der Äußeren Sundainseln. Sie sind die übermeerischen Teile eines jungen Faltengebirgszuges, der parallel zum Gebirgsrücken von Sumatra verläuft und erst im Südosten mit den Inseln Sumba, Sawu und Timor wieder aus dem Meer auftaucht. Hauptstadt und wichtigster Fährhafen ist *Gunnungsitoli* im Nordosten der Insel. Von wirtschaftlicher Bedeutung sind Agrarprodukte wie Reis, Süßkartoffeln, Kokosnüsse, Nilam-Gras sowie der Fischfang. Exportiert werden getrocknete Kokosnußkerne (Kopra) zur Ölgewinnung und das Nilam-Gras. Der hohe Nährstoffbedarf dieses Grases hatte jedoch zur Folge, daß die ohnehin schon kargen Böden in kürzester Zeit ausgelaugt waren und die Erträge zurückgingen. Der Abwanderung von jungen, arbeitssuchenden Niassern in der Vergangenheit steht heute eine Zuwanderung von Bataks und Minaresen gegenüber, die sich im zunehmenden Tourismus engagieren.

Die Mehrheit der 500 000 Niasser gehört christlichen Glaubensgemeinschaften an, die seit Mitte des 19. Jahrhunderts hier tätig sind. Größte Erfolge bei der Christianisierung erzielte die Rheinische Mission um 1865. Die zunehmende Christianisierung hatte tiefgehende und drastische Umwälzungen der niassischen Gesellschaft zur Folge. In der Nähe von *Tetehösi* wurde 1976 eine deutsche Missionsstation des Klosters Reute errichtet.

Das Inselinnere ist gebirgig und im mittleren Teil mit dichtem Wald bestanden. Sollte man dorthin unterwegs sein, sind ein einheimischer Führer oder gute Kenntnisse der indonesischen Sprache erforderlich.

## Niassische Kultur

Aufgrund seiner geographischen Lage, seiner malariaverseuchten Küsten, der unfruchtbaren Böden und einer kriegerischen Bevölkerung waren das Interesse an und der Einfluß fremder Kulturen auf diese Insel äußerst gering. Über die Herkunft der Niasser sind sich Völkerkundler noch unschlüssig. Gesichert ist, daß Nias während der hindu-javanischen Epoche peripher unter indischem Einfluß stand. Kulturelle Ähnlichkeiten bestehen zwischen den Batak, den Dayak und nach Polynesien. Einheimischen Erzählungen zufolge ist der Ursprung niassischer Kultur im Inselinneren, nahe des Gomo-Flusses, zu finden. Hier, so die Sage, stiegen die Götter vom Himmel herab und schufen die menschliche Rasse. So bezeichnen die Niasser ihre Insel als »*tanö niha*«, was soviel bedeutet wie »Land der Menschen«, und sich selbst als »*ono niha*«.

Vom »Nabel ihrer Entstehung« aus besiedelten sie hauptsächlich Nord- und Südnias. Danach haben sich beide Regionen isoliert voneinander entwickelt, so daß heute deutliche sprachliche, kulturelle und soziale Unterschiede zwischen Nord und Süd bestehen. Da Kultur aber für den Niasser auf dörflicher Ebene definiert wird, sind die Unterschiede noch weit größer. Besonders beeindruckend kommen sie in den Anlageschemata der Dörfer zum Ausdruck. Im Norden sind die Dörfer in lockeren, kleineren Gruppierungen zusammengefaßt. Der Grundriß der auf Pfählen gebauten *Adat*-Häuser ist von kreisrunder oder ovaler Form. Diese Bauform ist noch in den Dörfern Dahana und Tumori, etwa 5 km südwestlich von Gunnungsitoli, zu finden.

Besonders die Südniasser galten als ausgesprochen kriegerisch und bereicherten sich im 18. und 19. Jahrhundert durch den Verkauf von Sklaven, die sie auf ihren Raubzügen gefangennahmen. Um sich gut gegen Feinde abzusichern, bauten sie ihre Dörfer strategisch günstig auf Anhöhen; mit bis zu 6000 Einwohnern waren sie sehr groß. Sie konnten nur über eine lange Steintreppe betreten werden, die im Dorf in eine einzige breite, mit Steinplatten gepflasterte Straße überging, an der links und rechts die Häuser errichtet wurden. Diese haben rechteckigen Grundriß, und vor den Häusern wohlhabender Familien ste-

hen zuweilen Steintische und -stühle. In dem 3500-Seelen-Dorf *Bawömataluo,* was Sonnenberg bedeutet, kann südniassische Baukunst wohl am besten bestaunt werden. 480 Steinstufen führen von Orahili hinauf zum Sonnenberg. Der Grundriß ist T-förmig, an der Schnittstelle der beiden Straßen liegt das Dorfzentrum mit einem mächtigen, 23 m hohen Häuptlingshaus *(omo sebua).* Hier stehen auch steinerne Tische und Stühle *(Darodaro),* die heute als Versammlungsplatz für Verhandlungen und Zeremonien benutzt werden, aber auch den Geistern der Ahnen als Ruheplatz dienen. Nicht weit davon entfernt fallen die fast zwei Meter hohen Steinpyramiden auf. Früher waren sie wichtiger Bestandteil im Kriegstraining, denn da galt es, möglichst schnell die feindlichen Wälle zu überwinden, die zudem noch mit angespitzten Bambusstäben abgesichert waren. Beim heutigen »Fahombe«, dem Wettkampf des Steinüberspringens, versuchen unverheiratete Männer, mit kurzem Anlauf und einem 40 cm hohen Trittstein die Pyramide zu überspringen.

# 13 Zum »Nabel der Welt«
# Vom Tobasee nach Nias

Nias ist durch seine Steinspringer bekannt, die auch auf der Rückseite des 1000-Rupiah-Scheines zu sehen sind, und für die traumhaften Surfbedingungen im Süden der Insel. Dies hat zur Folge, daß Hunderte von Wellenreitern jedes Jahr hierher pilgern, und vor allem während der internationalen Surfmeisterschaften herrscht unglaublicher Andrang. Kaum vorzustellen, daß noch in der ersten Hälfte unseres Jahrhunderts auf Nias eine der reinsten Megalithkulturen der Welt, die in einem monumentalen Kunst- und Baustil zum Ausdruck kam, existierte. Doch auch heute noch lassen sich diese Megalithskulpturen und die Holzschnitzereien in aller Ruhe und Abgeschiedenheit beobachten. Unzählige Fußpfade ziehen sich durch das Inselinnere, das noch wenig erschlossen ist.

## Abwechslungsreiche Anreise

Wir verlassen *Samosir* (Tour 12) auf dem Landweg über Pangguruan an der Nordwestseite der Halbinsel. Kurz hinter der Landbrücke beginnt eine traumhafte Serpentinenstraße, die bis zu dem in 2160 Meter Höhe gelegen Dörfchen *Tele* führt.

Da wir uns nicht den direkten Weg nach *Sibolga* ausgesucht haben, müssen wir eine Nacht in einem kleinen Ort namens *Pakkat* verbringen. In der Nacht erleben wir einen der berühmten tropischen Regengüsse mit Blitz und grollendem Donner. Während der Blitz für eine Sekunde die Nacht erhellt, sehen wir, wie aus der Straße ein reißender Fluß geworden ist. Wir fürchten, durch die Wassermassen von der Außenwelt abgeschnitten zu werden.

Am nächsten Morgen ist die Luft klar, der Himmel tiefblau. Unsere nächtlichen Befürchtungen waren unbegründet.

Es ist elf Uhr, endlich ist ein Auto aufgetrieben, das uns weiterbefördert. In einem uralten klapprigen Ford fahren wir, zu siebt in die Kiste gepfercht, durch saftig-grünen Dschungel. Die Luft ist immer noch kühl und erfrischend, und alles wirkt wunderbar friedlich. Wäre uns früher bewußt gewesen, wie schön die Landschaft entlang dieser Holperpiste nach *Barus* ist, wären wir gewandert, zumal wir mit dem Auto nicht sonderlich viel schneller sind. Die Strecke ist ca. 30 km lang und in zwei Tagen Marsch gut zu bewältigen. Je näher wir der Küste kommen, desto schwüler wird es. In Barus fahren wir mit einem Minibus weiter und erreichen am späten Nachmittag, völlig durchgeschüttelt, die Hafenstadt *Sibolga*.

Laut Fahrplan fährt täglich um 20 Uhr ein Personenschiff nach Gunnugsitoli auf Nias. Um 22.30 Uhr ertönt endlich das Ablegesignal, und bei ruhigem Seegang verläßt das Schiff den Hafen. Es ist nur zur Hälfte belegt, worüber wir angenehm überrascht sind, da es in dem Großraumschlafabteil jetzt schon heiß, eng und stickig ist. Während ich ununterbrochen von meinem Pritschennachbarn geweckt werde, weil ihm immer wieder neue Fragen einfallen, schlummert Thomas, mein Weggefährte, schon friedlich.

Gegen 8.30 Uhr legen wir im Hafen von *Gunnungsitoli* an. Die 2 km zur Stadt fahren wir mit einer *Becak,* einem dreirädrigen Fahrradtaxi.

## 1. Etappe: Die Küstenstraße

Am Busbahnhof im Zentrum der Stadt erfahren wir, daß alle Busse in Richtung *Telukdalem* schon abgefahren sind. Im Gespräch mit den Leuten hören wir, daß die Busse quer über

**Kurzcharakteristik:**
Die Hauptwanderrichtung dieser Tour verläuft von *Gunnungsitoli* im Norden bis nach *Telukdalam* im Süden. Orientierung auf der Karte bietet die eingezeichnete Küstenstraße, die de facto an den meisten Stellen nicht mehr existiert. Nach halber Strecke, auf Höhe der Küstenstadt *Onolimbu,* führt der Weg ins Landesinnere. Die Landschaft wird in Richtung *Gomo* abwechslungsreicher. In der Umgebung von Gomo befinden sich verstreut einige interessante Megalithskulpturen. Von Gomo geht es weiter in südlicher Richtung, bis man wieder auf die ehemalige Küstenstraße kommt.
**Beste Jahreszeit:** Vorherrschend ist ein feuchtheißes Tropenklima monsunaler Ausprägung. Niederschläge fallen kurzzeitig und besonders heftig. Zwischen Mai und August ist die relativ niederschlagärmste Zeit. Der Nordost-Monsun beschert der Insel sein Niederschlagsmaximum von Oktober bis Januar.
**Gesamtgehzeit:** 3–4 Tage
**Gesamtstrecke:** ca. 100 km, wovon einige Kilometer motorisiert zurückgelegt werden können.
**Kartenskizzen:** Siehe Seite 145

das Landesinnere auf die Westseite in den Süden fahren.

Ein Mann, der mit ernster Miene auf unsere Karte schaut, erzählt uns, daß die Straße entlang der Küste nicht mehr existiert, und klopft dabei auf das Blatt. Entlang dieser Strecke liegen nach wie vor Dörfer, daher muß es möglich sein, auf diesem Weg in den Süden zu gelangen. Dieses Abenteuer lassen wir uns nicht entgehen und beschließen, die bevorstehenden 100 km weitgehend zu Fuß zurückzulegen.

An der Abzweigung »Küstenstraße – Bergstraße« kehren wir zur Stärkung in ein Warung ein. Als wir dem Wirt von unserem Vorhaben berichten, hören wir nur: »Was, die Küstenstraße wollt ihr nehmen, das geht aber nicht, da fährt doch kein Bus.« Unser Plan, die Strecke zu Fuß zu gehen, wird als völlig absurd und undurchführbar abgetan. Doch noch während wir ins Gespräch verwickelt sind, hören wir ein Auto näherkommen. Ein Bemo hält an der Kreuzung und läßt ein paar Passagiere aussteigen. Wir nutzen diese noch vorhandene Transportmöglichkeit und fahren bis zur Endstation, kurz hinter dem Flughafen,

**Schon bald wird aus der gut asphaltierten Küstenstraße eine schlammige Lehmpiste. Ab hier geht unser Abenteuer zu Fuß weiter.**

20 km von Gunnungsitoli entfernt, mit. An einem Gemischtwarenladen, der von einer chinesischen Familie geführt wird, werden wir abgesetzt. Auch hier rät man uns, lieber wieder umzukehren und am morgigen Tag den regulären Bus zu nehmen. Eine Gruppe Studenten aus Sumatra, die einen Bus gemietet haben und zu einem Picknick am Fluß unterwegs sind, nehmen uns auf dem Dach mit. Kurz hinter dem Dorf hört die Straße auf und führt als Piste weiter. Am Fluß herrscht reges Treiben: Im oberen Abschnitt baden Kinder vergnügt im Wasser, während ihre Mütter Wäsche waschen, im flachen Teil werden zwei Motorräder, im unteren Abschnitt drei Laster gewaschen. Für die Gruppe ist hier Endstation. Ihr Fahrer, ein Niasser, gibt uns den Tip, daß ein Stück weiter, jenseits des Flusses, ein Dorf komme, in das wir gehen könnten. So krempeln wir unsere Hosen hoch, ziehen die Schuhe aus und waten durch den Fluß.

Heute ist Sonntag, und alles männliche Volk und eine Schar Kinder sind in der Dorfkneipe versammelt. Die Männer spielen Domino oder Schach, schlürfen gemächlich ihren Kaffee, während die Kinder herumwuseln, ohne daß sich jemand gestört fühlen würde. Wir sind eine willkommene Abwechslung in dieser Einöde, und entsprechend anstrengend ist das Interesse, das uns entgegengebracht wird. »Nein, übernachtet lieber hier und fahrt morgen mit einem Bus wieder zurück«, bekommen wir auch hier zu hören. Nach einigen süßen Martabak, dicken Pfannkuchen, mit Schokolade oder Erdnüssen bestreut, und heißem Tee machen wir uns wieder auf den Weg.

Die Vegetation ist wenig aufregend, die Sonne brennt erbarmungslos auf uns nieder, so daß wir ohne viel miteinander zu reden und unseren Gedanken nachhängend vor uns hertrotten. Der Weg ist hier nur noch mit einem Geländeauto oder Motorrad passierbar. Letztere dienen den abgeschnittenen Dörfern als Zulieferer von Haushaltswaren und Lebensmitteln.

Nach 4½ Std. erreichen wir, etwa 8 km hinter *Tetehösi,* eine Kreuzung mit vier Holzhäusern. Eines davon fungiert als Kneipe und Treffpunkt. Die wenigen Menschen, die hier wohnen, sind fasziniert von unserem Erscheinen, so daß wir auch hier gleich umringt und genau beobachtet werden. Nach einem spärlichen Mahl, die Reste des Tages, bietet uns die Köchin eine Übernachtung bei ihr an, die wir dankend annehmen. Abends sitzen wir mit einigen Männern in der Runde, qualmen Kretekzigaretten und erfahren, daß es auch noch einen anderen Pfad durch das Landesinnere in Richtung Gomo geben soll.

**Begrüßungsschild vor einem Dorf. Doch ohne detaillierte Karte können wir mit dieser Information wenig anfangen.**

**Immer wieder erleben wir, daß die Kinder, kaum sehen sie Fremde näherkommen, sich entweder verstecken oder schnell in die Häuser rennen.**

## 2. Etappe: Ke Gomo

Am Morgen, bei starkem, süßem Kaffee und fettigem Gebäck, entscheiden wir uns, die Küstenstraße zu verlassen und den etwa 25 km langen Pfad südwestwärts ins Landesinnere zu wandern. Wir versprechen uns mehr von der Bergflora und hegen die Hoffnung, auf dem Weg traditionelle Dorfanlagen zu sehen. Schon kurze Zeit nach unserem Aufbruch sind wir mit dem ersten Anstieg beschäftigt. Obwohl wir zeitweise auf einer sehr breiten, wie von den Römern gepflasterten Straße laufen, können hier keine Autos fahren. Dies liegt daran, daß sich der gepflasterte Weg abrupt in einen Trampelpfad verwandelt und sich anschließend ohne ersichtlichen Grund wieder weitet. Abwechslungsreich und unter schattenspendenden Bäumen und Palmen verläuft der Weg in stetigem Auf und Ab durch saftiggrünen Wildwuchs.

Gegen Mittag erreichen wir einen riesigen Talkessel, in dem Reis kultiviert wird. Die Felder ziehen sich als satter grüner Teppich bis an die weißen Kalkfelsen, die schroff aus dem Boden schießen. Es kann nicht mehr weit zu einer größeren Siedlung sein. Wir begegnen Kindern, die mit Steinen Murmel spielen, und fragen sie nach ihrem Dorf. Eine halbe Stunde später erreichen wir das Dorf, das zum größten Teil aus gemauerten Häusern besteht, die sich in einer Reihe gegenüber stehen. Wir fragen uns gleich zum *kepala desa*, wörtlich »Kopf des Dorfes«, also dem Bürgermeister, durch. Es ist Brauch, als erstes dem höchsten Mann im Dorf die Ehre zu erweisen. Man steht dann automatisch unter seinem Schutz und genießt seine Gastfreundschaft. Nachdem wir uns vorgestellt und eine Tasse Tee zusammen getrunken haben, zeigt uns der kepala desa sein Dorf. Es ist ein sehr einfaches, aber wirtschaftlich wichtiges Dorf. Da bis hierher die Warenmotorräder noch relativ gut durchkommen, findet einmal die Woche ein Markt statt. Von hier bringen die Bauern ihre Einkäufe zu Fuß zu ihren oft schwer zugänglichen Gehöften. In keinem der Häuser gibt es Strom oder eine *kamar kecil*, eine Toilette. Der angrenzende Fluß ist Toilette, Bade- und Waschsalon in einem. Nach einem erfrischenden Bad im dem kühlen Strom verabschieden wir uns von den

Dorfbewohnern. Als Dankeschön überreiche ich unserem Gastgeber eine Packung Zigaretten. Als er sieht, daß es sich um die teure Marke Dji-sam-sue handelt, strahlt er und steckt sich sogleich eine in den Mund. Der Sohn des Bürgermeisters watet noch gemeinsam mit uns durch den Fluß, um uns auf der gegenüberliegenden Seite den richtigen Pfad zu zeigen. Immer wieder gehen vom Hauptpfad kleine Wege nach links und rechts ab. Sie führen zu kleineren Gehöften.

Auf dem ganzen Weg begegnen uns Menschen, die mit verschiedensten Dingen beladen sind. Frauen, Wäsche auf dem Kopf balancierend, oder ein Mann, der auf seiner Schulter einen riesigen Baumstamm, neues Brennholz, nach Hause trägt. Als die »Römerstraße« mal wieder ansteigt, sehen wir auf der rechten Seite ein offenes Holzhüttchen, dessen Außenwände aus Regalen bestehen, worauf fein säuberlich im Abstand von zwanzig Zentimetern Kokosnüsse aufgereiht sind. *Kelapa muda* heißt das köstliche Getränk, das uns der schon in die Jahre gekommene Mann anbietet. Der Saft der jungen Kokosnuß ist nicht nur kühl und erfrischend, sondern auch reich an Vitaminen und Mineralien. Vier kurze Schläge mit seiner *Parang,* und die Kokosnuß ist trinkfertig geöffnet. Ohne abzusetzen trinke ich den Saft aus. Mit einer Geste des Essens reiche ich unserem »Getränkehändler« die leere Nuß. Er schlägt sie mit einem Schlag entzwei und reicht sie mir. Das zarte, delikate weiße Fruchtfleisch ist die Krönung dieses Mahles. Ein cleverer Bursche, denke ich mir, als ich rundherum die Kokospalmen betrachte, ohne Kapitaleinsatz ein Geschäft zu eröffnen. Für unsere sechs Nüsse zahlen wir umgerechnet 60 Pfennig und ziehen weiter.

Manchmal führt uns der Weg auch direkt durch ein kleines Dorf. Diese bestehen meist aus vier oder sechs auf Stelzen gebauten Häusern, die sich gegenüber stehen. Kinder, die uns erblicken, verschwinden so schnell sie können in den Häusern. Auch viele der Erwachsenen beobachten uns lieber hinter dem Schutz der Holzwand. Einige der Häuser, die wir passieren, sind traumhaft schön verziert und mit Schnitzereien versehen, meist sind es ältere. Die Materialien und das Erbauen sowie Verzieren der traditionellen Häuser ist sehr kostspielig. Daher verwenden immer mehr Bewohner moderne Baumaterialien wie Beton oder Wellblech. Zur starken Aufheizung kommt noch, daß die ebenerdige Betonbauweise in der Regenzeit oft zur Überschwemmung des Hauses führt. Ebenso können unerwünschte Tiere schneller in den Wohnraum gelangen. Die traditionellen Pfahlhäuser haben rechteckigen Grundriß, quadratische Fassaden und eine steil ansteigende Dachkonstruktion mit einer Luke, damit der Rauch von der Kochstelle abziehen kann.

»*Ya'ahowu*« grüßen wir jeden, den wir treffen, und meist wird der Gruß spontan beantwortet. Um auch immer auf dem richtigen Pfad zu bleiben, fragen wir auf unserer Wanderung jeden nach dem Weg. Immer wieder

## Nützliche Hinweise:

**Anreise/Abreise:** Tägliche Flugverbindung mit der SMAC von Medan nach Gunnungsitoli; Fährverbindungen zwischen Sibolga nach Gunnungsitoli / Telukdalam in alten rostigen Fähren oder in einem überfüllten Passagierschiff.

**Übernachtung:** Einfache, zum Teil heruntergekommene Hotels in Gunnungsitoli und Telukdalam. Viele einfache und beschauliche Strandhütten und Bungalows unterer bis mittlerer Preisklasse. Ein großer, isolierter Hotelkomplex wurde 1994 hinter Lagundri fertiggestellt.

**Gesundheitsvorsorge:** Die medizinische Versorgung ist auf Nias noch sehr unterentwickelt, daher ist es dringend notwendig, eine eigene Reiseapotheke mitzunehmen. Gerade die Küsten gelten als hochgradig malariaverseucht. Zudem ist eine Resistenz der Malariaerreger gegenüber Resochin festgestellt worden. Leider versucht die indonesische Administration, dem Problem durch Spritzen von DDT Herr zu werden. Die Langzeitfolgen, die das Gift verursacht, sind nicht ausreichend bedacht worden. Aufgrund der relativ kurzen Aufenthaltsdauer von Touristen besteht für diese keine Gefahr.

bekommen wir ausführlich Auskunft über den Verlauf des Weges, die Passanten nennen uns Namen von Dörfern, die wir in ein oder zwei Stunden passieren werden, keines davon ist aber auf unseren Karten verzeichnet. Nach Längenangaben zu fragen ist überflüssig, Kilometerschätzungen sind viel zu ungenau, weshalb wir uns lieber nach der Marschdauer erkundigen. Doch auch diese ist nur eine grobe Richtlinie, da kaum jemand eine Uhr trägt. So reicht uns letztendlich auf die Frage »... *ke Gomo*« schon das bejahende Kopfnicken.

**Gomo,** am Susua-Fluß gelegen, bietet uns von der letzten Anhöhe ein beeindruckendes Bild. Es hat einen typisch traditionellen Kern sowie einen neuen Teil mit kleinsten Einfamilienhäusern und einem *Alun Alun,* dem Versammlungsplatz. Gomo ist Mittelpunkt des zentralen Nias. Zweimal pro Woche ist hier Markt, auf dem die umliegenden Dörfer Agrarprodukte wie Sago, Mais, Reis oder Süßkartoffeln feilbieten und im Gegenzug Kaffee, Zucker, Tee, Kautabak etc. einkaufen.

Haugös ist Vater einer zehnköpfigen Familie, die uns vom Bürgermeister vorgestellt wird und wo wir übernachten sollen. Stolz berichtet unser Gastvater, daß schon zweimal *orang puthi,* weiße Menschen, bei ihm gewohnt hätten. Eifrig nutzen seine drei ältesten Kinder die Möglichkeit, ihre Englischkenntnisse zu verbessern.

Nach einem spartanischen Abendessen erzählt uns Haugös, genüßlich qualmend, von unzähligen Trampelpfaden, die sich weiter ins Inselinnere ziehen, und von einigen Dörfern, wo wir große Megalithstatuen sehen könnten. Ein wichtiger Handelsweg führt durch das Inselinnere am Fuße des knapp 900 m hohen Berges Lolomatua entlang bis an die Hauptstraße nach Soliga. Ein weiterer Weg, den er bevorzuge, wenn er nach Gunnungsitcli müsse, verlaufe bis an die Straße an der Westküste südlich der Stadt *Moale*.

## 3. Etappe:
## Zur Südküste nach Lagundri

Um fünf Uhr erweckt ein Hahn das Dorf zum Leben, Hunde stimmen kläffend mit ein. So erheben auch wir uns im faden Licht der Petroleumlampe von unserem harten Lager und genießen die frische Morgenluft, die langsam von warmen Sonnenstrahlen durchdrungen wird. Schon kurz nach sechs waten wir durch den Susua-Fluß, um auf der anderen Seite unsere Reise fortzusetzen. Eineinhalb Stunden später erreichen wir ein kleines Dorf, wo eine Asphaltstraße beginnt. Zu dritt, mit zwei Rucksäcken und einer Fototasche, fahren wir mit einem Motorradtaxi, *Ojek* genannt, 9 km in Richtung Küste. Bei einer im Bau befindlichen Brücke ist die Fahrt zu Ende, wir müssen die letzten drei Kilometer zu Fuß bis nach Lahusa zurücklegen. Dort werden wir noch Zeugen eines außerordentlichen Schulunterrichts mit 60 Kindern in einer Klasse.

**Die idyllische Bucht bei Lagundri. Während die Bucht zum Baden einlädt, ist die Südspitze mit ihren hohen Wellen das Paradies der Surfer.**

Die unerträgliche Hitze an der Küste macht uns die letzten 15 km auf einer Korallenstraße nach *Telukdalam* zur Qual. Dann verbringen wir dominospielend, dösend und teetrinkend die Zeit, bis ein Laster uns am Nachmittag auf der Ladefläche mitnimmt.

Als die Abenddämmerung den Himmel glutrot färbt, erreichen wir die wunderschöne Surfbucht von **Lagundri** und stürzen uns in die schäumende Brandung.

# 14 Wanderung im bergigen Inselinnern

# Rundtour in Zentralnias

!!!

Diese Tour führt durch das bergige, mit dichter tropischer Vegetation bewachsene Zentralgebiet. Während Tour 13 den Süden der Insel zum Ziel hat, führt diese Tour zum Ausgangspunkt *Soliga* im Landesinneren zurück. Die kleinen Gehöfte und Dörfer, die auf diesem Weg passiert werden, sind ausgesprochen arm. Zum Teil sind noch sehr alte und wunderschön verzierte Stelzenhäuser zu bewundern. Die Kinder bringen sich beim Anblick eines Weißen lieber schnellstens in Sicherheit und spähen dann vorsichtig zwischen den Holzbalken der Häuser hervor.

**Kurzcharakteristik:**

Ausgesprochen hügeliges Gelände, das Fehlen jeglicher Infrastruktur und schlichte einfache Dörfer machen diese Tour zu einem besonderen Naturerlebnis. Es bedarf einer guten Kondition und schneller Reaktion auf Unvorhergesehenes.
**Beste Jahreszeit:** Mai–August
**Gehzeit:** 5 Tage
**Kartenskizze:** Siehe Seite 145

**Unser Anblick ist diesem kleinen Niasser nicht geheuer, so beschließt er uns einfach zu ignorieren, nach dem Motto: Aus den Augen, aus dem Sinn.**

## 1. Etappe: Von Soliga hinunter an die Ostküste

Die Wanderung am ersten Tag von **Soliga** aus verläuft in der Tendenz bergab und ist daher verhältnismäßig einfach zu bewältigen. Achten Sie darauf, immer einen ausreichenden Wasservorrat mitzunehmen. Sollte man Menschen begegnen, grüßt man diese mit »*Ya'ahouwu*«. Um durch abzweigende Pfade nicht verwirrt zu werden und den richtigen zu verlieren, fragen Sie nach »*ke laut*«, dem Meer, und »*ke Tetehösi*«, zum Dorf **Tetehösi,** dem Tagesziel.

## 2. Etappe: Von Tetehösi Richtung Gomo

»*Ke Gomo*« ist die Hauptrichtung, nach der man zunächst fragt. *Gomo* selbst ist an diesem Tag jedoch kaum zu erreichen, es bestehen aber Möglichkeiten, an einem Fluß oder in einem Dorf zu übernachten. Diese Etappe entspricht zum größten Teil der 2. Etappe aus Tour 13, »Ke Gomo«.

## 3. Etappe: In Richtung Tuhemberua

Noch am Vormittag des dritten Tages erreicht man **Gomo**. Von dort geht es noch ein Stück in Richtung Südwesten, um dann nach Nordwesten abzubiegen. Um Gomo herum gibt es zahllose verschiedene Pfade, daher bleibt es dem Trekker nicht erspart, immer wieder nach dem Weg zu fragen. Wer sicher gehen möch-

13 14
Afia
Nadjalow
Gunungsitoli
A 13
1
Ombolafa
Binaka Flughafen
Boboito
Bodsjihona
Dangagari
600
1
701
Tetehösi
Onolimbu
A 14
Soliga
E 14
5
Tafuo
Drei Häuserkreuzung
Dahana
Sisobahli
2
4
Sirombu
Lölömatua 886
2
Madsingo
Tögezita
Lölöwau
551
3
Tuhegafoa
588
Gomo
Hilialawa
Hilibowo
600
Hilihoja
3
Moale
564
Lahusa
E 13
Hilibowo
518
Hilralawa
Bawomataluwa
Hilisatarö
Hiliamaeta
Bawödobara
Lagundri
Telukdalam
N
0 5 km

**Über unsere Sprachversuche auf Niassisch können sich diese Kinder köstlich amüsieren.**

## Nützliche Hinweise:

Diese Region ist nur zu Fuß zu durchqueren. Kleine Gehöfte liegen auf dem Weg, deren Bewohner isoliert von der Außenwelt leben. Man sollte unbedingt ausreichend Gastgeschenke in Form von Zigaretten, Zucker, Kaffee oder Bonbons sowie Kugelschreiber dabeihaben. Wichtig sind: ein gut bestückter Erste-Hilfe-Beutel, Zelt, Wasserfilter und Wasserbeutel.

**Anreise:** Von Gunnungsitoli bis nach Soliga mit dem Bus fahren.

**Warnung:** Die Kilometerangaben beruhen allesamt nur auf Schätzungen, es können daher Abweichungen auftreten. Am besten, man fragt immer wieder Einheimische nach dem Weg.

te, kann sich hier einen Führer, jemanden, der den Weg kennt, anheuern. Im näheren Umkreis von Gomo stehen noch einige Menhire, von denen gesagt wird, daß sie 3000–5000 v. Chr. dort aufgestellt wurden. In *Tundrumbaho,* fünf Kilometer von Gomo in Richtung Lahusa, finden sich solche megalithischen Steinstatuen. Wer sich dafür interessiert, sollte mindestens einen Tag in Gomo bleiben.

### 4. Etappe: Östlich am Berg Lölömatua entlang

Von Gomo aus geht es in einem weiteren Anstieg nach Zentralnias, teils am Fuß des 886 m hohen *Lölömatua* vorbei. Zeitweise hat man schöne Fernsicht über das wellige Gelände. Die Nächte sind kühl und feucht. Bachüberquerungen sind auch hier keine Seltenheit. Bei stärkeren Regenfällen wird das Wandern ausgesprochen schwierig, und man muß damit rechnen, daß die hier vorgegebenen Etappen sich in dieser Länge nicht mehr durchführen lassen.

### 5. Etappe: Rückkehr nach Soliga

Je nach dem, wie weit man es an den vorherigen Tagen geschafft hat, wird man am Nachmittag oder Abend nach **Soliga** kommen. Auch in der Nähe von Soliga gibt es *Gowe-*

Plastiken. Wer diese besichtigen möchte, sollte sich von einem Einheimischen hinführen lassen. Wer beizeiten in Soliga ankommt, kann zur katholischen Missionsstation *Tögezita* weitermarschieren. Diese liegt 8 km südlich Richtung Lagundri, linker Hand der »Hauptstraße«. Am nächsten Morgen schaut man sich um einen der »Nord-Süd«-Busse, um nach *Gunningsitoli* oder *Lagundri* zu gelangen.

**Fisch- und Gemüsehändler in Barus. Das Fahrrad ist ein beliebtes Transportmittel.**

# IV. Sulawesi

## ▶ Inselkunde: Sulawesi

Der frühere Name der Insel, Celebes, kommt von »Ponto dos Celebres«, Ort der Berüchtigten, von den Portugiesen wegen der Piraten so benannt. Seit der Unabhängigkeit ist der offizielle Name der Insel Sulawesi, abgeleitet aus Sula (Insel) und Besi (Eisen). Die Insel ist 189 216 Quadratkilometer groß. Das Zentrum bildet ein zerklüftetes, dicht bewachsenes Bergland mit bis zu 3000 Meter hohen Gebirgszügen. 68 Prozent der Fläche von Sulawesi sind Bergland mit im Norden aktiven und Süden meist erloschenen Vulkanen. Berühmt ist die Insel wegen ihrer Küsten und Strände.

Sulawesi ist reich an Bodenschätzen wie Gold, Silber, Eisen, Nickel, Kupfer sowie Erdöl, Erdgas und natürlichem Asphalt. Zu den landwirtschaftlichen Exportgütern zählen Kopra, Kaffee, Gewürznelken, Kakao und Muskat sowie Teak und Rattan.

Die Bevölkerung Sulawesis gliedert sich in sieben ethnische Hauptgruppen, die sich in weitere Untergruppen aufteilen. Mehr als 35 verschiedene Sprachen finden sich auf der Insel, Dialekte dabei nicht berücksichtigt. Die Insel zählt etwa 15 Millionen Einwohner.

Die erdgeschichtlich frühe Trennung vom asiatischen wie auch vom australischen Kontinent führte zur Entwicklung vieler endemischer Arten. Die bekanntesten sind der Wildzwergbüffel (Anoa), der Hirscheber (Babirusa), der schwarze Makake, der Helmhornvogel (Rhyticeros cassidix), der Maleo, der seine Eier von der Sonnen- oder der vulkanischen Erdwärme ausbrüten läßt, sowie das Tarsius-Koboldmaki.

50 bis 60 Prozent der Insel sind bewaldet. Fünf Naturreservate sollen die rapide Vernichtung von Biotopen verhindern. Hierzu zählen der Dumoga Bone, der Lore-Lindu-Park südlich von Palu, der Morowali im Osten Zentralsulawesis, der Marisa-Park westlich von Gorontalo und der Tankoko-Park südöstlich von Manado. Weitere Gebiete wären schützenswert, sind aber nicht offiziell ausgewiesen.

Sulawesi hat sehr unterschiedliche Regionalklimata. Von Anfang Oktober bis Ende März fallen die meisten Niederschläge. Trockenzeit ist zwischen Mai und September mit August als trockenstem Monat.

**Das Landschaftsbild ändert sich abrupt, als wir das Hochland der Toraja verlassen. Bis hinunter nach Enrekang ist das Land zerklüftet, die Grashänge sind braun verbrannt.**

15
Sulawesisee
Makasarstraße
Seite 158
Seite 155
Seite 162
Seite 173
Manado
Tomohon
Kawangkoan
Tondano
Belang
Kotamobagu
Gorontalo
Molibagu
Tolitoli
Nord Sulawesi
Tinombo
Kasimbar
Oti
Tawaeli
Donggala
Toboli
Palu
Molukkensee
Togian Inseln
Luwak
Peleng
Sula Inseln
Zentral Sulawesi
Gimpu
Poso
Poso-See
Tentena
Taripa
Taipa
Pendolo
Mangkutana
Wonorejo
Masamba
Wotu
Mamuju
Rantepao
Palopo
Makale
Kalosi
Enrekang
Maiwa
Majene
Rappang
Pangkajene
Parepare
Watangopeng
Süd Sulawesi
Ujung Pandang
Sulawesi
Süd-Ost-Sulawesi
Kolaka
Kendari
Insel Buton
N
0
50 km
Floressee

# 15 Ein Abenteuer besonderer Art
# Nord-Süd-Durchquerung von Sulawesi mit dem Fahrrad

Zwischen Kalimantan und den Molukken liegt eine Insel, die aus vier völlig unterschiedlichen Halbinseln besteht. Die Ausdehnung von der nördlichsten Spitze, nur 90 km von den Philippinen entfernt, bis zur südlichsten, Satengar, beträgt gut 1300 km. Dicht gedrängt folgt eine bizarre Landschaft auf die andere. Nebelverhangene Berge, weiße Sandstrände mit tiefblauem Meer, unberührter Urwald, Reisterrassen, so weit das Auge reicht. Mal ist es wüstenähnlich trocken, nicht weit davon entfernt europäisch kühl oder tropisch schwül. Eine Insel, so unzugänglich, daß der Landtransport erst seit der vollständigen Asphaltierung des ca. 2300 km messenden Trans-Sulawesi-Highway Ende 1993 als zumutbar einzustufen ist. Unabhängig davon, wie viel Zeit man einplant, in Sulawesi wird sie immer zu kurz sein, auf einer Insel, auf der einheimische Christen davon überzeugt sind, ein Stück des verlorenen Gartens Eden wiedergefunden zu haben.

## Auf Sulawesi

Langsam beginnt das Flugzeug seinen Anflug auf den Flughafen von Manados, Sam Ratulangi, der 15 km außerhalb der Stadt liegt. Unter uns breitet sich ein dichter Teppich von Palmkronen aus, in der Ferne ragen kleine Eilande aus dem tiefblauen Meer. Dann, ganz unverhofft, zeigt sich uns zur Linken der Vulkan Klabat. Wie die Spitze eines Eisberges ragt er majestätisch aus einem Meer von grünen Palmen knapp 2000 m hoch auf, der höchste Punkt im Lande der Minahasa.

Die Vegetation ist üppig und reicht bis dicht an die Landebahn heran, so daß der Eindruck entsteht, in ihr zu versinken. Die meisten Touristen, die es nach Manado zieht, kommen wegen der traumhaft schönen Unterwasserwelt des Bunaken-Meerreservates hierher. Die gängige Route für Sulawesireisende führt von Süd nach Nord, und so sind die Flughafenbeamten freundlich überrascht, als sie hören, daß unsere Reiseroute per Veloziped in die umgekehrte Richtung verläuft.

## Manado-City

Nachdem wir unsere Räder zusammengebaut haben, fahren wir nach Manado, das mit 350 000 Einwohnern die zweitgrößte Stadt Sulawesis ist. Als Alfred Wallace 1859 die Stadt besuchte, beschrieb er sie als »die schönste im Osten«. Leider wurde sie 1945 von den Japanern heftig bombardiert und zu großen Teilen zerstört.

Mit der Ernennung eines christlichen Mandanesen, Sam Ratulangi, zum ersten Gouverneur des östlichen Indonesien versuchte die damals junge Zentralregierung unter Sukarno, die gebildeten Minahasa für die neue Republik zu gewinnen. Dies war nicht einfach, da die Minahasa der niederländischen Kolonialmacht äußerst loyal verbunden waren. Nachdem erneute Freiheits- und Unabhängigkeitsbestrebungen aufflammten, startete die Regierung 1958 einen Luftangriff auf Manado. In beiden Bombardements wurde das vom kolonialen Stil geprägte Manado stark zerstört. Doch dem alten Flair hat das nicht viel anhaben können. Die Infrastruktur der Stadt kann sich sehen lassen, und das Flanieren auf der großzügigen Hafenpromenade bei rotglühendem Abendhimmel und dem glänzenden Meer, aus dem in der Ferne der Vulkan Manado Tua herausragt, macht diesen ehemaligen portugiesischen Stützpunkt so reizvoll.

## Kurzcharakteristik:

Diese Fahrradtour verläuft von *Manado* im Norden bis nach *Ujung Pandang* im Süden und orientiert sich weitestgehend am 2300 km langen Trans-Sulawesi-Highway. Dieser führt entlang der knapp 1000 km langen, maximal 130 km breiten nördlichen Halbinsel, durchquert das Zentrum der Insel entlang des drittgrößten Sees Indonesiens, Danau Poso, bis zur Bucht von Bone, um durch das berühmte Land der Toraja an die Westküste zu gelangen und in *Ujung Pandang*, früheres *Makassar*, zu enden. Dies ist eine äußerst anstrengende, mit vielen Strapazen verbundene Tour, die mit einzigartigen Erlebnissen belohnt. Diese Tour in vollständiger Länge zu unternehmen, ist nur erfahrenen Radfahrern zu empfehlen. Um mehr Freude bei der Reise zu haben, ist ein Grundwortschatz Indonesisch sinnvoll, da Englisch nur in wenigen Orten verstanden wird. Die einzelnen Teilstrecken sind keine Etappen im engeren Sinn, sondern lediglich Möglichkeiten.
**Beste Jahreszeit:** Mai–Oktober
**Fahrtzeit:** 28–31 Tage, empfohlene Reisedauer ohne Trekkingtour: 5–8 Wochen
**Gesamtstrecke:** 2300–2500 km
**Kartenskizzen:** Siehe Seiten 155, 158, 162, 166 und 173

### 1. Teilstrecke: Der Abstecher

Um den in der Nähe Manados stark frequentierten Highway zu umgehen, beschließen wir, auf einer schmalen Seitenstraße entlang der Küste nach Süden zu fahren. Die zwei Meter schmale Straße schlängelt sich dicht an der mit kleinen Buchten durchzogenen leicht hügeligen Küste entlang. Kaum sind wir am Manado Beach Hotel vorbei, wird die Straße immer schlechter, der Asphalt beginnt sich langsam aufzulösen. Wir genießen die Brise vom Meer, die durch die Palmwedel rauscht. Nach 28 km liegt auf einer Anhöhe die kleine Residenz einer Schweizerin, die drei Zimmer an Touristen vermietet. Leider sind diese gerade belegt, so daß es uns weiterzieht. Die Straße wendet sich vom Meer ab und zieht sich auf einen Hügel hinauf. Nach weiteren 8,5 km erreichen wir, umringt von einer Schar Neugieriger, das Dorf **Teling,** wo uns der *kepala desa,* der Dorfvorsteher Unterkunft gewährt.

### 2. Teilstrecke: Zur Nelkenmetropole

Von *Teling* aus erreichen wir nach kurzer Zeit eine T-Kreuzung, an der wir nach links abbiegen. Nach etwa 2 km macht die Straße eine Linkskurve, auf der rechten Seite steht ein Straßenrestaurant, hier biegt man nach rechts in eine schmale, leicht zu übersehende Straße ein. Nach 500 m beginnt das Sträßchen, in engen Kurven anzusteigen. Umgeben von Kokospalmen erkämpft man sich Kurve um Kurve und schraubt sich so langsam in die Höhe. Bei einer Verschnaufpause begegnen uns zwei Indonesier auf ihrem Weg zur Plantage. Wie sie uns so schwitzen sehen, fragen sie, ob wir junge Nußmilch, *klapa muda,* trinken möchten. Als wir bejahen, klettert einer der beiden flink auf eine 10 Meter hohe Palme, schlägt mit

**Abseits der Städte und des Trans Sulawesi Highway sind die Straßen und Brücken meist in einem desolaten Zustand.**

einem langen Buschmesser mehrere Früchte ab, turnt herunter, und bis wir die schwer beladenen Fahrräder abgestellt haben, ist die erste Nuß bereits geöffnet. Während sie von unseren Kretekzigaretten rauchen, schlürfen wir den erfrischend kühlen Krafttrunk.

Die holprige Straße – mir brechen nacheinander beide Alu-Lowrider, und nur notdürftig kann ich sie zusammenflicken – schlängelt sich, nachdem wir die Palmenplantage hinter uns gelassen haben, durch artenreiche Landschaft. Zeitweise begleitet uns zu unserer Linken ein breiter Fluß, der sich mit zunehmender Höhe verjüngt. Nach einem schweißtreibenden Anstieg erblicken wir hinter einer Rechtskurve einen Wasserfall, der mindestens 30 Meter in die Tiefe stürzt. Bougainvillea blüht an den Hängen und entlang der großen Terrasse eines Hauses, das über Stufen von der Straße zu erreichen ist. Das großzügige neu gebaute Holzhaus scheint mir, dem Grundriß nach, eine Unterkunft zu werden. Leider ist niemand da, den wir fragen können. Lange bevor wir in das kleine Städtchen *Sonder* einfahren, liegt uns schon ein süßer, strenger Duft in der Nase – Nelken. Was wir in Europa nur zum Würzen von Speisen verwenden, ist in Indonesien Hauptbestandteil der einmaligen Kretekzigaretten. Zu Beginn der 70er Jahre, als Nelken hoch im Kurs standen, hatte dieser kleine, unscheinbare Ort das höchste Pro-Kopf-Einkommen des gesamten Archipels. Ein Nelkenbaum, der in der Regel 15 bis 20 Meter hoch und an die 50 Jahre alt wird, reicht selbst heutzutage bei niedrigeren Preisen noch aus, das Haushaltsbudget aufzubessern.

**Die Natur hält immer wieder Überraschungen bereit – auf dem mühsamen Anstieg nach Sonder entdecken wir diesen tobenden Wasserfall.**

An einer T-Kreuzung geht es links, zunächst am Marktplatz und dem Busterminal vorbei, stets weiter hinauf bis an die Hauptstraße. Nach rechts führt das rauhe Asphaltsträßchen zum **Toar-Lumimuut**-Resort mit Schwimmbad und angelegtem Park. Dieser ruhige Ort ist an Wochenenden von Städtern aus Manado stark frequentiert. Hier kann man, mit Blick auf den Park, eine kühle Nacht verbringen.

## 3. Teilstrecke: Eine Bilderbuchlandschaft

Die Temperaturen in dieser Höhenlage, also um die 700 Meter, liegen am Tag zwischen 24 und 26 Grad, die Luftfeuchtigkeit ist niedriger als an der Küste. So lassen sich die 81 km der heutigen Etappe wesentlich angenehmer fahren. An der Hauptstraße biegen wir links ab und radeln bei leichter Steigung Richtung Manado zur Blumenstadt *Tomohon*. Würde man rechts abbiegen, stieße man noch vor Kawangkoan auf ein mächtiges Felsmassiv, in dem die Japaner 1943 ein weitverzweigtes Stollensystem angelegt hatten. Die Straße ist gesäumt von einem Grasstreifen, hinter dem sich dichte Vegetation auftürmt. Etwa sieben Kilometer vor Tomohon liegt auf der rechten Seite, in das satte Grün des Bergdschungels eingebettet, der türkisgrün schillernde Schwefelsee *Danau Linow*. Dieser ist 10 Fußminuten von der Hauptstraße entfernt.

*Tomohon* selbst ist ameisenähnlich geschäftig und Missionszentrum christlicher Kirchen. Das Klima in 800 Metern über dem

Eine Goldschürffabrik inmitten des unberührten Dschungels, an der Südküste von Nordsulawesi.

Meeresspiegel läßt, bei ausgewogenem Niederschlag, sehr gute Ernten zu; hinzu kommt, daß die fruchtbaren vulkanischen Böden den Ackerbau begünstigen. Gemüse und Früchte sind Exportschlager Nummer 1, dicht gefolgt von einer breiten Blumenpalette: Hibiskus, Flieder, Gladiolen, Bougainvillea, Schwertlilien und andere können auf dem großen Markt dienstags, donnerstags und samstags bestaunt werden. Wir folgen der gut ausgeschilderten Straße in Richtung Südosten nach *Tondano,* das an der nördlichen Spitze des gleichnamigen Sees liegt. Auf dieser 44 km langen Abfahrt bis auf Seehöhe in etwa 600 m lassen wir es zügig rollen. Tondano bietet neben vielen kleinen Geschäften und Restaurants auch eine Fülle von Unterkünften verschiedenster Preisklassen. Ein Stück weiter im Süden, auf der Westseite des Sees, gibt es aber einen echten Geheimtip: An einer sternförmigen Kreuzung biegt man scharf nach rechts in eine schmale Straße ein, die zum Dorf und Ferienresort *Remboken* führt. Nach 20 km, zunächst entlang weiter Ebenen, auf denen *sawah,* Naßreis, gezogen wird, kommt man immer näher an den See heran, bis die Straße parallel zu dem glasklaren Gewässer verläuft; hier erreicht man den Ort **Paso**.

200 m weiter vom kleinen Ortskern entfernt sieht man auf der linken Straßenseite ein weißes Haus mit einem Teich und einem Pavillon. Eventuell steht an der Straße noch ein Schild mit der Aufschrift »Homestay Florida«. Eine ausgesprochen nette Familie, die zwei mit Mamorfußboden ausgelegte Zimmer vermietet. Mitten im Haus gibt es eine kochendheiße Quelle, die die Marmorplatten des gesamten unteren Wohnbereiches angenehm fußwarm hält. Hinter dem Haus lädt ein wohltemperiertes Becken zum Baden.

## 4. Teilstrecke: Zu den Goldgräbern aus Urgroßvaters Zeiten

Wir fahren an dem Ferienresort in *Remboken* vorbei; dieser Ferienkomplex wirkt völlig geschmacklos und unpassend in dieser reizvollen, friedlichen Umgebung. Würden die grünen Reisfelder nicht immer wieder daran erinnern, könnte man schnell vergessen, sich unter tropischer Sonne zu befinden. Bei *Kakas* verabschieden wir uns von dem Kratersee und biegen in südliche Richtung nach *Langoon* und *Pangu* ab. Zunächst müssen wir 200 Höhenmeter überwinden, bis wir die steilen, mit Bergwald bewachsenen Kraterwände hinaufgefahren sind. In scharfen Serpentinen

**Auf der Tropeninsel Kumekee läßt es sich herrlich entspannen.**

führt die Straße dann hinunter ans Meer. An der Straße sind immer wieder Aussichtsplätze. Dort stehen kleine Holzbuden, deren Auslagen reichlich mit Früchten der Saison belegt sind. Im August ist gerade Salak-Zeit. Salak wird aufgrund ihrer schlangenähnlichen Haut auch als Schlangenfrucht bezeichnet. Sie schmeckt frisch und ist belebend. Hier habe ich die besten Salak gegessen, die ich bisher in Indonesien gekauft habe. *Belang* empfängt uns mit brütender Hitze, und ich wünsche mich zurück an den idyllischen See.

Ab Belang beginnt das Abenteuer erst richtig. Kaum sind wir aus dem Dorf in südwestliche Richtung hinausgefahren, weitet sich die Straße zu einer breiten Schotterpiste. Der Grund für diesen Ausbau: Bei *Ratototok,* acht Kilometer hinauf in den dichten Dschungel, wurde, oben auf einer Bergkuppe, eine Schürffabrik errichtet. P. T. Newmont, eine Dreiländerkooperation von Amerikanern, Australiern und Indonesiern, trägt hier ganze Gebirge auf der Suche nach Gold ab. Mit modernen Verfahren wird das Gold aus dem abgetragenen Material ausgefällt und die ausgewaschene Erde über große Pipelines ins Meer geleitet. Dort sinkt der Schlamm in dem küstennahen Tiefseegraben als Sediment ab. Wie uns einer der dort arbeitenden Australier sagte, sei diese Entsorgung ökologisch vertretbar, dennoch möchte man sich nicht in die Karten schauen lassen. Besucher sind absolut unerwünscht. Daß wir dennoch hineinkommen, ist ausgesprochener Zufall, unter anderem, weil wir die ersten Touristen in dieser Gegend sind und die indonesischen Sicherheitsbeamten uns nicht als Sicherheitsrisiko betrachten.

Ab Ratototok schrumpft die Piste auf einen schmalen, schlammigen Geländeweg zusammen. Von den Anhöhen, die immer wieder zu erklimmen sind, bietet sich uns eine phantastische Sicht auf die vorgelagerten Inseln. Nach 17 km erreichen wir das kleine Goldschürferstädtchen *Kotabunan*. Hier treffen wir Gräig, einen australischen Geologen, der für seine Firma seit acht Monaten auf Goldsuche im dichten Bergwald des Hinterlandes ist. Er ist erfreut über die seltene Abwechslung und zeigt uns seine Wirkungsstätte. Mit einem Geländejeep fahren wir tief in den Wald hinein zu einem Bohrloch. Wir scheinen ihm Glück zu bringen, denn in 30 m Tiefe stößt er auf eine Goldader. Zu Fuß marschieren wir weiter zu einem einheimischen Goldschürferdorf. Von einem kargen, abgewaschenen Hügel blicken wir über unzählige kleine Strohhütten, dennoch wirkt alles sehr verlassen. Vor fünf Monaten, so berichtet uns Graig, lebten hier noch etwa 1000 Schürfer. Doch diese Siedlung war illegal und wurde von der Polizei aufgelöst. Normalerweise würde das niemanden berühren, doch nun, da ausländische Firmen sich für das Land interessieren, werden die kleinen, mittellosen Goldschürfer einfach vertrieben. Sie graben, jetzt an anderer Stelle, wie zu Urgroßvaters Zeiten schmale Schächte bis in 15 Meter Tiefe, von denen horizontale Krabbelgänge wegführen, in denen das Gestein abgeklopft und nach oben befördert wird. In großen eisernen Trommeln, die mit Muskelkraft gedreht werden, wird die Erde geschwemmt und das Gold herausgewaschen.

Mit einem Auslegerboot machen wir einen Ausflug zur Tropeninsel *Kumekee,* die die Einheimischen Pulau Nanas, Ananasinsel, nennen. Das klare Wasser und der weiße Sandstrand laden zum Betrachten wunderschöner Korallen und bunter Fische ein.

## 5. Teilstrecke:
## Ins kühle Kotamobagu

Die ersten 25 dieser 73 km langen Strecke führen auf einer Schlaglochpiste an verschlafenen Dörfern und ausgedehnten Mangrovensümpfen vorbei nach *Molobog.* Aus dem Dorf hinaus führt die Straße schon ein wenig hinauf ins Hinterland. An einer Weggabelung führt die Straße links ins nahegelegene *Nuangan,* während es rechts steil bergauf in Richtung Kotamobagu geht. Die Straße wird allmählich besser, aber auch steiler. Es ist ein wahrer Kampf, durch das zerklüftete Bergland zu fahren. Zunehmend wird die Bergflora dichter und wilder. Kinder, die uns radelnd oder schiebend ankommen sehen, springen ins schützende Gebüsch. Es begegnen uns zwei Autos an diesem Tag, die besagte Steigungen, auch unbeladen, nur im ersten Gang hinauffahren können.

Am Nachmittag erreichen wir den Bergkamm in ca. 1500 m Höhe. Eine Zeitlang bleiben wir auf dem Kamm, bis es stetig 25 km in die Ebene von **Kotamobagu** hinab geht. Bei Nieselregen erreichen wir nach einem 12stündigen Reisetag unser Losmen.

## 6.–9. Teilstrecke:

### Variante A.: Entlang der Nordküste zur Handelsstadt Gorontalo

Am ersten Tag läßt es sich zügig fahren. Man verläßt die Stadt in Richtung Nordwesten und fährt auf der kurvenreichen Straße oberhalb des eingeschnittenen Flußlaufes des Mongondow hinunter an die Küstenstadt *Inobonto.*

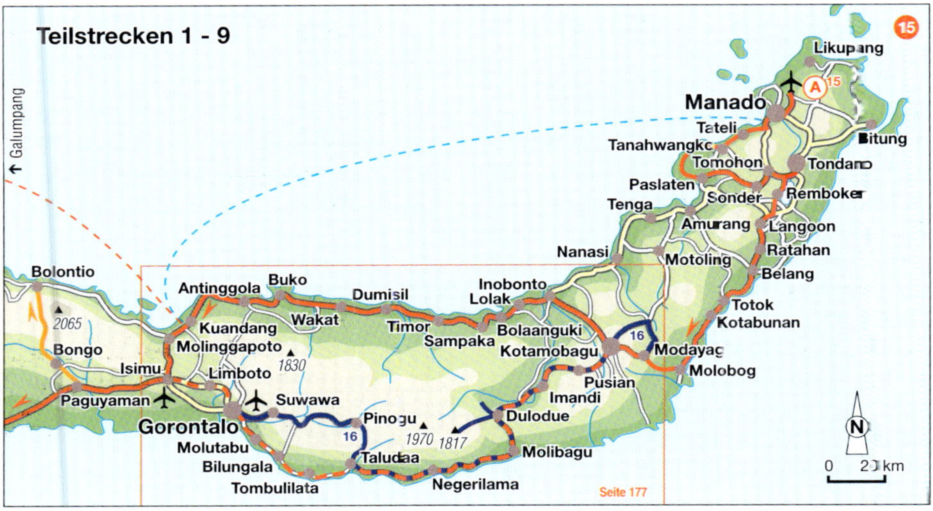

Die Straße entlang der Südküste zwischen Kotabunan und Molobog ist miserabel, Fahrzeuge sind rar, so dient ein Ochsengespann als schnellstes Transportmittel.

Wenige Kilometer vor der Stadt ist eine Gabelung, der man nach links über eine weite Ebene mit Trockenreisfeldern auf den Highway folgt. Vor dem Dorf *Dumisil* liegt auf der rechten Seite eine große Straßenwirtschaft, die gut bewirtschaftet ist und eine spartanische Bleibe für die Nacht bietet. Diese großen Straßenrestaurants leben von den Überlandbussen, deren Passagiere dort einkehren. Jeder Busfahrer hat sein Stammlokal, das er bei jeder Fahrt ansteuert. Als Gegenleistung erhalten die Fahrer und Gehilfen freie Kost. Es handelt sich hierbei nicht um offizielle Unterkünfte, aber auf Anfrage stellen sie in der Regel ein Zimmer zur Verfügung.

Bis Gorontalo sind es 263 km mit nur leichten Steigungen. Von dem alten Fort Orange, das rechter Hand über eine 500 m lange Piste von der Hauptstraße zu erreichen ist, eröffnet sich ein wunderschöner Ausblick über die Bucht und den Hafen von *Kwandang*. Neben kleineren Küstenschiffen nach Manado, Tolitoli und Palu legen hier auch die großen Pelni-Passagierschiffe an.

### Variante B: Entlang der Südküste nach Gorontalo

Wer beabsichtigt, den *Dumoga-Bone-Nationalpark* zu besichtigen, hat die Möglichkeit, von *Duloduo* nach *Molibagu* und entlang der Südküste westwärts nach **Gorontalo** zu fahren. Die Strecke ist kürzer, aber aufgrund der schlechten Straße entlang der Küste auch anstrengender.

**Zwei Alternativtouren von Gorontalo nach Zentralsulawesi** Zur Weiterfahrt nach Zentralsulawesi bieten sich neben der Fahrradroute noch zwei Schiffsrouten an:

A. Von *Gorontalo* nach Norden bis in das 53 km entfernte Küstenstädtchen *Kwandang*. Von dort mit dem Boot nach Tolitoli. Die Küstenstraße entlang der Makkasar-Straße soll fertiggestellt und in gutem Zustand sein. Fünf Tage sind mit dem Fahrrad von Tolitoli nach *Tambu*, ein weiterer bis *Palu* einzuplanen.

B. Von Gorontalo mit der Fähre bis nach Poso, mit erholsamem Zwischenstop auf den paradiesischen Togian Islands.

## 10.–14. Teilstrecke: Entlang der Tomini-Bucht

Die ganze Strecke bis zur großen *Tomini-Bucht* ist nicht sehr abwechslungsreich und ausgesprochen heiß und trocken. Wo vor 10 bis 15 Jahren der Wald noch bis dicht an die Küste heranreichte, trifft man heute auf gerodete Areale, wo Mais, Reis oder Maniok kultiviert werden. Andere Felder liegen mittlerweile schon wieder brach und werden von dem alles überwuchernden Alang-Alang-Gras bedeckt. Entlang der Küste sind unzählige neue Transmigrantendörfer entstanden. Diese Dörfer sind oft nach der Herkunft ihrer Bewohner benannt, so zum Beispiel *kampung* Bali, Java, Lombok etc.

Die 488 km bis nach **Kasimbar** lassen sich zügig bewältigen. Die Straße ist in gutem Zustand und flach, in der Regel folgt sie direkt dem Küstenverlauf. Einige menschenleere Buchten laden zum spontanen Badespaß ein. Etwa einen Kilometer südlich von Kasimbar steht auf der rechten Seite der Jl. Trans-Sulawesi ein Wachposten, der den Schlagbaum, der über der Straße liegt, bedient. Lastwagenfahrer müssen hier, wenn sie Ladung mit sich führen, eine Art Wegezoll entrichten. 20 m weiter, auf der linken Seite, steht ein *Rumah makan* mit dem Namen Wisata Lambagu. Hier erhält man einfache scharfe Kost und eine Pritsche für die Nacht.

### Zwei Fußwanderwege auf die Nordseite zur Celebes-See

1. Ab **Paguyaman**, 70 km westlich von Gorontalo an der gleichnamigen Bucht gelegen, führt ein Weg über das Dorf *Bongo* nach **Bolontio** an der Nordküste. Gut drei Tage sind für diese Wanderung über die 1500 m hohe Bergkette, Ausläufer des Paleleh-Gebirgszuges, einzuplanen.
2. Von **Tinombo** an der Tomini-Bucht führt ein Handelsweg nach **Siboa**. An der Südflanke des 3000 m hohen Gunung Sojol entlang führt der Pfad auf ca. 1200 m hinauf. Die etwa 45 km lange Strecke führt durch dichte, kaum berührte Bergflora. Nördlich des Weges soll eine ausländische Missionsstation sein, die in den Bergen lebende, isolierte Familienclans zu erforschen versucht. Unter diesen *suku tera-*

Neben dem Trans Sulawesi Highway stehen fast jeden Kilometer die gelben Kilometersteine mit der Entfernung zur nächstgrößeren Stadt.

*sing,* fremden Völkern, sind die bekannteren die Tajio, Pendau und Lauje. In der Umgangssprache der Küstenbewohner werden sie als *Da'a* bezeichnet, das an die Urwaldbewohner Kalimantans, die Dayak, erinnert. Diese zersplitterten Bergstämme leben traditionell von ihren auf kleinsten Parzellen kultivierten Anbauprodukten wie Süßkartoffeln und Mais. Gelegentlich kommen sie an die Küste, um wilden Honig, Trockenfleisch oder Rattan gegen Gemüse, Salz oder Haushaltsgüter einzutauschen.

## 15. Teilstrecke: Auf der »Geisterstraße« zur Westküste

Der Äquator verläuft 12 km nördlich von *Kasimbar.* Wir nehmen es nicht so genau und stellen uns vor, daß wir 29 km entlang des Äquators über die Bergkette an die Westküste nach **Tambu** fahren. Da ich diese asphaltierte Straße durch unberührte Berglandschaft noch auf keiner Karte gefunden habe, kann ich den Erzählungen der Lastwagenfahrer erst Glauben schenken, als wir sie befahren.

Die Straße biegt direkt gegenüber dem Restaurant nach Westen ab. Die ersten 10 km steigen nur schwach an, vorbei an vielen kleinen Schreinen, vor denen unzählige Opfergaben aufgereiht sind. Bei einer Gruppe Männer halten wir an, um uns nach ihrer Herkunft zu erkundigen. Wie sich herausstellt, sind sie alle aus Bali, und folgerichtig wird ihr Reihendorf »Little Bali« genannt. Sie erzählen, daß diese Straße, wenn auch nicht in dieser Form, schon seit über 10 Jahren existiert.

Kaum sind wir an den letzten Dörfern vorbei, wird die Vegetation dichter, die Straße steiler. Bis auf 1000 Höhenmeter führt sie hinauf. Der weite Blick über die Westküste ist überwältigend. Dichter Wald zieht sich weit hinauf in den Norden. Der laute Flügelschlag des Helmhornvogels direkt über uns läßt uns zusammenzucken und seinen kraftvollen Flug in die Ferne verfolgen. Wer genügend Wasser und Kochutensilien dabei hat, kann durchaus hier oben zelten. Es sei jedoch vor Schlangen, die sich gerne auf den warmen Teer legen, und vor Skorpionen gewarnt!

Nach äußerst steiler Abfahrt, die unsere Bremsen auf Dauerbelastung testet, rollen wir in das verschlafene Fischerdorf *Tambu* ein. Wir schaffen es an diesem Tag bis nach **Oti** und genießen einen traumhaften Sonnenuntergang, gestört nur durch unzählige Mücken.

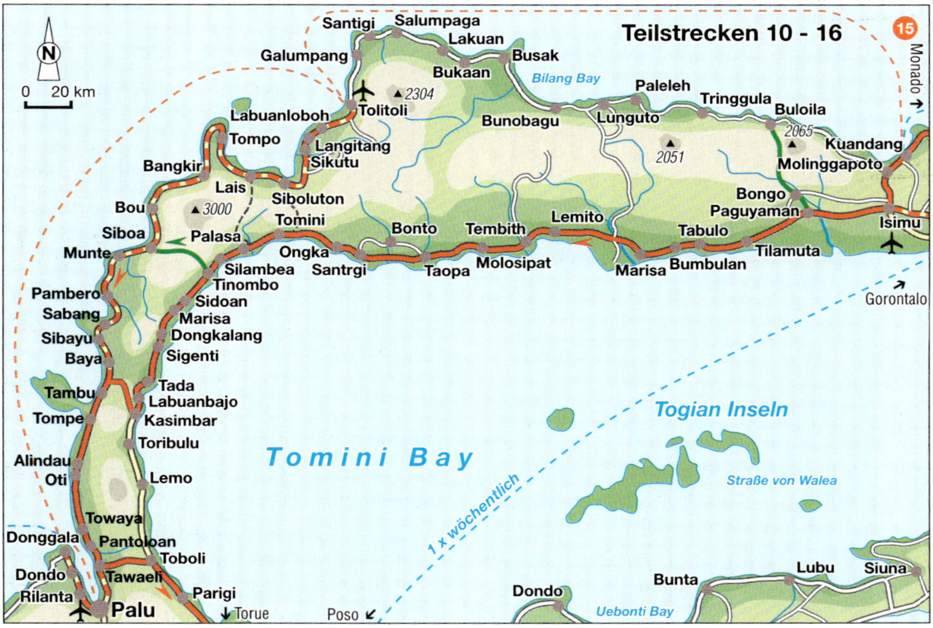

Die Materialbelastung bei einer solchen Tour ist enorm. Werkzeug und Ersatzteile sind besonders in entlegenen Gebieten unverzichtbar. Auf die Hilfe der Bevölkerung ist aber immer Verlaß.

## 16. Teilstrecke: Zum Korallenstrand von Tanjung Karang

Die ersten 40 km von *Oti* nach **Pantoloan** sind landschaftlich reizvoll, aber ausgesprochen schwer zu fahren. Die ehemalige Asphaltstraße ist eine Aneinanderreihung von Schlaglöchern mit scharfen Asphaltkanten. Zudem zieht sich die Straße durch hügeliges, waldreiches Gebiet. In den Dörfern sind wir eine seltene, aber willkommene Attraktion. Die Sonne brennt sengend heiß hernieder. In einem Dorf, wo wir zu Mittag essen, beschließen wir, uns vor dem Weiterradeln im türkis schimmernden Meer abzukühlen. Begleitet von 50 grölenden Kindern stürzen wir in die erfrischenden Fluten.

Kaum 10 km weiter quillt durch einen 5 cm langen Riß in meinem Hinterreifen der Schlauch heraus. An eine schnelle Reparatur des Reifens ist nicht zu denken. Da in Indonesien wahrlich nicht in jedem Dorf ein Fahrradladen existiert, fährt ein junger Bursche mich einige Dörfer weiter zu einem Gemischtwarenhändler, der unter anderem Fahrradartikel führt. Aus der hintersten Ecke zerrt er ein Bündel völlig verstaubter 26-Zoll-Reifen hervor. Die ungewollte Pause kostet uns zwei Stunden, doch ebenso bringt sie uns unverhoffte Freude mit den Dorfbewohnern, die interessiert beim Reifenwechsel zuschauen.

Bei ***Tawaeli*** biegt die Straße an der einzigen Kreuzung nach *Toboli* ab, während es südwärts 19 km auf einer autobahnähnlichen Straße nach **Palu** geht. Die Region um Palu gilt als die trockenste auf Sulawesi. Die Stadt wird nach Westen und Osten von langen Gebirgsketten mit einer Höhe bis 2000 m eingeschlossen. Mit Feuchtigkeit gesättigte Winde steigen an den Luvseiten auf, regnen sich ab, und über den Kamm erreicht nur noch trockene Luft die Ebene. Weitere 35 km sind es bis zu dem alten islamischen Hafenstädtchen *Donggala*, wo einst reges Treiben herrschte, und nach weiteren 2 km erreichen wir das von Korallenriffen gesäumte **Kap Tanjung Karang**. Glutrot ist der Abendhimmel, als wir im Losmen »Harmony« eintreffen und gleich mit voller Montur ins Meer hechten.

**Am Kap von Tanjung Karang kommen Meeresfreunde voll auf ihre Kosten.**

Die Straße führt um das Kap herum, weiter zum 12 km entfernten *Towale*. Dort werden die von Indien inspirierten Seidenwebereien hergestellt. Bekannt sind sie unter dem Namen *kain Donggala*. Der eigentliche Passagierhafen für Küsten- und Pelnischiffe ist der Ort *Pantaloan* auf der östlichen Seite der Palu Bucht.

## 17.–19. Teilstrecke: Zum Hochlandsee Danau Poso

Im Morgengrauen ist die Fahrt zurück nach *Palu* besonders reizvoll. Das Meer in der engen Bucht liegt spiegelglatt vor uns ausgebreitet. Selbst Palu wirkt in der frischen Morgenluft friedlich und ruhig. In *Tawaeli* biegen wir nach 2 1/2 Std. Fahrt in die Straße ein, die über den Paß führt. Mehrere Laster säumen auf der linken Fahrbahn die Straße. Wir fahren an den wartenden Lastern vorbei und fragen weiter vorne bei einem Polizeihäuschen, weshalb es nicht vorangehe. Die Straße über diesen hohen Paß ist sehr schmal, und meist geht es auf der Hangseite steil in die Tiefe. In der Vergangenheit, und die geht bis zum Juni 1996, ist es immer wieder vorgekommen, daß Laster oder Busse abstürzten. Aufgrund des schwierigen Geländes, des dichten Urwaldes und der monsunartigen Regenfälle ist ein gesicherter Ausbau der Straße nicht möglich. Der letzte schwere Unfall mit dreißig Toten veranlaßte die Behörden dazu, den Paß alle vier Stunden in wechselnder Richtung zur Einbahnstraße zu machen. Zwei Stunden später wird der Schlagbaum hochgezogen, und die Laster beginnen ihre mühsame Auffahrt.

Phantastisch ist die Fahrt über den Paß. Oben angelangt, lädt eine Straßenwirtschaft, bekannt als *Kebun kopi*, Kaffeegarten, zu einer Pause ein. *Toboli* ist nicht besonders attraktiv, daher ist es empfehlenswert, südostwärts nach *Parigi* weiterzufahren. Ebenen mit Reisfeldern ziehen sich zur Gebirgskette im Westen hinauf. Es ist merklich grüner, gleichzeitig aber auch schwüler als in Palu. Der Trans-Sulawesi-Highway folgt dem Küstenverlauf bis zur beschaulichen Stadt **Poso**, die durch den gleichnamigen Fluß zweigeteilt ist. Am Flughafen vorbei fährt man auf der Jl. Sabang nach Poso hinein, biegt am Zentralmarkt, der sich zur Linken befindet, nach links in die Jl. Sumatra ein und folgt dieser, bis sie nach 1 km auf die Jl. Kalimantan mündet. Auf der gegenüberliegenden Straßenseite im Haus Nr. 15 befindet sich das Touristeninformationsbüro. Hier sind Stadtpläne und einige nützliche Tips über die Region zu bekommen. Der Hafen, mit Schiffen nach und von Gorontalo, liegt auf der östlichen Seite des Flusses. Folgt man der Jl. Kalimantan, die später in die Jl. Yos Sudarso übergeht, nach Norden, liegt der Hafen nach ca. 1,5 km auf der linken Seite.

*Tentena* liegt 57 km weiter südlich; wir fahren auf einer kurvenreichen Straße, die erst 1992 fertiggestellt wurde und immer wieder durch Erdrutsche versperrt oder fortgerissen wird. Uns zieht es auf dieser Straße bei km 45 zum Wasserfall *Sulewana*. Beim Dorf *Watunoncu* biegen wir rechts nach Westen auf einen Pferdekarrenweg ein, der uns nach 3 km zu unserem Ziel führt. Das beruhigende Plätschern des Wassers wiegt uns in tiefen Schlaf, und wir verbringen eine angenehm kühle Nacht im Zelt.

## 20. Teilstrecke:
## Am Danau Poso entlang zu den Saluopa-Wasserfällen

*Tentena* liegt an der nördlichen Spitze des Sees. Dieser ist mit 32 000 Hektar und einer Tiefe von bis zu 500 m drittgrößter See Indonesiens. Eine überdachte Holzbrücke verbindet die beiden Stadthälften, die sich entlang des Flusses entwickelt haben. 1890 erreichten die ersten holländischen Missionare diesen kühlen Ort in 550 m Höhe. Heute ist Tentena Hauptsitz der christlichen Kirche Zentralsulawesis. Auch die Leute in den umliegenden kleinen Bergdörfern gehören dem christlichen Glauben an. Bei der Überquerung des Flusses sind flußabwärts Aalfallen zu erkennen. Der Aal ist hier neben vier weiteren Fischen heimisch. Leider sind zwei der ursprünglich im See lebenden Fischarten vom Aussterben bedroht, da sie von Karpfen und Katzenfischen *(ikan lele)*, die hier eigentlich nicht beheimatet sind, verdrängt werden.

Weiter nach Westen liegt auf der linken Seite das Flugfeld der Mission Aviation Fellowship, kurz MAF. Die protestantische Mission versucht, die schwer erreichbaren Dörfer per Flieger für Einheimische leichter zugänglich zu machen. Es wird versucht, einen möglichst regelmäßigen Flugplan aufrechtzuerhalten, was wegen der schnell wechselnden Wetterbedingungen aber oft nicht möglich ist. Bevorzugt werden Einheimische befördert, danach werden Touristen berücksichtigt, die den nicht subventionierten, höheren Flugpreis bezahlen müssen.

Die Saluopa-Wasserfälle ziehen sich in mehreren Etappen über eine Höhe von etwa 40 Metern in die dichte Vegetation hinein.

500 m weiter biegt eine Straße zum Bungalowkomplex *Wisata Graha Permai* ab. Eine großzügige Anlage, die nur einmal im Jahr, vom 24. bis 31. August während des großen Poso-Festivals, ausgebucht ist. Dieses jährliche Spektakel wird von zahlreichen Tänzen und Bootsrennen auf dem See begleitet. Der Manager Muhalip ist ein Kenner der Gegend und veranstaltet Trekkingtouren ins Morowali-Naturschutzgebiet.

Zwei Kilometer hinter *Tonusu,* das 13 km westlich von Tentena liegt, biegt rechts eine Straße ins *kampung Bali* ein, nach weiteren 300 m führt eine 3,5 km lange Piste zunächst durch eine hügelige, danach durch eine weite Reisebene zu einem Wäldchen. Mittlerweile ist der Fluß kanalisiert. Folgt man einem gut sichtbaren und ausgetretenen Pfad, so erreicht man nach 500 m die *Saluopa-Wasserfälle*. Über unzählige Terrassen rieselt das Wasser über 80 m hinunter. Ein herrlicher Ort zum Zelten.

## 21. Teilstrecke: Am Westufer entlang nach Bancea

Zurück auf der Asphaltstraße, fahren wir bei strahlend blauem Himmel nach Süden, immer am See entlang. Wir passieren die Abzweigung, die rechts ins *Bada-Tal* führt. Von dem schmalen Küstensaum, auf dem oft nur die Straße Platz findet, ragt auf der rechten Seite die Tineba-Bergkette schroff in die Höhe. Dort,

wo die Ausläufer der Berge bis an den See reichen, um dann klippenartig abzufallen, stehen uns abrupte Steigungen bevor. Ein Fluß hat sich durch das westliche, zentrale Bergmassiv einen Weg bis hinunter zum See gebahnt und ein weites, zum Teil überschwemmtes Delta gebildet. Der Anblick einer weiten Ebene mit saftig-grünen Reisähren erfreut unser Auge. Doch bei näherem Betrachten trübt sich dieses idyllische Bild. Verkohlte Baumrümpfe ragen aus dem Grün heraus. Auch hier handelt es sich um ein relativ neu angesiedeltes Transmigrationsprojekt.

Bis nach *Taipa*, einem kleinen Dorf, das bis vor wenigen Jahren nur mit dem Boot oder zu Fuß angesteuert werden konnte, ist die Straße hervorragend. Etwa fünf Kilometer weiter wird gerade asphaltiert, und so strampeln wir unter Beifall an den Straßenarbeitern vorbei. Uns stimmen in diesem Moment die dunklen, mächtigen Wolkentürme über dem See, die von Süden heraufziehen, nachdenklich. Wir haben bereits wieder Asphalt unter den Rädern, als sintflutartiger Regen auf uns niederprasselt. Gerade sind wir dabei, eine 5 km lange Steigung zu bewältigen, da verwandelt sich die Straße in einen reißenden, wadentiefen Fluß. Weiter oben schießen aus einem steilen Hang enorme Wassermassen quer über die Straße, die diese an der Hangseite zusehends auflösen. In verschieden langen Intervallen begleiten uns diese heftigen Schauer, bis wir nach 2 Std. zu einem Parkgarten mit wunderschönem Sandstrand kommen. Einen Kilometer weiter liegt das Dorf **Bancea,** wo wir, inzwischen fröstelnd, in einem Warung einkehren. Die Familie bietet uns ein Zimmer für die Nacht an. Heilfroh sind wir über unsere trockenen Kleider, die wir aus den Packtaschen holen. Wer Ruhe und Abgeschiedenheit direkt in Seenähe sucht, ist hier, bei einer Orchideenfarm, bestens aufgehoben.

## 22. Teilstrecke: Am Südufer entlang nach Pendolo

Während anfangs noch einige Steigungen zu bewältigen sind, führt der weitere Weg durch eine Ebene mit Reisfeldern mit Blick auf den Pososee und bizarre schneeweiße Wolkengebilde vor strahlend blauem Hintergrund. Die Luft ist so klar, daß wir die Konturen des 37 km entfernten nördlichen Ufers erkennen können. **Pendolo** ist verschlafen und ruhig, so daß auch wir unseren Tagesrhythmus auf diese Atmosphäre einstellen. Pünktlich um 16 Uhr beginnt es jetzt jeden Tag zu regnen. Es ist Anfang Oktober, und die Besitzerin unserer Unterkunft erzählt uns, daß sich damit die Regenzeit ankündige. Die nüchternen Zahlen der Niederschlagsmengen, hier zwischen 5000 und 7000 mm im jährlichen Mittel (Max. in Deutschland: 2500 mm, Allgäuer Alpen), bekommen durch dieses Vorspiel eine ganz neue, vorstellbare Dimension.

## 23.–25. Teilstrecke: Über das Tinebagebirge an den Golf von Bone

Die erste dieser drei Etappen bis *Pa'opo,* die Strecke bis *Wotu,* ist mit Abstand die imposanteste. Die ersten 20 km sind fast eben und

**Ein fliegender Händler versorgt die verstreuten Dörfer entlang des Westufers mit den wichtigsten Haushaltsgegenständen.**

führen entlang eines großen Gemüseanbaugebietes, das durch ausreichend Niederschlag, fruchtbaren Boden und mildes Klima begünstigt wird. Ab *Mayoa* beginnt der stetige Anstieg auf einer Bergstraße mit bester Aussicht hinauf auf den Bergkamm in ca. 1600 m Höhe. Dieser ist zugleich Grenze zwischen Zentral- und Südsulawesi, was ein mächtiges Tor über der Straße verdeutlicht. Auch hier ist unverkennbar, daß der Mensch, ausgehend von Verkehrsachsen, immer tiefer in den Primärwald einzudringen versucht, um Ackerland zu gewinnen. Ein Großteil ist jedoch für eine Bewirtschaftung zu steil, so daß wir auf vielen Kilometern an dichtem Dschungel vorbeifahren. Bevor die Straße die Abfahrt in die Küstenebene einleitet, bekommen wir noch einen phantastischen Blick über die weite Ebene der nördlichen *Bucht von Bone*. Einer jungen Bäuerin, die im Schatten ihres Hauses ihr Kind stillt, kaufen wir ein Bündel Bananen ab, die ausgesprochen süß und aromatisch schmecken. In **Wotu** kommen wir in einem kleinen schäbigen Losmen direkt an der Hauptkreuzung des Dorfes unter.

Nach weiteren 140 km auf einer flachen, gut ausgebauten Straße erreichen wir **Palopo**.

Palopo ist eine lebhafte islamische Kleinstadt und Distrikthauptstadt der Region Luwu. Bevor die Niederländer hier einmarschierten, war es das Zentrum des alten und mächtigen Luwu-Königreiches. Der ehemalige Palast dient heute als Museum »Batara Guru« an der Jl. Andi Jemma 1. Palopo liegt am Fuße einer 2000 m hohen Bergkette. Die Stadtkulisse mit den dicht bewachsenen Berghängen läßt sich am besten vom 1,5 km langen Pier aus betrachten. Hier liegen die riesigen zweirümpfigen *bagan* vor Anker, schwimmende und manövrierfähige Fischereiplattformen. Mit ihren Rümpfen, vier Masten, den langen Auslegern und unzähligen Abspannseilen wirken sie wie schwimmende Kunstwerke oder Boote auf einem Abenteuerspielplatz.

## 26. Teilstrecke: Ins Land der Toraja

Richtung Westen führt die gut asphaltierte Straße auf das Bergmassiv zu. Kaum haben wir die Stadtgrenze von *Palopo* verlassen, beginnt die Steigung. Diese 30 km lange Bergstraße ist eine der eindrucksvollsten Panoramastraßen Indonesiens. Während es in der Küstenebene im Tagesverlauf immer wärmer wird, bleibt es auf dieser Straße mit zunehmender Höhe angenehm kühl. Dichte Vegetation prägt das Bild der zerklüfteten Berglandschaft. Gelegentlich passieren wir kleine Siedlungen, die durch das dichte Dach der Baumkronen von der Ferne kaum auszumachen sind. Über einige Sturzbäche sind neue, massive Stahlbrücken gelegt worden, direkt daneben, als museale Touristenattraktion, stehen die alten Bogenbrücken aus der Kolonialzeit sowie die schmalen Reste des ehemaligen Highways. Nach 4 1/2 Std. erreichen wir einen Aussichtsort, an dessen Hangseite *rumah-makan* – Essenshäuser mit Balkon – zu einer Pause einladen. Von dort ist es eine weitere halbe Stunde bis zum höchsten Punkt der Straße auf ca. 1600 m Höhe. Die Straße macht eine Linkskurve und verschwindet um eine Bergkuppe ins Landesinnere. Für eine gute Stunde zieht sich die Straße entlang der Bergkuppen in Richtung Westen. Zweimal überqueren wir noch einen Bergrücken. In nordwestlicher Richtung blicken wir weit in die Ferne über tiefe, grüne Täler und unzählige Bergrücken hinweg. Stetig geht es bergab in die fruchtbare Ebene des Landes der *Sadang Toraja*. Auf den saftig-grünen Reisterrassen ragen schroffe Karstblöcke aus dem Boden. Aber auch kristalline Sedimentgesteine prägen das Landschaftsbild. In *Nanggala*, links der Hauptstraße, 15 km vor Rantepao, liegt ein bekanntes Toraja-Reihendorf. Beeindruckend sind hier die 14 wunderschönen Reisspeicher mit zahlreichen interessanten Schnitzereien.

*Marante,* nur 9 km weiter westlich, ist über eine Piste, die von der Hauptstraße nach rechts abbiegt, zu erreichen. Fährt man in das Dorf hinein, stehen auf der linken Seite die Wohnhäuser, *Tongkonans* genannt. Ihnen gegenüber stehen in gleicher Bauweise, aber kleiner, die Reisspeicher. In der Mitte der linken Reihe steht das prächtige Tongkonan des Dorfvorstehers. Dieses ist größer und farbenfroher als die umliegenden. Fasziniert bleiben wir vor diesen kunstvollen Häusern stehen.

Auf dem Balkon eines Tongkonan ist gerade ein Maler damit beschäftigt, die Schnitzereien auszumalen. Auffällig ist, daß fast nur die Farben Rot, Schwarz, Weiß und Gelb verwendet werden. Wir fragen den Maler, ob die Farbgebung eine bestimmte Bedeutung hat. Zunächst ist er etwas verunsichert, da er nur ein kleiner Handwerker ist und in der Regel mit Touristen wenig zu tun hat, doch dann taut er langsam auf. Wie er uns erzählt, symbolisieren die Farben Rot und Weiß das menschliche Leben, Rot steht für das Blut und Weiß für die Knochen. Der Ruhm und die Ehre der Götter werden in leuchtendem Gelb dargestellt. Schwarz symbolisiert den Tod und die Finsternis. Als wir ihn nach den Schnitzereien befragen, kommt er ins Schwärmen. Die verschiedenen Ornamente sind kultisch bestimmt

**In Marante ist eines der mächtigsten und schönsten Tongkonans zu bewundern.**

## Die Toraja

Die Toraja zählen neben den Batak auf Sumatra und den Dayak auf Kalimantan zu den bedeutendsten protomalaiischen Altvölkern Indonesiens. Überlieferungen zufolge sind sie im zweiten und ersten Jahrtausend vor unserer Zeitrechnung als Seefahrer an den Küsten Sulawesis gelandet. Nachkommende Stämme wie die Bugis und die Makassaren, die ihnen kriegerisch überlegen waren, verdrängten sie ins Hochland. Die heutige Bezeichnung *Toraja* entstammt aus der buginesischen Mundart, die sie mit »To-ri-aja« als die »Menschen im Inneren« bezeichnet. Erst als die Niederländer 1905 versuchten, das Hochland unter ihre Herrschaft zu bringen, verbündeten sich die bis dahin verfeindeten Sippen und kämpften gemeinsam gegen die fremden Invasoren.
Noch heute zeugen die verschiedenen Sprachen und Dialekte sowie kulturelle Unterschiede von der langen Feindschaft unter den Sippen. Nachdem die Toraja besiegt waren, sollten auch ihre Seelen gewonnen werden, und so rückten die Missionare ins Land. Schätzungen und einem Zensus zufolge gehören 87 Prozent der Toraja dem Christentum und 9 Prozent dem Islam an, während der altüberlieferten Religion der Vorväter, *Aluk to dolo,* besonders die ländliche Bevölkerung angehört. Aber auch die christlichen Toraja haben dem kultischen Erbe und den alten Bräuchen nicht abgeschworen. Bekannteste Zeremonie ist das Totenfest *Tomate*, das in der Regel drei Tage dauert. Die Toraja leben auch heute noch überwiegend von der Landwirtschaft, im besonderen vom Anbau von *sawah,* Naßreis, und der Kultivierung von Kaffee und Gemüse. Daher beginnen die Totenfeiern jeweils erst nach dem Einbringen der Reisernte Ende August und dauern bis Ende Oktober. Die Aufzucht von Schweinen und Büffeln ist von großer Bedeutung, da sie als rituelle Opfertiere benötigt werden und den sozialen Status des Besitzers widerspiegeln.
Das 3600 km² umfassende Gebiet *Tanah Toraja* ist Heimat der Sadang-Toraja, benannt nach dem gleichnamigen Fluß, der ihr Kernland durchfließt. *Makale* ist die saubere kleine, mit Kirchturmspitzen geschmückte Verwaltungsstadt der Region. *Rantepao*, 17 km weiter nördlich, hingegen ähnelt dem Bild einer kleinen staubigen Wild-West-Stadt, die besonders in den Monaten August und September von westlichen Fotocowboys heimgesucht wird.

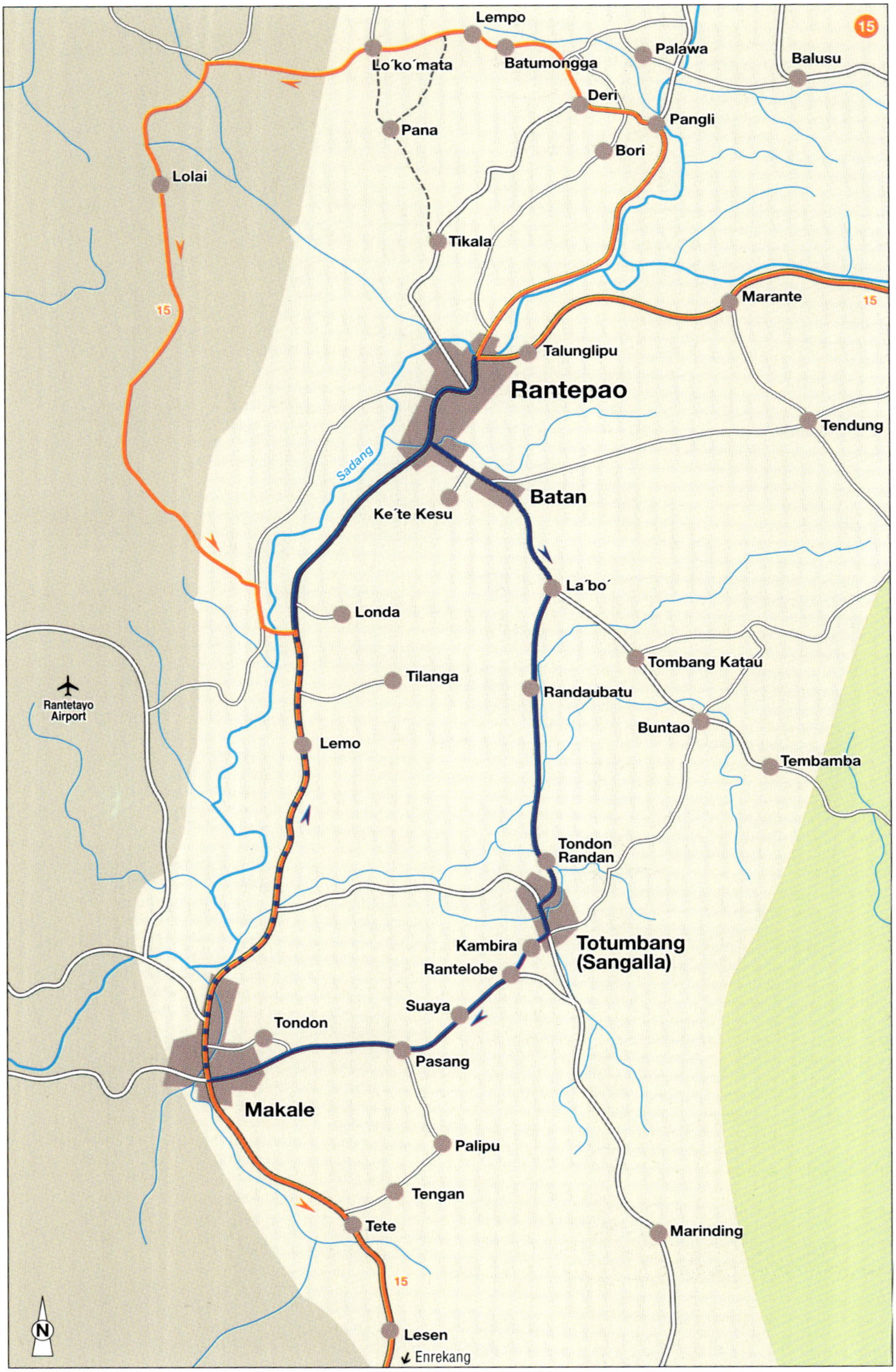
15
Lempo
Lo´ko´mata
Batumongga
Palawa
Balusu
Deri
Pangli
Pana
Bori
Lolai
Tikala
15
Marante
15
Talunglipu
Rantepao
Tendung
Sadang
Batan
Ke´te Kesu
La´bo´
Londa
Tombang Katau
Tilanga
Randaubatu
Rantetayo Airport
Buntao
Lemo
Tembamba
Tondon Randan
Kambira
Totumbang (Sangalla)
Rantelobe
Suaya
Tondon
Pasang
Makale
Palipu
Tengan
Tete
Marinding
15
N
Lesen
Enrekang

und nach strenger *adat*-Vorschrift den einzelnen Bewohnern, abhängig von deren Rang in der Dorfgemeinschaft, zugeteilt. Über 150 verschiedene Motive, so berichtet er, hätten die Toraja zu vergeben, und mit gerunzelter Stirn gibt er zu, daß er leider auch nicht mehr alle davon kenne. Die Motive sind ausgesprochen vielfältig, die Schnitzereien sind wahre Bücher aus der Vergangenheit, deren Schrift immer weniger Menschen zu lesen und zu verstehen in der Lage sind. Bei einer Tasse echten Toraja-Kaffees und einer Kretek-Zigarette gibt der Maler uns den Tip, zu einer der legendären Totenfeiern zu gehen. Diese sei in einem kleinen Dorf, etwa 10 km nordöstlich von *Rantepao,* und würde in zwei Tagen stattfinden.

Die holprige Piste führt noch ein wenig weiter zu einem Kalkfelsen mit den Relikten einiger Hängegräber. Überall liegen Knochen herum, die Totenschädel sind entlang einiger Felsvorsprünge aufgereiht. Direkt gegenüber liegt eine Grundschule, die Jungs spielen sozusagen unter der Obhut ihrer Ahnen Fußball.

**Tagesausflug von Rantepao** Man kann von Rantepao aus wunderschöne Ein- oder Mehrtagestouren im Tanah Toraja unternehmen. Fußpfade, Karrenwege, Steinpisten, Feldwege und schmale Asphaltstraßen durchziehen einen eigentümlich verzauberter Landstrich. Die wenigsten der unzähligen Pfade sind kartiert, somit sind abseits der überlaufenen Touristendörfer beschauliche Siedlungen ganz individuell zu erkunden. Für alle Dörfer oder Felsengräber, die als touristische Sehenswürdigkeit ausgeschrieben wurden, muß Eintritt gezahlt werden. Wer auf diesen Pfaden unterwegs ist und die Augen offen hält, wird aber auch Dörfer entdecken, in denen das Leben noch gelebt und nicht zur Schau gestellt wird.

Unsere Fahrradrundtour führt nach Südosten über *Kete Kesu* nach *La'bo,* danach südwärts bis *Sangalla* und in westliche Richtung nach *Makale.* Von dort über die Hauptstraße zurück, um nach 50 km wieder in *Rantepao* anzukommen.

**Im Land der Toraja.**

Zwei Kilometer südlich Richtung Makale führt eine schmale Straße mit der Ausschilderung *Ke'te Kesu* links ab. Nach einem Kilometer erreichen wir *Buntupune*; dort stehen zwei traditionelle Häuser aus der Jahrhundertwende. Weitere 2 km weiter erreichen wir durch hügeliges Gebiet das Touristendorf *Ke'te Kesu*, eines der meistbesuchten musealen Vorzeigedörfer. Interessanter sind die über einen schmalen Pfad zu erreichenden Hängegräber, auch *Erong* genannt, und die noch vorhandenen *Tau Tau*. Dabei handelt es sich um bekleidete Holzfiguren, die oft Züge ihrer verstorbenen Vorbilder zeigen. Mittels Holzbalken versucht man, die Särge mit den Gebeinen in den Karstklippen einzupflocken. Auch Felsgrotten dienen oft für ganze Familien als letzte Ruhestätte.

Vorbei an *Palatokke* fahren wir nach *La'bo*. Dieser kleine Ort und seine Umgebung sind bekannt für die gut gearbeiteten *parang,* zwischen 30 und 60 cm lange Buschmesser. Passend zu den Buschmessern werden wunderschöne Holzscheiden hergestellt.

An großen Reisfeldern vorbei fahren wir über *Randaubatu* und *Balik* weiter in das 12 km entfernte *Sanggalla*. Hier liegt auf einem Hügel ein kleines Restaurant, in dem wir ein einfaches Mittagessen serviert bekommen. Im 4 km entfernten *Makula* kann man in den heißen Quellen ein erquickendes Bad nehmen, das den ermatteten Körper stärkt. Wer diese Entspannung länger genießen möchte, kann in einem Gästehaus übernachten. Wir biegen allerdings rechts nach *Buntukalando* ab, wo ein königliches Sippenhaus ein kleines Museum beherbergt. Doch vorher zieht es uns, durch ein Schild darauf aufmerksam gemacht, nach rechts zu dem versteckt liegenden Dorf *Salu Allo*. Bei einem uralten, zum Teil überwachsenen Tonkonan, etwa 300 m von der Hauptstraße entfernt, geht es rechts einen schmalen Pfad durch ein kleines Bambuswäldchen hinunter zu den Kindergräbern Pasiliran. Hierbei handelt es sich um Baumgräber, in denen nur Kinder bestattet werden, die noch nicht gezahnt haben. Es wird ein Loch in den Baum gebohrt, das nach Einlagerung der Leiche mit einem Holztürchen verschlossen wird.

Wir fahren ein Stück weiter auf dieser unwegsamen Piste und gelangen zu den Gräbern

**In Ke'te Kesu findet sich diese Höhle mit Tau-Tau-Figuren. Sie sollen die Körper der Verstorbenen symbolisieren.**

Im Torajaland – Bäuerinnen beim Stecken der Reissetzlinge. Jeder einzelne Setzling muß mit der Hand tief in den Schlamm gebohrt werden.

von *Tampang Allo*. Diese sind ein kleiner Geheimtip, da sie traumhaft gelegen und kaum besucht sind. Vom Kassenhäuschen führt ein schmaler Weg an Reisfeldern entlang über einen Fluß zur Grabgrotte. Dort liegen verschieden große Särge aufgebahrt und etwa zwei Dutzend Tau Tau sowie unzählige Totenschädel und Gebeine.

Von *Buntu Kalando* sind es weitere 1 1/2 km nach *Suaya*. Der Bestattungsfelsen dieses Dorfes beherbergt eine gut bestückte Ahnengalerie von Tau-Tau-Figuren. In einem kleinen Tonkonan stehen reich ornamentierte Holzsärge. Hinab nach *Makale* führt uns dann der Weg durch eine reizvolle Landschaft mit Kegelkarst, scharf abgegrenzt durch Reisfelder, die in der Nachmittagssonne in verschiedenen Grüntönen zu leuchten beginnen. Dicht an der Straße steht ein alter Mann mit seiner Hacke in einem Reisfeld und gräbt dieses mühsam um. Oft, wenn die Terrassen zu klein sind und die Bauern ihren Kerbau-Wasserbüffel nicht mit auf das Feld nehmen können, müssen sie es auf diese Weise bearbeiten; doch dieses Feld ist größer. Auf meine Frage, weshalb er dafür keinen Büffel zu Hilfe nimmt, antwortet er, daß er keinen besitze und das Feld ihm auch nicht gehöre. Erst möchte ich es so recht nicht glauben, doch es handelt sich bei diesem alten Mann um einen Leibeigenen.

Die Gesellschaft der Toraja ist streng hierarchisch aufgebaut. Bis heute stehen sich Besitzende und Besitzlose gegenüber. So wird allgemein zwischen den Adeligen, *to makaka,* und dem gemeinen Volk, *bulo diappa,* unterschieden. In manchen Gegenden werden in einer Art Kastenwesen sogar vier Gruppen gebildet, die vom Adel bis zum ehemaligen Sklaven reichen. Erst die Niederländer verboten den florierenden Handel mit Sklaven, den die Fürsten und Adeligen mit den Bugis und Makassaren führten, um sich Waffen für ihre Raubzüge zu verschaffen. Für einen hart arbeitenden Bauern aus der Kaste der *tana kua kua,* der Besitzlosen, wird es niemals eine schöne Totenfeier geben, wie sie für die Reichen und Adeligen, die *tana bulaan,* abgehalten werden.

Kommt man nach **Makale,** sieht man gleich die schöne Kirchturmspitze. Alle sechs

**Nach dem Schlachtritual, welches nach traditionellem adat Brauch abgehalten wird, kümmern sich ausgewählte Männer um das Häuten der Büffel. Hier wird gerade eine Büffelhaut ausgelegt und prepariert.**

Tage findet hier ein großer Markt statt, dessen Ende wir am späten Nachmittag noch erleben. Einige beachtliche Sehenswürdigkeiten finden sich entlang der Hauptstraße zwischen Makale und Rantepao, doch bleibt anzumerken, daß diese, da sie einfach zugänglich sind, in der Hauptsaison von 200 bis 300 Touristen täglich besucht werden. Dennoch sind die Felsengräber, *liang* genannt, von *Lemo* und *Londa* die beeindruckendsten im Land der stolzen Toraja.

## 27. Teilstrecke: Zum Panoramablick nach Batutomonga

Wir fahren zunächst in nördliche Richtung aus **Rantepao** hinaus, überqueren den Sadan-Fluß und folgen der Jl. Pahlawan nach Norden. Zeitweise begleitet uns rechter Hand der Fluß. Zunächst führt uns der Weg nach *Pangli*. Nahe der Dorfkirche, vor einem Tonkonan-Grab, erinnert eine steinerne Ahnenfigur an eine hohe Persönlichkeit. Hier sowie im Dorf *Bori* liegen auf dem *rante* verschiedene Mega-

### Die Totenfeier

Die Totenfeier, *Tomate*, der wir beiwohnen dürfen, gilt einem angesehenen Lehrer. Dieser ist schon vor vier Jahren verstorben und wird jetzt, da alle nötigen Vorbereitungen der Zeremonie für den Weg ins Reich der Toten getroffen sind, seine letzte Reise antreten. Seine vier Söhne und zwei Töchter leben seit Jahren in Jakarta, weit entfernt vom Land ihrer Ahnen. Einer der Brüder, so wird uns berichtet, besitzt eine Fabrik in der Hauptstadt. Sie leben modern westlich, doch hier, beim *Tomate*, schlüpfen sie in ihre Rollen, als wären sie nie fort gewesen, und beachten die Gesetze des *adat* peinlich genau, als wäre es selbstverständlich. Der Höhepunkt im Dasein des Toraja ist nicht das Leben auf Erden, sondern sein Tod mit den Begräbnisfeierlichkeiten, die nach strengen Regeln, die sich nach der Kaste des Verstorbenen richten, begangen werden müssen. Wird versäumt, das Tomate standesgerecht auszuführen, kann der Tote niemals ins *puaya*, das Gefilde der Seligen, einkehren, und wird

rastlos auf der Erde umherirren und seine Familienangehörigen belästigen. Während der dreitägigen Feierlichkeiten ist unser Lehrer ständig anwesend: In einem nachgebildeten, reich geschmückten Tonkonan liegt er einbalsamiert, und ein großes Portraitfoto blickt von dem erhöhten Grabhaus auf die Feierlichkeiten herab. Im unteren Teil des Dorfes erscheinen die zahlreichen Gäste mit ihren Geschenken. Sie bringen Schweine, Büffel, Geldgeschenke, Reis, Zigaretten. Alles wird von der Familie, aber auch von Regierungsbeamten, die die Geschenke besteuern, notiert. Danach werden die Gäste in strenger Rangfolge aufgerufen und dürfen in der Mitte des *rante,* das ist der Festplatz, in einer extra dafür errichteten Hütte Platz nehmen. Sie werden bewirtet und trauern, bevor ihnen darauf Plätze am Rande des *rante* zugewiesen werden. Der Verstorbene ist als Lehrer ein sehr angesehener Mann gewesen, und daß seine Kinder allesamt sehr erfolgreich sind, wird ihm hoch angerechnet.
Fremde Gäste sind bei respektvollem Verhalten durchaus herzlich willkommen. So ist es von Bedeutung, ein Geschenk mitzubringen und sich vorzustellen. In der Regel bringen Touristen eine Stange Zigaretten mit. Ein Sack Reis oder gar ein Mitbringsel aus der Heimat sind mit Sicherheit originellere Geschenke. Wir bringen am zweiten Tag Bier mit und dürfen bei einer Familie aus dem Dorf Platz nehmen.
Wo tags zuvor noch die Versammlungshütte stand, Reden gehalten und getanzt wurde, ist heute ein freier Platz. Zwölf ausgewachsene, kräftige *Kerbau* stehen hier angebunden. Diese stolzen Büffel gelten bei den Toraja als Symbol des Todes, und die Seelen der geopferten Tiere sollen den Verstorbenen auf seinem Weg nach *puaya* begleiten. Als der *Pa'tinggoro*, der Büffeltöter, den Platz betritt, wird es schlagartig ruhig – nun werden die Büffel geopfert. Seine lange *parang* hängt hinter seinem Rücken. Er streichelt den Büffel ein wenig; während er ihn am Nasenring hält, gleitet seine Hand bedächtig nach hinten, umgreift seine Machete und zieht sie langsam aus der Halterung. Dann geht alles blitzschnell: Er hebt den Kopf des Büffels leicht an, so daß der Hals frei liegt, die *parang* wandert in die Höhe und saust mit einem heftigen Schlag in die Kehle. Der Büffel dreht sich, das Blut spritzt in hohem Bogen aus der Halsschlagader heraus, das Tier bricht ein, der *Pa'tinggoro* dreht mit erhobener, blutverschmierter *parang* eine Runde um den zuckenden Büffel, die Klinge am Fell abwischend. Die Menge jubelt und klatscht Beifall, als der stolze *Pa'tinggoro* den *rante* verläßt. Der letzte Büffel ist ein *Tendong Bonga* mit hellem, gescheckten Fell und blauen Augen. Er gilt als der schönste und wertvollste seiner Art. Diese Tiere müssen nicht arbeiten und werden ihr ganzes Leben bis zum Zeitpunkt der Opferung verwöhnt.
Nach einer halben Stunde ist alles vorbei. Während die Büffel ausbluten, findet an gleicher Stelle noch eine Versteigerung lebender *Kerbau* statt, danach beginnen eigens dafür ausgewählte Männer mit dem Zerlegen der Büffel. Zur gleichen Zeit werden die um den *rante* sitzenden Gäste kulinarisch versorgt. Palmwein, hier *balok* genannt, fließt nun in großen Mengen und wird aus langen Bambusrohren ausgeschenkt. Besonders gerne wird der Palmwein mit Bier gemischt, was ein herzhaftes, süßliches Getränk ergibt. Während der Schlemmereien wird uns auch schon das in Bambusstangen gekochte Büffelfleisch serviert. Die Stimmung ist nun ausgelassener, und es wird nach Herzenslust gefeiert. Am späten Nachmittag verabschieden wir uns von unseren Gastgebern und radeln froh beschwingt zurück nach Rantepau.

**Verhaltensregeln auf dem Totenfest** An dieser Stelle möchte ich daran erinnern, daß es sich bei diesem Fest um eine Feierlichkeit zu Ehren des Verstorbenen handelt. Während eine Beerdigung bei uns eine Privatangelegenheit ist, sind bei den Toraja fremde Gäste herzlich willkommen. Die touristische Vermarktung dieser Zeremonien hat jedoch dazu geführt, daß die Reisenden in Horden auf diesen Festen auftauchen. Zunehmend stehen die Gastgeber den Besuchern aus Übersee daher ablehnend gegenüber. Dies liegt in dem äußerst respektlosen Auftreten vieler Touristen begründet. Anstatt in dezenter Kleidung zu erscheinen, wie das auch in Europa üblich ist, erscheinen viele in bunten Bermudashorts und aufgeknöpften Hemden, mit Videokamera und Fotoapparat bewaffnet. Um bessere Fotos zu schießen, wird die Prozession der Trauergäste behindert. Wir haben es leider genau so erlebt und uns geschämt, *orang putih,* Europäer zu sein.
Bitte erscheinen Sie in entsprechender Kleidung, Schwarz wäre vortrefflich, muß aber nicht sein. Verhalten Sie sich zurückhaltend und höflich. Versuchen Sie, mit den Trauergästen in Kontakt zu kommen, und bringen Sie der Familie eine Aufmerksamkeit mit. Geben Sie Touristen, die sich respektlos verhalten, unmißverständlich zu verstehen, daß ihr Verhalten unpassend ist.

**Nützliche Hinweise:**

**Anreise:** Die Fluggesellschaften Garuda, Silk Air, Merpati, Sempati und Bouraq fliegen Manado an. Bouraq fliegt zweimal wöchentlich auf die Philippinen, Silk Air mehrmals wöchentlich nach Singapur.
*Garuda:* Jl. Diponegoro 15, Tel. (04 31) 6 22 42
*Bouraq:* Jl. Sarapung 27B, Tel. (04 31) 6 27 57
*Merpati:* Jl. Sudirman 123, Tel. (04 31) 6 40 27
**Ausrüstung:** Das Fahrrad ist für den Flug gut und sicher zu verpacken. Wasserdichte Fahrradtaschen sind sehr von Vorteil.
**Unterkunft:** Ausgewählte Unterkünfte sind im Serviceteil aufgelistet. Es ist damit zu rechnen, daß man in kleineren Dörfern oder Städten keine oder nur sehr einfache Unterkünfte vorfindet. Daher bieten sich oft Übernachtungen bei Privatpersonen oder im Zelt an.

lithen. Uns zieht es weiter hinauf in Richtung Norden zum 5 km entfernten Dorf *Deri* und 3 km weiter westwärts nach *Lempo*. Dort schmücken an die 100 Wasserbüffelhörner die Fassade eines Sippenhauses. Der Weg schlängelt sich an kleinen Parzellen vorbei, Bambusstauden wachsen dem Himmel entgegen. Immer wieder passieren wir schöne *Tonkonans,* denen ein Reisspeicher gegenübersteht. Vereinzelt sehen wir Kaffeesträucher, die auf kleinen Feldern prächtig gedeihen. Wir beobachten kleine Jungen von vielleicht acht oder zehn Jahren, wie sie gerade dabei sind, an klaren Gebirgsbächen ihre Büffel mit einer Bürste zu schrubben, um danach auf ihnen nach Hause zu reiten. Nun, auf halber Höhe des Sesean-Gebirges, blicken wir ins Tal hinab. Reisterrassen steigen wie die Ränge eines Amphitheaters von der Ebene aufwärts. Weit verstreut und landschaftsprägend stechen Hunderte zum Teil meterhohe Findlinge aus den grünen Feldern heraus. Dann fahren wir in **Batutomonga** ein. Obwohl es hier drei Unterkünfte gibt, beschließen wir, auf einer der weichen Graswiesen zu zelten. Hier oben, auf ca. 1200 m, ziehen gegen Abend Wolken auf, und es wird schlagartig feucht und kühl. Nur wenige Touristen, meist Wanderer, kommen hier hinauf, und so ist es angenehm friedlich und erholsam. Wer länger bleiben und höher hinaus möchte, kann den 2150 m hohen *Gunung Sesean* besteigen, von dem sich ein wunderschöner Panoramablick bietet.

## 28. Teilstrecke: Zum »Danke«-Essen nach Enrekang

Hinter dem Dorf *Batutomonga* beginnt eine Holperpiste, die uns bis hinunter an die Hauptstraße durchschütteln wird. Nach einem Kilometer erblicken wir auf der rechten Seite einen riesigen Bestattungsfelsen, der von zahlreichen quadratischen Grabkammern durchlöchert ist – die Felsengräber von *Lokkomata*. Wer zu Fuß unterwegs ist, kann wenige Meter hinter Batutomonga auf einem 12 km langen Pfad über *Pana* nach *Tikala* wandern. Von dort geht es per *Bemo* oder zu Fuß zurück nach *Rantepao*.

Uns zieht es weiter in Richtung Westen. An einer Gabelung schlagen wir den linken Weg ein, rechts ginge es weiter nach *Pangala*. Von nun an geht es stetig bergab. Vorbei an den Dörfer *Lolai* und *Salu* sowie an etlichen Gehöften fragen wir uns in Richtung *Makale* durch. Als wir nach 30 km wieder Asphalt unter den Rädern haben, wissen wir, daß es nicht mehr weit sein kann. An einer großen Holzbrücke, die über den Sadang führt, kommen wir südlich von *Londa* auf der Hauptstraße an.

Von **Makale** brechen wir, nach einem deftigen Frühstück mit Reis, Ei, Huhn und Büffelfleisch, gegen Süden auf. Zunächst gilt es, aus diesem weitläufigen Kessel hinauszufahren. So zieht sich die Straße auf 800 m Höhe hinauf. Eine große Pforte, auf der ein *Tonkonan* thront, verabschiedet die Besucher des Torajalandes mit der Aufschrift *Slamat jalan*. Bizarr ist die Abfahrt durch die Berglandschaft. Karge, zum Teil braune Hügel prägen das Bild. Die Straße schmiegt sich dicht an den steilen Hang. Unten im Tal brodelt ein wilder Fluß, der bei *Enrekang* in den Sadang-Fluß mündet. Grandiose Fernsichten erfreuen uns immer wieder. Dann beginnt es leicht zu regnen, und ein gewaltiger Regenbogen spannt sich über dem Tal auf. Mit dem Abendruf des Muezzin kommen wir in der sauberen Stadt **Enrekang** an. Nahezu 95 % der Bewohner sind Moslems, und so dominiert die Mitte der Stadt

eine beeindruckende Moschee. Direkt am breiten Sadang-Fluß finden wir ein einfaches Hotel für die Nacht.

Der Hotelbesitzer ist uns behilflich, die einzigartige Spezialität dieser Stadt ausfindig zu machen. Sie nennt sich *Danke* und ist zu unserer Überraschung unserem Schafskäse sehr ähnlich. *Danke* wird hauptsächlich aus Büffelmilch gewonnen und in der Regel leicht angebraten gegessen. Der Volksmund erzählt sich, daß der Name dieser Speise durch ein Mißverständnis zwischen Holländern und Indonesiern zustande gekommen ist.

## 29. Teilstrecke: An die Westküste nach Pare Pare

Zeitweise begleitet uns noch der Sadang-Fluß, der nach 20 km bei *Kabere* nach Westen zum Meer hin abbiegt. Die Straße windet sich durch die hügeligen Ausläufer der östlichen Gebirge. Bambushaine und Felder liegen zwischen den kleinen sauberen Dörfern. Ab *Maiwa* wird die Landschaft flacher und zunehmend trockener. *Rappang* erreichen wir nach 60 km. Kleine Baumalleen säumen die Straßen, der sonst verschlafene Ort wird nur an Markttagen lebhaft geschäftig. In südwestliche Richtung liegen weitere 28 km vor uns, der Verkehr nimmt jetzt deutlich zu. Die Dörfer entlang der Straße werden größer und die ursprüngliche Natur zunehmend von weitflächigen Reisfeldern abgelöst. Wir kommen nun in eines der dichtestbesiedelten Gebiete Sulawesis. Nach fünf Stunden erreichen wir **Pare Pare**, eine ordentliche 90 000-Einwohner-Stadt mit einer beschaulichen Hafenpromenade.

## 30. Teilstrecke: Von Pare Pare nach Ujung Pandang

Der 155 km lange Küstenabschnitt bis nach **Ujung Pandang** ist mit dem Fahrrad auf keinen Fall zu empfehlen, denn dies ist eine Rennstrecke für Passagierbusse und Laster. Rücksichtslos wird alles, was kleiner ist, von der Straße gedrängt. Wer dennoch mit dem Fahrrad in Ujung Pandang einfahren möchte, sollte in *Rappang*, also noch vor Pare Pare, nach Süden abbiegen und über *Pangkajene* und *Watangsoppeng* fahren. Zumal die Natur entlang dieser Strecke abwechslungsreicher ist.

Die Fahrräder auf dem Dach eines Busses festgezurrt, fahren wir in die Millionenstadt mit dem früheren Namen *Makassar* ein. Im westlichen Trubel dieser interessanten Stadt bekommt das Erlebte eine neue Bedeutung.

**Resümee** Auf westlichen Komfort und Konsumgewohnheiten muß der Radtourist auf dieser Tour durch Sulawesi über einen längeren Zeitraum verzichten, was eine Bereicherung und Herausforderung darstellen kann. Wer positiv auf das Erlebte zurückblickt, wird sich mehr an der verschwenderischen Natur als am zerstörenden, verlockenden westlichen Konsum erfreuen können. Wir verlassen diese so kontrastreiche Insel mit einem lachenden Auge, das unsere Erlebnisse widerspiegelt, und einem weinenden, das der fortschreitenden Naturzerstörung auf Sulawesi gilt.

# 16 Von der Tageswanderung bis zur Expedition
# Trekking im Nationalpark Bogani Nani Wartabone

Besser bekannt ist dieser Naturschutzpark unter dem Namen Dumoga-Bone-Nationalpark, er wurde jedoch 1994 umbenannt. Mit seinen 3000 $km^2$ erstreckt sich dieser einzigartige Park von *Kotamobagu* bis vor die Tore *Gorontalos*. Erst 1984 wurde der Park offiziell ausgewiesen und unter Naturschutz gestellt. Er umfaßt das Gebiet der Wasserscheide zwischen den beiden großen Flüssen Dumoga im Osten, der Richtung Kotamobagu fließt, und dem Bone, der im Westen bei Gorontalo an der Südküste ins Meer mündet. Die höchsten Erhebungen im Park liegen 2000 m über dem Meeresspiegel. Etwa die Hälfte ist mit undurchdringlichem Tieflandregenwald bedeckt. Ab 700 m gewinnt der lichtere Bergregenwald die Oberhand, der dann bei ca. 1500 m in wolkenverhangenen und moosbedeckten Montanwald übergeht. Diesen riesigen Primärwaldbestand zu schützen ist die Hauptaufgabe des Naturparks, da fast alle der auf Sulawesi endemischen Säugetier- und fast 80 der endemischen Vogelarten dort einen Lebensraum haben. Zum anderen ist der Park überlebenswichtiges Regenauffangbecken, das durch die beiden großen Flüsse die Trinkwasserversorgung der beiden Städte Gorontalo und Kotamobagu sichert. Es gibt nur zwei offizielle Eingänge in diesen Park. Haupteingang ist bei *Duloduo,* 50 km entfernt von Kotamobagu, ein Nebeneingang befindet sich 15 km östlich von Gorontalo.

## Die Touren im Park:

### 1. Tagestour zur Höhle mit verschiedenen Kammern

Die Höhle *Gua berkamar* ist etwa 3 km von dem kleinen Ort **Binoanga** entfernt. Der Pfad ist deutlich sichtbar und kaum zu verfehlen, zum Teil ist er ausgeschildert. Für Hin- und Rückweg benötigt man etwa 3 Std.

**Kurzcharakteristik:**

Verschiedene, einfach zu wandernde Tagestouren mit lohnenden Zielen im Park bis hin zu mehrtägigen Dschungeltouren mit Expeditionscharakter sind hier durchzuführen.
Auf Individualtrekker ist man nur wenig eingerichtet.
**Beste Jahreszeit:** Mai–September
**Gesamtgehzeit:** 1–8
**Kartenskizze:** Siehe Seite 177

### 2. Tagestour zum Wasserfall

Der Wasserfall ist von **Toraut** 3 km entfernt. Für Hin- und Rückweg benötigt man 2 Stunden. Man sollte sich dennoch Zeit lassen, um Flora und Fauna in Ruhe genießen zu können. Günstig sind der frühe Morgen oder der Nachmittag.

### 3. Tagesausflug östlich von Gorontalo

**Lombongo** ist ein Ausflugsort, der am Rande des Dumoga-Parks liegt. In Lombongo befindet sich eine großzügige Thermalbeckenlandschaft und daneben zur Abkühlung ein klarer, kalter Bach, an dem auch ein Wasserfall, eine halbe Stunde entfernt, zu besichtigen ist.

Üppig und ausgesprochen vielfältig präsentiert sich die Vegetation im Park.

## 4. Tagestour zum Aussichtsberg Linggu

Diese Tour führt zum Aussichtspunkt **Bukit Linggu**. Für den Hinweg werden etwa 4 Std. und für den Rückweg 3 Std. benötigt. Der Pfad schlängelt sich durch dichten Primärwald. Rattan, Riesenfarne sowie mächtige Urwaldriesen sind zu bestaunen. Mit hoher Wahrscheinlichkeit bekommt man den schwarzgelbroten Helmhornvogel (*Rhyticeros cassidix*) zu sehen. Der Pfad führt an einem beliebten Balzplatz vorbei. Da sich diese großen Vögel in den Baumkronen tummeln, wird es kaum gelingen, näher als 30 m an sie heranzukommen. Für diese Wanderung ist ein Ranger mitzunehmen. Ein Lunchpaket und ausreichend Wasser ergänzen die Ausrüstung.

## 5. Die Dorfenklave Matayangan

Diese Tour dauert zwei Tage und führt von **Kossingolan** zur Enklave *Matayangan* und am darauffolgenden Tag zum 900 m hohen Berg **Mokogonifa**. Von Kossingolan, einem künstlichen Überschwemmungsgebiet, geht die Wanderung durch Primärwald zu der 15 km entfernten Dorfenklave Matayangan (ca. 7 Std.). Am nächsten Tag, an dem es zum Berg Mokogonifa geht, ist früher Aufbruch zu empfehlen. Inklusive Rückweg zur Enklave müssen 8 Std. eingeplant werden. Verpflegung und Wasservorrat sind mit dem Führer abzusprechen. Diese Tour erfordert solide Kondition.

### 6. Wanderung nördlich von Kotamobagu

Diese Wanderung führt in den *Gunung-Ambang-Park*. Das 8600 ha große Naturschutzgebiet liegt östlich von *Kotamobagu* in einer Höhe von etwa 900 m. Westlich des Parks liegt der 5 km lange See *Mooat,* an dessen südlicher Flanke ein Losmen zu finden ist. Einen Sulphatkrater und einen Wasserfall im Park kann man mit Rangern besuchen. Der Hauptstraße folgend, die westlich am See vorbeiführt, kommt man nach 5 km zum Dorf *Paleon*. Wenn man sehr früh aufbricht, kann man die ca. 24 km lange Strecke durch das Naturschutzgebiet über *Paleon, Insil, Sinsingon, Makembo, Poopo, Pangian* und *Bilalang* an einem Tag zurück nach **Kotamobagu** bewältigen.

### 7. Von Gorontalo zur Dorfenklave Pinogu

Diese Wanderung führt zur Enklave **Pinogu,** vorbei an einer Höhle mit Stalagniten. Kurz hinter *Lombongo* endet die Asphaltstraße beim Dorf *Sawawa.* Von dort führt ein schmaler Pferdekarrenweg hinein in den Park bis zum Dorf **Pinogu**. Sollte bei den Thermalquellen kein Ranger anzutreffen sein, kann man sich auch von einem Einheimischen führen lassen oder es auf eigene Faust probieren. Unterwegs trifft man immer wieder Passanten, die man nach dem Weg fragen kann. Ist man eigenständig in den Park gekommen, sollte man sich gleich nach der Ankunft in *Pinogu* beim ortsansässigen Ranger Taufik Nadjaqmodin oder bei einem seiner Kollegen anmelden. Für die 20 km Marsch sollten ausreichend Wasser und Proviant mitgenommen werden. Pak Taufik organisiert bei Bedarf in *Pinogu* eine Unterkunft für die Nacht. Mit ihm besteht die Möglichkeit, am darauffolgenden Tag durch dich-

#### Nützliche Hinweise:

Für Trekking im Nationalpark ist eine offizielle Genehmigung notwendig. Die Grundgebühr beträgt ca. 2 DM, für jeden Aufenthaltstag ist zusätzlich eine Mark zu entrichten.
Das Hauptquartier liegt 3 km außerhalb von Kotamobagu auf der Straße nach Duloduo zur Südküste: Department Kehutanan, Taman Nasional, Jl. AKD, Tel. (04 34) 2 25 48, Kotamobagu 95716. Hier ist Informationsmaterial zu bekommen. In der Eingangshalle steht ein Modell des Parks, das die verschiedenen Sehenswürdigkeiten und das Relief des Gebietes gut darstellt.
Ranghöchster Ranger in Gorontalo ist Hamzah Pakaya, Tel. (04 35) 2 62 48. Ranghöchster Verwaltungschef ist S. Antula, KSDA-Limboto; Jl. Hi Agus Salim-Tenilo; Tel. (04 35) 2 36 49.
Offiziell muß für ein- oder mehrtägige Touren ein Ranger mitgenommen werden. Die mehrtägigen Touren sind aber nur einigen Rangern bekannt. Im folgenden eine Auflistung, wo in der Regel welcher Ranger anzutreffen ist und wo es eine Unterkunft gibt:
Dorf *Toraut:* Ismet, Tarso, Junaid: großer Bungalowkomplex.
Dorf *Kossinggolan:* Jerry und Duma: kleine, saubere und schön gelegene Pension.
Dorf *Duloduo:* Palete: Privatpension.
Ein ausgesprochen ortskundiger Führer ist pak Ujung. Ujung ist zwar kein Ranger, wird von diesen jedoch gerne mitgenommen, da er die Fährten besser kennt. Ujung ist durch seinen für Indonesier untypischen Rauschebart unverkennbar. Nach ihm kann man in *Kossingolan* fragen.
**Hinweis:** Eine unangenehme Plage, die auf den Besucher lauert, sind Strauchmilben. Zu klein, als daß sie mit bloßem Auge zu erkennen wären, graben sie sich unter die Haut und verursachen höllischen Juckreiz. Es ist daher in den tiefer gelegenen Regionen davon abzuraten, sich zum Ausruhen auf den Boden zu setzen. Die kleinen Tierchen können aber auch bei Berührung mit den Blättern auf die Kleidung gelangen.

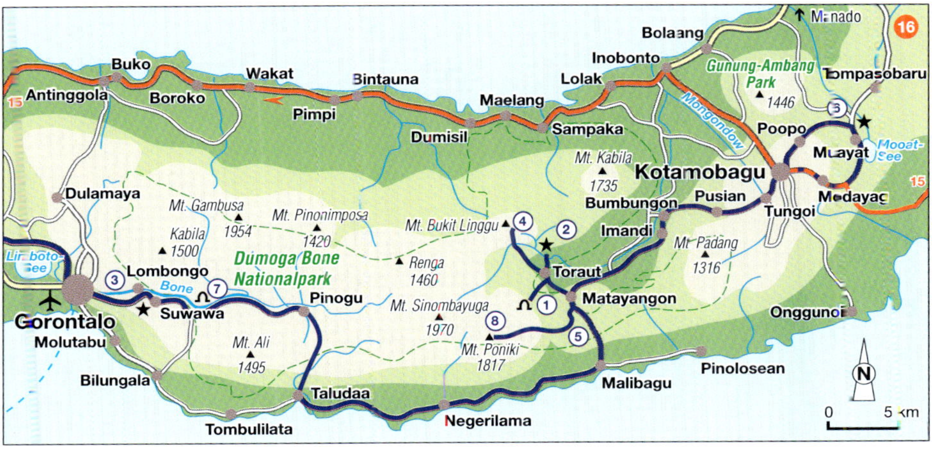


ten Urwald zur Südküste, hinab nach **Taludaa**, zu wandern. Auch dort wird er sich um eine Unterkunft für die Nacht bemühen. Am nächsten Morgen kann man mit unregelmäßig verkehrenden Kleinbussen zurück nach Gorontalo fahren.

## 8. Expedition zum Gunung Poniki

Die Wanderung zum Berg *Poniki* dauert 8 Tage und beginnt in **Matayangan**. Diese mehrtägige Wanderung durch menschenleere, mit dichten Primärwald bewachsene Berglandschaft ist sehr aufwendig in der Vorbereitung.

**Zur Vorbereitung** Wer diese Tour unternimmt, muß für die gesamte Marschdauer für alle Beteiligten Lebensmittel mitnehmen. Wasser ist an den zahlreichen Flüssen ausreichend vorhanden, man sollte aber einen Wasserfilter oder Micropur-Tabletten dabei haben. Zelt, Regenbekleidung, Schlafsack gehören zur Ausrüstung. Neben dem Ranger benötigt man eventuell noch einen Führer sowie für je zwei Teilnehmer einen Träger. Diese Tour hat Expeditionscharakter und kostet bei vier Touristen, einem Ranger, zwei Trägern und einem Führer zwischen 600 und 700 DM.

**Allgemeine Information** Auf eine Beschreibung wird hier verzichtet, weil diese lohnende Tour ohnehin nur mit Führer unternommen werden kann. Nur soviel: Jeden Tag läuft man ca. 7 Std. lang. Der Pfad ist dicht bewachsen und muß aufgrund der geringen Frequentierung oft freigeschlagen werden. Unzählige Fluß- und Bachüberquerungen sind an der Tagesordnung, daher sind leichte, schnell trocknende Schuhe zu empfehlen. Mit Blutegeln ist zu rechnen, daher ist es empfehlenswert, Strümpfe und Hosenbeine mit Tabaksud zu tränken.

Das Relief der Parks ist ausgesprochen hügelig und steigt bis zum Berg *Poniki* auf 1317 m an. Der montane Wald in dieser Höhe ist heller und lichter, mit kleinwüchsigeren Bäumen. Flechten und feuchtes Moos prägen das Bild des Waldes in diesem Bereich.

Kampiert wird auf freigeschlagenen Flächen inmitten des Waldes, die Ende der achtziger Jahre von Naturforschern angelegt wurden. Juli und August sind die trockensten Monate und damit beste Jahreszeit für diese Expedition. Mit etwas Glück kann man auf diesem Dschungeltrek so seltene Tiere wie den Babirusa (Eberhirsch), die Anoa oder den kleinen Nachtjäger Tarsier (Koboldmaki) beobachten. Während Schlangen wie die 10 m lange Python oder die giftigen Vipern in der Regel nicht zu sehen sind, kann man durchaus einmal das Hammerhuhn (Maleo), den Schwarzen Makkaken und den Flughund *Acerondon celebensis* sehen.

Inklusive der Vorbereitung und Planung sollten mindestens 12 Tage für dieses Unternehmen veranschlagt werden.

# Trekking in Zentralsulawesi

▶ Südlich von *Palu* erstreckt sich über ein Gebiet von über 68 000 km² das menschenleere Zentralsulawesi. Die Region von Palu bis in den Süden nach *Rantepao* und *Mamasa* einschließlich des Morowali-Naturschutzparks im Osten besteht aus einer zerklüfteten, wenig besiedelten, üppig bewaldeten Berglandschaft. Zahllose Fußpfade durchziehen das Land, die zum Teil nur der ortsansässigen Bevölkerung bekannt sind. Abenteuerliche Dschungeltreks auf ehemaligen Handelswegen zu entlegenen Dörfer sind hier möglich. Bislang sind Straßen und moderne Infrastruktur in diese unzugängliche Natur noch nicht vorgedrungen, und dennoch siedeln ganze Dörfer in den fruchtbaren Tälern. Einige werden gelegentlich mit Motorfliegern angeflogen, andere sind nur zu Fuß zu erreichen und üben damit einen ganz besonderen Reiz aus. Um in diese abgelegenen Dörfer zu gelangen, muß neben körperlicher Fitneß, Fingerspitzengefühl und viel Geduld auch viel Zeit aufgebracht werden. Das Gelingen ist stark von der eigenen Bereitschaft abhängig, sich auf die Bewohner einzulassen und westliche Attribute und Vorstellungen für eine Zeit abzulegen.

Etwas zugänglicher ist der Lore-Lindu-Park mit seiner atemberaubenden Landschaft und den geheimnisvollen Steinstatuen.

## Der Naturschutzpark Lore Lindu

Der Naturschutzpark Lore Lindu liegt 50 km südöstlich von *Palu*. Seine Fläche, deren größter Teil in über 1000 m Höhe liegt, umfaßt ca. 2300 km². Über 90 Prozent des Parks sind mit Bergwald bedeckt, daneben prägen auch grasbewachsene Täler und Hochmoore die Landschaft. Die meisten Vogel- und Säugetierarten Sulawesis haben hier eine Nische zum Überleben gefunden. Der Binnensee *Lindu* liegt im nördlichen Teil des Parks. Neben einer endemischen Fischart kommt ein die Lähmungskrankheit Schistosomiasis auslösender Parasit im See vor. Erstaunlicherweise besteht in keinem anderen Gewässer Indonesiens die Gefahr, sich Bilharziose zu holen. Ein Forschungslabor ist in dem kleinen Dorf *Tomado* eingerichtet worden, um dieses regional begrenzte Phänomen zu untersuchen. Es wird also dringend davon abgeraten, im See oder in dessen Abfluß zu baden.

In südlicher Richtung schließen sich die Täler *Napu*, *Besoa* und *Bada* an. In allen drei Tälern finden sich mysteriöse Steinstatuen unterschiedlicher Größe und steinerne Zisternen einer längst vergangenen Kultur, deren genaue Bestimmung durch Archäologen bis heute nicht abgeschlossen ist.

**Die größte Megalithstatue im Bada-Tal ist unter dem Namen Sepe oder Palindo bekannt.**

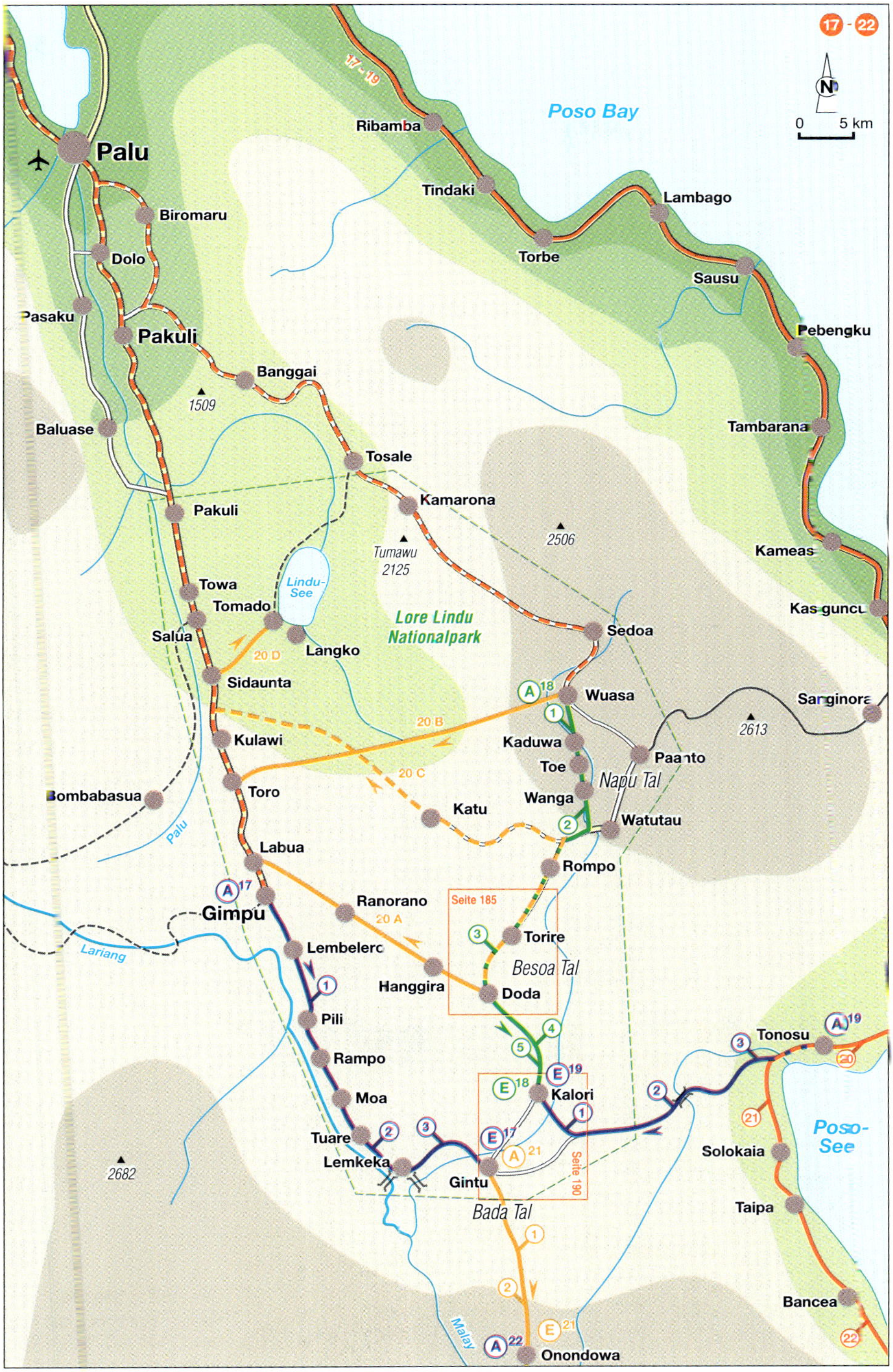
17 - 22
N
0 5 km
Poso Bay
Palu
Biromaru
Dolo
Pasaku
Pakuli
Banggai
1509
Baluase
Ribamba
Tindaki
Torbe
Lambago
Sausu
Pebengku
Tambarana
Kameas
Tosale
Kamarona
Tumawu 2125
2506
Pakuli
Towa
Tomado
Salua
Lindu-See
Langko
Lore Lindu Nationalpark
Sedoa
Sidaunta
20 D
Wuasa
Sanginora
2613
Kulawi
20 B
Kaduwa
Toe
Paanto
Napu Tal
20 C
Wanga
Toro
Bombabasua
Katu
Watutau
Palu
Labua
Rompo
Gimpu
Ranorano
20 A
Seite 185
Torire
Lariang
Lembelero
Besoa Tal
Hanggira
Doda
Pili
Tonosu
Rampo
Kalori
Moa
Poso-See
Solokaia
Tuare
Lemkeka
Gintu
Seite 190
2682
Bada Tal
Taipa
Bancea
Malay
Onondowa

Der Park selbst und das angrenzende Bergland westlich und südlich davon sind ein wahres Paradies für den Naturfreund und Wanderer.

**Trekking im Park** Der Park ist von verschiedenen Seiten zugänglich. Im folgenden werden mehrere Trekkingmöglichkeiten aufgezeigt, die sich auch kombinieren lassen. Sämtliche Strecken sind auch in umgekehrter Richtung begehbar.

Die gängigen Karten der Region suggerieren durch ihre verschiedenen Wege und Straßen ein relativ gut erschlossenes Gebiet,

**Die fruchtbare Reisebene im Bada-Tal, begrenzt von sanften Hügeln.**

| | |
|---|---|
| 130 | 198 |
| 147 | 275 |
| 189 | 129 |
| 187 | 298 |
| 225 | 79 |
| 227 | 249 |
| 175 | 120 |
| 34 | 98 |
| 287 | 54 |
| | 1446 |

128c

| | | |
|---|---|---|
| '82 | Ch. Canon | 94 PP |
| '82 | Ch. Figeac | 93 PP |
| '86 | Cos d'Estournel | 95 PP |

was aber nicht der Fall ist. Dies kann sich durchaus in den kommenden Jahren verändern. Wir hatten geplant, mit den Fahrrädern von *Palu* über *Gimpu* und *Gintu* nach *Tonusu* und *Pendolo* zu fahren. Diese Strecke ist nur mit einem Mountainbike unter sehr sportlichen Gesichtspunkten befahrbar, nicht aber mit beladenen Trekkingrädern. Zwischen Gimpu und Tuare muß das Fahrrad des öfteren getragen werden, und die Strecke nach Tonusu versinkt zuweilen so tief im Schlamm, daß es selbst zu Fuß problematisch wird.

Zentrum des Parks ist das *Bada-Tal*. Dies ist über drei Wanderrouten zu erreichen: Von *Gimpu* im Nordwesten, von *Wuasa* im Nordosten und vom *Poscsee* im Osten.

# 17 Aus nördlicher Richtung ins Bada-Tal

# Von Palu nach Gintu

Mit dem Fahrrad ist die 98 km lange Strecke von *Palu* nach *Gimpu* besonders reizvoll. Um die landschaftliche Schönheit voll auskosten zu können, bietet es sich an, auf halbem Weg in **Pakuli** zu übernachten. In *Dolo* und in *Pasaku* finden sich heiße Quellen zum Baden. Auf der Höhe von Pakuli beginnt, östlich des Ortes, der Park; hier steigt die Straße an; sie wird in Richtung des kleinen Dorfes *Tuwa* immer steiler. Kurz hinter Gimpu, wo die Wanderung beginnt, endet die Straße.

### Kurzcharakteristik:

Die Wanderung führt über Wege und schmale Fußpfade, die umgeben sind von saftig-grüner Vegetation. Wer sein Gepäck alleine tragen kann, braucht keinen Führer für die Strecke bis nach *Gintu*. Für mehr Luxus sorgen Lastpferde, die man in Gimpu mieten kann, sowie deren Führer, die sich um Verpflegung und Unterkunft auf dem Weg bemühen. Ein Führer ist nicht unbedingt nötig.
**Beste Jahreszeit:** Mai–September
**Gesamtgehzeit:** 3 Tage
**Kartenskizze:** Siehe Seite 179

## 1. Etappe: Von Gimpu nach Moa

Die erste Tagesetappe ist etwa 22 km lang und führt nach wenigen Kilometern in dichten Wald. Der gut zu erkennende Pfad schlängelt sich durch das zerklüftete Bergland. Baumstammüber- und Bachdurchquerungen sind an der Tagesordnung. Zwei breitere Flüsse werden durchquert oder, wenn die Brücken inzwischen repariert sind, überquert. Wer Zelt und Kochutensilien dabei hat, kann am Weg sein Lager aufschlagen. Bis nach **Moa** sind bei guten Bedingungen zwischen 7 und 9 Std. einzuplanen. Im Dorf bietet der *kepala desa* eine Unterkunft und indonesische Verpflegung.

**Die Überquerung des Lariang im Bada-Tal ist aufgrund der starken Strömung nur mit dem Floß möglich.**

In der Zeit kurz vor der Reisernte müssen die Bauern ihre Reisfelder vor diebischen Vögeln bewachen.

## 2. Etappe: Von Moa nach Tuare

Dieser 21 km lange Marsch führt durch noch dichteres Waldgebiet. Der Fußmarsch ist mühsam, doch die üppige Vegetation und das ausgesprochen milde Klima in 650 m Höhe machen die Wanderung zu einem unvergeßlich schönen Erlebnis. Warenträger begegnen einem hier entlang des Weges, zum Teil mit schwer beladenen Lastpferden. Vor allen Dingen Reis wird nach Gimpu transportiert, der dann weiter nach Palu verkauft wird. Auch auf dieser Etappe lohnt sich ein früher Start, um Zeit für die Begegnung mit den Menschen und für die Landschaft zu haben.

## 3. Etappe: Von Tuare nach Gintu

Bei Tuare weitet sich der Pfad zu einem breiten Weg. Begleitet vom Rauschen des *Lariang*-Flusses, sind die 9 km vergleichsweise einfach zu wandern. Direkt hinter *Lenkeka* führt eine imposante Hängebrücke über den breiten Fluß. Auf der anderen Seite geht es links auf einem Pfad am Fluß entlang zum 1,5 km entfernten Fluß *Malei*. Dieser ist in der Trockenzeit nur knapp 40 cm tief. Wenn man Glück hat, sind gerade Kinder beim Baden oder Frauen mit dem Waschen beschäftigt; diese wissen, wo der Fluß zu dieser Zeit am niedrigsten ist und man ihn durchwaten kann. Sollte er mehr Wasser führen, sucht man sich, zunächst ohne Gepäck, eine Furt. Wenige Meter nach der Flußüberquerung sind die ersten Häuser von **Gintu** zu erkennen. In der Regenzeit und auch sonst, wenn die Flüsse viel Wasser führen, besteht die Möglichkeit, bei Lenkeka nordwärts nach *Kalori* zu wandern, statt die Hängebrücke zu benutzen. Diese Piste entfernt sich nach 1 km vom Fluß und zieht sich entlang fruchtbarer Reisterrassen bis ins 9 km entfernte Dorf Kalori. Dort biegt eine Schotterpiste nach rechts ab, und nach weiteren 500 m gelangt man an eine wackelige Brücke, die sich hinüber nach **Bomba** spannt. Das Dorf Bomba, dort gibt es ein ruhiges Losmen, ist mit Gintu durch eine 5 km lange, bestens asphaltierte Straße verbunden.

### Nützliche Hinweise:

**Anreise:** Flugverbindungen zwischen Palu und Ujung Pandang, Poso, Luwuk, Toli Toli, Gorontalo, Manado.
Busverbindungen sind von und nach Palu zu allen größeren Städten möglich. Abfahrt vom Busbahnhof Karampe. Busse nach Gimpu fahren vom Busbahnhof Masomba ab.
**Ausrüstung:** Wer mehr Gepäck mitführt, als er zum Trekking braucht, kann dies von der Busgesellschaft P. O. Omega-kantor bis Omega vorausschicken lassen. Dies ist besonders günstig, wenn man vorhat, Tour 17 und 18 zu kombinieren.

# 18 Eine abwechslungsreiche Alternative ins Bada-Tal
# Von Palu über Wuasa nach Gintu

Eine einfache, zum Teil ausgewaschene Straße führt von **Palu** über *Sedoa* nach **Wuasa**. Für die Strecke von 100 km braucht ein Kleinbus 1 1/2 Std. Mit dem Fahrrad unterwegs, sollten für die landschaftlich wunderschöne Strecke zwei Tage veranschlagt werden. Es ist möglich, daß in den kommenden Jahren die bereits bestehende Verbindung zur Tomini-Bucht befahrbar gemacht wird. Dann wäre es möglich, mit dem Fahrrad weiter nach *Poso* zu gelangen. In einem Dreitagemarsch durch unwegsames Gebiet ist es heute schon möglich, von Watutau hinunter nach Sanginora zu wandern. Dort beginnt eine Asphaltstraße, auf der Kleinbusse nach *Poso* verkehren. Für diese 45 km lange Strecke empfehle ich einen ortskundigen Führer aus der Gegend, da viele verschiedene Trampelpfade sich kreuzen und die Orientierung schnell verlorengehen kann.

**Kurzcharakteristik:**

Anspruchsvolle Tour, die allerhand Flexibilität erfordert. Sie ist von Touristen ausgesprochen wenig bewandert und daher ohne touristische Infrastruktur.
**Beste Jahreszeit:** Juni–September
**Gesamtgehzeit:** 5 Tage
**Kartenskizze:** Siehe Seiten 179, 185

## 1. und 2. Etappe:
## Von Wuasa nach Rompo

*Wuasa* liegt im Norden des Napu-Tals. Weite Grasflächen prägen das Landschaftsbild. Die 38 km lange Strecke säumen einige Dörfer: *Kaduwa, Toe, Wanga, Betue, Talabosa* und schließlich **Rompo**, das Tagesziel. Wer sich indonesisch verständigen kann, kann diese Strecke auch allein bewältigen. Ich empfehle

Von Doda kommend, biegt man in Kalori links ab. Kurz darauf überquert man den Fluß Lariang über eine wacklige Drahtseilbrücke zum Dorf Bomba.

aber, immer wieder nach der Richtung zu fragen und Dorfnamen zu vergleichen. Ausreichende Verpflegung, einen Wasserfilter sowie Gastgeschenke sollte man auf jeden Fall dabei haben.

## 3. Etappe: Von Rompo nach Doda

Hier verlassen wir das Napu-Tal und steigen hinauf in das Besoa-Tal. Von Rompo nach *Torire* sind es 4 km auf einem Feldweg. Der Weg steigt zunehmend an und zieht sich hinauf ins Besoa-Tal. Die Talsohle liegt 1200 m hoch, so daß die Nächte merklich abkühlen.

**Während die Frauen den Reis setzen, pflegen und ernten, bereiten die Männer die Felder vor, errichten die Erdwälle und regulieren den Wasserkreislauf.**

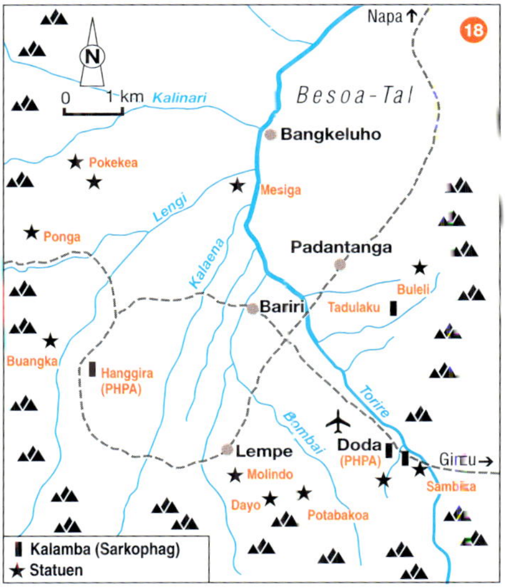

**Die sanfte Morgenstimmung im Bada-Tal ist unvergeßlich schön.**

Nach weiteren 17 km (etwa 7 Std.) erreicht man den Ort **Doda**. Dort gibt es eine kleine Unterkunft mit dem Namen Rindu Alam. Doda bietet sich hervorragend als Ausgangspunkt für verschiedene Wanderungen im Besoa-Tal an, das von Grasland und Feldern bedeckt und von Primärwald eingeschlossen ist. Das milde Klima verlockt zum Wandern. Ein schönes Ausflugsziel ist *Pokeka*; dort befinden sich 37 *Kalambas,* dies sind riesige Steintröge, oft noch mit einem Steindeckel versehen. Verziert sind die Deckel zum Teil mit Affen- oder Menschendarstellungen.

## 4. und 5. Etappe:
## Von Doda nach Bomba

Diese Strecke ist nicht sehr frequentiert; sie zieht sich durch dichten Primärwald. Einheimische behaupten, diese 30 km in einem Tag bewältigen zu können, was ihnen zuzutrauen ist, denn sie legen ein erstaunliches Tempo vor. Dieser Abschnitt sollte mit einem ortskundigen Führer und mit einer sicher abenteuerli-

**Wie versteinert bleibt der kleine Junge am Zaun stehen, als wir ihn bei einer Wanderung entlang der Reisfelder treffen.**

chen Übernachtung im Urwald geplant werden. Während und nach einem Regenschauer muß mit Blutegeln gerechnet werden. Daher ist schon in Palu billiger Tabak zu kaufen, aus dem ein Tabak-Sud hergestellt wird. Mit diesem werden Strümpfe und Hosenbeine getränkt. Die Egel nehmen den Sud auf, wenn sie sich in den Stoff saugen, und sterben wegen des Nikotins ab. Der Urwald zieht sich bis dicht an das Dorf *Lelio* heran. Von dort ist es, auf einer breiten Schotterpiste, ins benachbarte *Kalori* knapp einen Kilometer zu gehen. Dort, am kleinen Dorfkern, links abbiegen und hinunter bis zum Fluß laufen, wo sich eine wackelige Hängebrücke über den Lariang nach **Bomba** spannt.

## Nützliche Hinweise:

**Anreise:** Von Palu (Masomba-Terminal) mit einem Kleinbus nach Wuasa. Busse fahren nur am frühen Morgen; für diese 100 km lange Strecke ist ein Tag einzuplanen.
**Im Bada-Tal:** MAF-Flüge in die Regionen Besoa (Doda), Masamba, Palu, Tentena.
**Hauptquartier Tentena:** Tel. Büro: (04 58) 2 10 20 oder privat beim Piloten: 2 12 01.
**Unterkunft:** Rindu Alam in Doda.
**Ausrüstung:** Komplette Trekkingausrüstung, inclusive Wasserfilter. Wichtige Lebensmittel kauft man schon in Palu ein. Nimmt man sich in Wuasa einen Führer, muß man Vereinbarungen über dessen Reiseproviant treffen.

# 19 Wanderung auf einem alten Handelsweg

# Vom Pososee ins Bada-Tal

Die Wanderung führt auf einem ehemaligen Handelspfad von **Tonusu** am Pososee nach **Bomba** im Bada-Tal. Im Jahr 1986 wurde der bis dahin »fußläufige« Handelsweg unter enormen Anstrengungen erweitert. Eine zwei bis drei Meter breite Piste wurde durch den schroffen, bergigen Urwald geschlagen. Geländewagen sind seitdem in der Lage, diese 56 km von der Kreuzung hinter dem Dorf Tonusu bis nach Bomba im Bada-Tal zu bewältigen. Allerdings brauchen die Geländewagen auch heute noch zwischen 7 Std. und 3 Tagen, in der Regel 20 Std., für diesen unberechenbaren Abschnitt. Mit leichtem Gepäck bewältigen die meisten Indonesier in 1½ Tagen diese Strecke zu Fuß. Das mächtige Tineba-Gebirge verläuft von Nord nach Süd, zwischen dem See im Osten und dem Tal im Westen. So führt die Lehmpiste auf ihrem höchsten Punkt durch ein Hochmoor in ca. 1845 m Höhe. Bedingt durch diesen enormen Höhenunterschied von 1200 m werden unterschiedliche Waldzonen durchwandert.

### Kurzcharakteristik:

Eine wunderschöne Dreitagetour, die ohne Bedenken auf eigene Faust durchgeführt werden kann. Auf dem Weg kann man die tropische Vegetation genießen, ohne Gefahr zu laufen, sich zu verirren.
**Beste Jahreszeit:** Mai–September
**Gesamtgehzeit:** 2–3 Tage
**Kartenskizze:** Siehe Seiten 179, 189

## 1. Etappe: Aufbruch in den Park

An einer kleinen Kreuzung, drei Kilometer westlich von *Tonusu* am Westufer des Pososees, lassen wir uns von einem Bemo absetzen. Wir sind mit Proviant für drei Tage und kompletter Campingausrüstung beladen. Die Wanderung beginnt gleich mit einer 8 km langen Steigung. Die Hänge sind dicht bewachsen, und das üppige Grün droht die schmale Straße zu überwuchern. Teer hält die Straße noch bis zur ersten Anhöhe zusammen, danach weitet sie sich zu einer Schlammpiste. Wir erreichen eine Lichtung, die Hänge sind kahl geschlagen, doch die großen Stämme liegen noch wild durcheinander. Eine Familie aus Südsulawesi hat sich hier vor über einem halben Jahr niedergelassen. Ihr Haus, eine schäbige Bretterbude, steht am Wegesrand; Wasser und Strom haben sie nicht, doch wie sie uns stolz zeigen, sind die ersten Kakaopflanzen schon gesetzt. Wie mir der Mann berichtet, soll nun diese 1986 begonnene Straße ausgebaut werden. Als wir weitergehen, sehen wir, was er damit gemeint hat: Mit Planierraupen wird die Lehmpiste verbreitert und versucht, die Straße zu stabilisieren. Wahrscheinlich existieren auch Pläne, sie zu asphaltieren. An einigen Stellen ist die Piste jedoch schon wieder von heftigen Regenfällen ausgespült und weggerissen worden. Die Erschließung abgeschiedener Regionen wird sich davon kaum aufhalten lassen. Immer mehr Familien werden versuchen, als Farmer entlang dieser Straße eine neue Existenz aufzubauen und den Kampf gegen die gewaltige Natur mit Axt und Spaten aufzunehmen. *Patua,* 12 km von der Kreuzung entfernt, ist eigentlich nur ein Stützpunkt der Straßenarbeiter, dieser hat sich dennoch fest etabliert, da auch der alte Weg immer wieder ausgebessert und Brücken instandgesetzt werden müssen. Von hier sind

**Im Jahr 1986 wurde die erste breite Furt von Tonusu ins Bada-Tal geschlagen. Noch heute ist es ein Abenteuer, entlang dieser Piste zu wandern.**

es etwas mehr als 12 km nach *Kuala Puna*. Dort steht in Flußnähe eine Hütte. Kaum haben wir Patua hinter uns gelassen, sind wir umgeben von einer traumhaft üppigen Natur.

Das Relief ist ausgesprochen hügelig, doch in der Tendenz bewegen wir uns weiter nach oben. 2½ Std. später zieht sich die Straße erneut auf eine Anhöhe. Bartflechten wehen an den Ästen der 30 bis 40 m hohen Bäume. Auf der Hangseite sind wir auf Höhe der Baumkronen und genießen einen weiten Blick über den grünen, welligen Teppich. Nach weiteren 1½ Std., gegen 16 Uhr, beschließen wir, in der Nähe eines kleinen Baches an einer Ausbuchtung der Straße unser Lager aufzuschlagen. Da es in den Tropen gegen 18 Uhr schlagartig dunkel wird, ist es empfehlenswert, nach 16:30 Uhr nicht mehr in unbekanntes Gebiet weiterzugehen, um genügend Zeit für die notwendigen Vorbereitungen für die Nacht zu haben. Langsam ziehen Wolkenfetzen in die Baumkronen hinein, und bei Einbruch der Dunkelheit wird es schlagartig kühl und feucht. Das Zelt sollte möglichst nicht die Straße versperren, da die Geländewagen zuweilen auch noch nachts unterwegs sind.

## Nützliche Hinweise:

**Anreise:** Die Tour beginnt 3 km hinter *Tonusu,* das am nordwestlichen Ende des *Pososees* liegt. Die Kreuzung ist von *Tentena* mit einem Bemo zu erreichen. Siehe auch Beschreibung bei der Fahrradtour 15.
**Ausrüstung:** Wandert man selbständig, sollten für drei Tage Proviant und pro Person mindestens 2 l Wasser mitgenommen werden. Wasser kann man an kleinen Bächen und Flüssen finden, man muß aber einen Wasserfilter dabei haben.
**Unterkünfte:** in *Gintu:* Merry und Sanur; in *Bomba:* Ningsi Homestay
Der Grundschullehrer Agus Tohama aus Gintu vermietet gelegentlich Zimmer. Er kennt unzählige Geschichten zu den Megalithen. Er ist ein ausgesprochen guter Kenner der Gegend.

Unweit des Weges, in der Nähe eines Flusses, bauen wir unser Nachtquartier auf.

## 2. Etappe: Zum roten Fluß

Wir genießen die Ruhe und Stille des Vormittags, da sehen wir vier junge Männer den Weg heraufkommen. Sie schlagen eine Tasse Kaffee nicht aus und berichten, daß sie heute morgen von der Brücke bei *Malei* aufgebrochen sind, unserem Tagesziel. Als ich bemerke, daß die Straße bis hierher doch ausgesprochen gut zu gehen ist, winken sie ab und versichern mir, daß die schwierigen Passagen noch vor uns liegen. *Kuala Puna*, etwa auf Mitte der Strecke, erreichen wir nach einer halben Stunde Marsch. Wer ein Zelt dabei hat, dem empfehle ich, nicht hier zu übernachten, da der Platz nicht sonderlich einladend wirkt. Als wir weitergehen, wird die Straße zunehmend schlammiger. Die Vegetation lichtet sich, und wenig später erreichen wir eine karge Hochmoorlandschaft auf ca. 1860 m Höhe. Der schlammige Weg ist an vielen Stellen überflutet. Die Sonne brennt wie durch ein Brennglas auf uns herunter, es weht kein Wind, die Luft ist unerträglich stickig. In der Ferne türmen sich bereits dunkle Wolkengebilde auf. Drei Stunden lang prasselt der warme Regen auf uns nieder. Völlig durchnäßt erreichen wir gegen 17 Uhr den Malei-Fluß und die überdachte Holzbrücke.

Wir beschließen, unser Lager unter der Brücke aufzuschlagen, nicht aber das Zelt. Der Versuch, Holz aus dem dichten Wald zu holen, gestaltet sich schwieriger als gedacht, und augenblicklich habe ich jede Menge Blutegel an den Beinen. Das Flußwasser ist rostbraun, kann aber getrunken werden. Wer dieser Färbung nicht traut, kann 20 Minuten in Richtung Bomba gehen, dort plätschert ein kleiner, klarer Bach. Am Feuer sitzend, hören wir es auf der Brücke rascheln. Die Taschenlampe ins Dunkel der Nacht gerichtet, sehen wir, daß es von Ratten wimmelt. Durch die Essenreste der Wanderer angelockt, scheinen sie sich prächtig zu vermehren. Es handelt sich dabei um die endemische Rattenart *Maxomys hellwandii*. Wir bleiben in der Nacht von den kleinen Nagern verschont, doch müssen wir am nächsten Morgen feststellen, daß sie in beide Rucksäcke eingedrungen und an unsere Vorräte

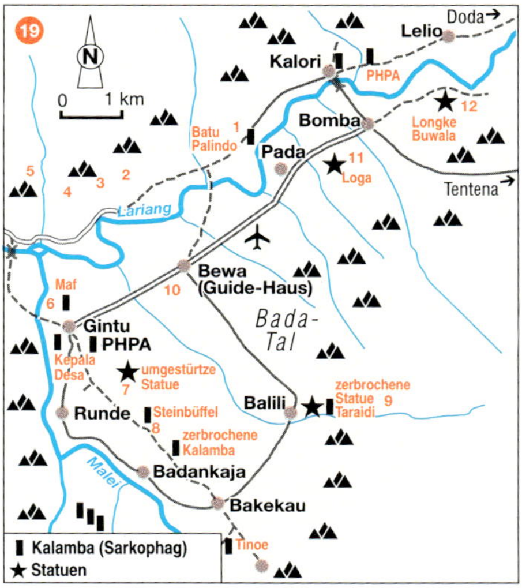

## Die Megalithen im Bada-Tal (Karte S. 190)

1: *Palindo,* auch unter dem Namen Sepe bekannt. Mit 4,5 m Höhe und einem Umfang von 1,5 m der größte seiner Art. Die Figur stellt ein männliches Wesen dar. Einer Sage nach wollte der Raja von Luwu sie von seinen Männern stehlen lassen, um sich die Bada-Menschen untertan zu machen. Der Versuch schlug fehl, da die Figur kippte und dabei viele der Männer erschlug. Bis heute steht der Palindo mit dem Gesicht nach Westen und ist nach Süden geneigt.
2: *Mesinga:* Südwestlich des Palindo.
3: *Maturu:* Eine 3,5 m lange »schlafende« Statue.
4: *Oba:* Der »Affe« ist eine kleine Figur in einem Reisfeld.
5: *Mpeine:* Nordöstlich von *Lengkeka* zu finden. Eine große liegende Statue.
6: *Tarai Roe: Banyan-Baum*, auch *Pombekadoi* genannt. Kleine Figur.
7: *Maturu:* Größte liegende Steinstatue im Tal.
8: *Dula Boe* oder *Baulu:* Der Körper ähnelt dem eines Wasserbüffels, das Gesicht weist menschliche Züge auf.
9: Oboka: Figur, deren Kopf abgeschlagen daneben liegt. Der Steinfigur wurden früher mystische Kräfte zugeschrieben.
10: *Ari Impohi:* Kleine, aber noch gut erhaltene Steinfigur.
11: *Loga:* 1,5 m hohe weibliche Statue, auf einem sanften Hügel in einem Feld gelegen.
12: *Lanke Bulawa:* 2 m hohe weibliche Statue.

gegangen sind; einen Rucksack haben sie sogar durchgebissen. Daher kann ich nur empfehlen, sämtliche Vorräte an einer dünnen Schnur aufzuhängen.

### 3. Etappe: Von Malei nach Bomba

Vom Fluß, der in der Senke zwischen zwei mächtigen Bergen fließt, sind es noch 19 km bis nach *Bomba*. *Malei* liegt etwa auf 1200 m Höhe, doch bevor wir ins 600 m hoch gelegene Bada-Tal hinuntergehen können, ist ein letzter Anstieg auf 1645 m zu bewältigen. Meterlange Pfützen entlang der Piste und knietiefer Schlamm erschweren den ca. 4 km langen Anstieg. Am Gipfel angekommen, ist die Fernsicht überwältigend. Auch hier steht eine Hütte, die aber eher einer Skulptur gleicht, da nur noch das Gerippe vorhanden ist, während der Rest von vorübergehenden Wanderern verfeuert wurde.

Danach fällt der Weg über 15 km ab ins Tal. Nach weiteren 6 km wird der Wald von Strauch- und Grasvegetation abgelöst. Über sanfte Hügel, mit Blick auf das saftig-grüne Tal mit dem mäandrierenden Fluß Laring zwischen den Reisfeldern, erreichen wir nach insgesamt 6 Std. das kleine Dorf **Bomba**. Am Fußballfeld zunächst links, bei der nächsten Straße gleich rechts abbiegen, dann sind es noch 200 m zum einzigen Losmen am Ort. Bomba eignet sich hervorragend für die Erkundung der Umgebung.

**Die Hängebrücke zwischen Bomba und Kalori. Diese Mutter kommt gerade vom Bad im Lariang-Fluß zurück.**

# 20 Für die verschiedensten Ansprüche
# Weitere Touren im Naturschutzpark Lore Lindu

**Kurzcharakteristik:**

Bei den Touren A bis C handelt es sich um mehrtägige Touren in sehr unwirtlichem Gelände. Diese Touren sind schwierig und sollten nur bei einem längeren Aufenthalt im Park unternommen werden. Tour D ist ausgesprochen angenehm zu wandern und eignet sich als zusätzliche Tour genauso wie als Tour mit weniger abenteuerlichem Charakter.
**Beste Jahreszeit:** Mai–September
**Gesamtgehzeit:** 2–5 Tage
**Kartenskizze:** Siehe Seite 179

## Tour A: Von Doda nach Labua

Diese Tour führt von *Doda* im Südosten des Parks quer hinüber Richtung Nordwesten nach **Labua**, das nördlich von Gimpu liegt. Bei dieser Tour muß mit einer Übernachtung im dichten Urwald gerechnet werden. In *Ranorano* gibt es einen dürftigen Unterschlupf, besser ist jedoch ein eigenes Zelt. Diese Tour kann man nur mit einem ortskundigen Führer unternehmen. In *Hanggira,* 7 km nordwestlich von Doda, gibt es einen PHPA-Beamten, bei dem neben dem Permit auch ein Führer zu bekommen ist. Der Pfad führt durch dichten Primärwald. Der Wanderer sollte sich auf Blutegel einstellen und die einfachste Gegenmaßnahme, das Tränken der Hose, Schuhe und Strümpfe mit Tabaksud, ergreifen. Eventuell bekommt man auch seltene Tiere wie *Babirusa* oder *Anoa* zu Gesicht.

## Tour B: Von Wuasa nach Toro

Ein sehr selten begangener Pfad führt von **Wuasa** quer durch den Park auf die Westseite, nach **Toro**. Bei dieser Tour ist man völlig auf sich selbst gestellt. Für die etwa 50 km lange Strecke durch sehr bergiges Gelände sollten mindestens drei Marschtage und zwei Übernachtungen eingeplant werden. Die Tour verläuft durch unwegsamen Urwald, daher ist in jedem Fall ein Führer und bei Bedarf ein Träger anzuheuern.

## Tour C: Von Doda zur Westgrenze des Parks

Die Tour von **Doda** führt über *Rampo, Katu, Dodolo* zur Westgrenze des Parks. Sie ist ähnlich anspruchsvoll wie Tour B. Die Wanderung dauert mindestens vier Tage. Ein einheimischer Führer und ein Träger müssen in jedem Fall angeheuert werden.

## Tour D: Von Sidaunta zum Lindusee

Auf der Westseite des Naturschutzparks Lore Lindu bietet sich eine angenehme Tageswanderung vom Dorf **Sidaunta** nach **Tomado** am Lindusee an. Eine 2½ m breite Geländepiste zieht sich durch bizarr zerrüttetes Bergland über 20 km hinauf zum See. Dieser Weg ist nicht zu verfehlen, man kann die Tour also ohne Führer unternehmen. Die Strecke ist von Indonesiern, die mit Pferden Lastgüter transportieren, stark frequentiert. Vier Dörfer liegen um den See herum. In der Ortschaft Tomado ist das Forschungslabor »Le petit soleil« angesiedelt. Ist jemand im Labor anwesend, sind interessierte Besucher herzlich willkommen. Auch wenn der See zum Baden verlockt, ist er wegen der Bilharziosegefahr unbedingt zu meiden.

Mir wurde von einem Pfad berichtet, der an der Nordwestseite am See vorbeiführt bis hinunter zur Straße von *Palu* nach *Wuasa*, ins Dorf *Tosale*. Der Pfad verläuft nördlich des 2355 m hohen Berges Nokilaki. Wer also auf die andere Seite des Parks will, kann versuchen, diesen Pfad zu gehen und von Tosale mit dem Bus nach Palu oder Wuasa zu fahren.

## Nützliche Hinweise:

**Anreise:** Für die Touren A bis C ist die Anreise die gleiche wie in Tour 18; für Tour D ist die Anreise in Tour 17 geschildert.
**Organisation:** Bei einem längeren Aufenthalt im Park bietet sich eine Kombination mit den Touren 17–19 an.

**Fast das gesamte Bada-Tal ist mit Reisfeldern übersät. Hier sind die Frauen gerade dabei, Unkraut aus den Feldern zu entfernen.**

# 21 Belohnung für Menschen, die das Trekking lieben
# Von Gintu nach Onondowa und in die Region Rampi

Wem das **Bada-Tal** mit seiner Asphaltstraße und den Geländewagen noch zu modern ist, der kann auf einem Pfad zu Fuß über die mit dichtem Urwald bestandene südliche Bergkette in die Region Rampi vordringen. Einheimische Lastenträger, die industrielle Verbrauchsgüter hinein- und landwirtschaftliche Produkte herausschleppen, bewältigen diese ca. 30 km an einem Tag. Mit einer Last von 20 kg, gleichmäßig verteilt auf einer Bambusstange, gehen sie ein kaum nachvollziehbares Tempo. Der Sattel, wo die Bergkette überschritten wird, ist zugleich Grenze zwischen Zentral- und Südsulawesi.

**Kurzcharakteristik:**
Ein ursprünglicher Handelspfad in eine völlig abgeschiedene Region. Die zweitägige Tour ist ausgesprochen anstrengend. Das erste Dorf, in das man kommt, ist **Onondowa**. Westliche Infrastruktur ist nicht vorhanden. Es gibt hier keinen Strom, keine Autos, keine medizinische Versorgung, und die Toilette wird im Fluß verrichtet. Von Onondowa besteht eine Flugverbindung nach *Mamasa* und *Tentena;* man kann aber auch auf zwei weiterführenden Touren in diese Städte wandern.
**Beste Jahreszeit:** Ende Mai–September
**Gesamtgehzeit:** 2–3 Tage
**Kartenskizze:** Siehe Seite 179

## 1. Etappe: Zum Gipfel des Morawa

Wir brechen schon im Morgengrauen auf. Zuerst gehen wir, uns südwärts haltend, auf der Straße von Gintu ins 4 km entfernte Badankaja. Dort biegen wir vor einem Fußballfeld, direkt hinter dem Haus eines Gemischtwarenhändlers, nach rechts auf einen Pfad ab. Dieser führt aus dem Dorf heraus und überquert wenig später den Malei-Fluß. An dieser Stelle ist der Malei breit und nicht sonderlich tief. Der Pfad zieht sich steil eine Böschung hinauf; es geht durch mannshohes Alang-Alang-Gras und an brachliegenden Reisterrassen vorbei. Wasserbüffel grasen und suhlen sich in kleinen Tümpeln. Als wir stehenbleiben, um sie zu beobachten, werden sie unruhig und beginnen mit Drohgebärden. Schnell ziehen wir weiter, um sie nicht unnötig zu reizen. Der deutlich sichtbare Fußpfad schlängelt sich stetig, aber nur langsam ansteigend aufwärts. Saftig-grüne Grasparzellen flankieren unseren Weg. Eine halbe Stunde nach der Flußdurchquerung nimmt uns der mit Knieholz bestandene Ausläufer eines Bergrückens auf. Steil ist der Anstieg, aber lohnend die Aussicht nach Norden ins Bada-Tal. Bald darauf gelangen wir unter das kühlende Blätterdach. Bis hierher kreuzen immer wieder andere Pfade, so daß man sich durchaus verlaufen kann. Im Wald selbst weist ein markanter, oft schlammiger Fußpfad den Weg. Die ersten 2–2½ Std. sind angenehm zu gehen, da der Pfad entlang der Berghänge verläuft. Gegen 13 Uhr begegnen uns die ersten Lastenträger, wenig später eine ganze Familie. Wir fragen, wo sie herkommen und wohin sie möchten, obwohl die Richtung durchaus klar ist. So erfahren wir, daß sie gerade von einer Hochzeit kommen und jetzt heimkehren.

Es geht weiter aufwärts, zuletzt steiler. Gegen 15 Uhr erklimmen wir den Kamm einer langen Bergkette. Das Auge schweift schier endlos weit über eine dichte Baumkronendecke. Wie Wellen türmen sich die Gebirge ringsherum auf; sie sind ein natürlicher Schutz

Bei der Überquerung des Malei-Flusses auf der Höhe des Dorfes Badankaja. Bei späteren Flußüberquerungen ziehen wir die Schuhe schon gar nicht mehr aus.

vor dem Raubbau am Urwald. Hier treffen wir auf drei Männer, die mit schwer beladenen Packpferden auf dem Weg nach Gimpu sind. Sie berichten uns, daß nach etwa einer weiteren Stunde Marsch ein großer freier Platz mit einer einfachen Strohhütte zu finden ist.

Wir haben mittlerweile wieder deutlich an Höhe gewonnen, was am Moos und an den Flechten zu erkennen ist. An einem Hang lichtet sich der Wald. In einer Breite von ca. 30 m plätschert ein Fluß über das helle Gestein, den steilen Hang hinunter. Von hier sind es weitere 20 Minuten bis zur Anhöhe mit dem freien Platz. Dichte Wolken hüllen den Morawa ein, und wir schaffen es gerade rechtzeitig, unser Nachtquartier aufzubauen sowie Wasser und Holz zu besorgen, bevor ein kühler Dauerregen einsetzt.

## 2. Etappe: Zur weitläufigen Ebene von Rampi

Ein paar hundert Meter weiter, an einem weiteren Lagerplatz, steht der Grenzstein zwischen Zentral- und Südsulawesi. Ab hier geht es nun ununterbrochen bergab. Kurz nachdem wir, um 11 Uhr, aufgebrochen sind, beginnt es wie aus Kübeln zu schütten. Der Pfad verwandelt sich in eine Regenrinne, und im Handumdrehen wimmelt es von Blutegeln. Gemeinsam mit zwei Lastenträgern, die am Morgen in Gintu gestartet sind, verfallen wir in einen leichten Trab, hinunter in die Ebene. Gegen 15 Uhr verlassen wir den Wald und schlagen uns mühsam den Weg durch 2 m hohes Alang-Alang-Gras. In der Ebene können wir dem Tempo der Lastenträger nicht mehr folgen, so daß wir jetzt wieder alleine sind. Um 16 Uhr erreichen wir den Fluß **Rampi**. Der Hauptpfad kreuzt den breiten, verhältnismäßig starken Fluß hinüber auf die westliche Seite und führt dann in südliche Richtung weiter. Kurz vor **Onondowa** kreuzt der Pfad den Fluß erneut. Dann sind schon die ersten wunderschön grünen Reisfelder auszumachen. Etwa zwanzig Minuten geht es entlang der Reisfelder zum Dorf. Ein anderer Pfad bleibt auf der östlichen Seite des Flusses und kreuzt diesen auch nicht. Allerdings muß man hier durch ein

**Auf dem Weg nach Onondowa, letzter Blick zurück nach Norden ins Bada-Tal.**

dichtes, sumpfiges Stück Wald gehen. Ein sehr großes Problem besteht darin, daß in diesem weitläufigen Tal sich verschiedene Fußpfade, aber auch Wildpfade kreuzen und es schwierig ist, sie auseinanderzuhalten und den richtigen Weg einzuschlagen. Vom Flußlauf bis nach Onondowa sind es etwa 6 km. Auf diesem Stück verlieren wir die Orientierung, so daß wir eine weitere Nacht im Grasland verbringen.

Selbst am nächsten Vormittag gelingt es uns nicht, das dichte Waldstück zu durchqueren. Marius, Bewohner eines nahegelegenen Gehöfts, begegnet uns auf einer breiten Sandbank. Er nimmt sich unser an und führt uns sicher bis nach **Onondowa**. Von einer unbeschreiblich netten Familie werden wir aufgenommen. Die zwei Tage bei ihnen werden zu einem ausgesprochen intensiven Erlebnis. Wir wohnen der Beerdigungszeremonie des verstorbenen Vaters unseres Gastgebers Pak Wilem bei. Am Sonntag besuchen wir die noch im Bau befindliche Kirche und erleben einen fröhlichen, beschwingten Gottesdienst. Unweit des Dorfes zeigt uns Pak Wilem zwei Megalithstatuen, über die folgende Sage in Umlauf ist:

Vor langer Zeit kam es zur hoffnungslosen Übervölkerung des Tales. Banko und seine Frau Moni zogen los, um sich eine neue Existenz zu suchen. Am Fuße des Hügels, wo wir gerade stehen, bricht Moni völlig erschöpft zusammen. Als Banko bemerkt, daß seine Frau nicht mehr bei ihm ist, dreht er sich nach ihr um. Fassungslos sieht er seine zu Stein erstarrte Frau und versteinert ebenfalls im gleichen Augenblick.

**Nützliche Hinweise:**

**Anreise:** Die Tour beginnt in Gintu im Lore-Lindu-Park; siehe Touren 17–19.
**Führung:** Der Grundschullehrer Agus Tohama in Gintu ist ein ausgesprochen guter Kenner der Region um das Bada-Tal, und er kennt auch die südliche Region um Rampi. Er spricht gebrochen Englisch und hat gute Erfahrung im Führen von Touristen. Falls er selbst die Führung nicht übernimmt, kann er ortskundige Führer organisieren.
Wer die Tour auf eigene Faust plant, sollte in jedem Fall für drei Tage Proviant sowie ein Zelt mitnehmen. Besonders wenn man in die Ebene kommt, ist es ratsam, sich nach Möglichkeit Lastenträgern anzuschließen, um durch die Vielzahl der Pfade nicht die Orientierung zu verlieren.
**Ausreise:** MAF-Flüge (Mo. und Do.) von Onondowa nach *Tentena, Bada (Gintu), Masamba;* in der Regel wird Onondowa zweimal die Woche angeflogen. Es werden bevorzugt die Einheimischen mitgenommen, so daß es passieren kann, daß man nicht sofort einen Sitzplatz bekommt. Es ist auch damit zu rechnen, daß die Maschine aus technischen oder wetterbedingten Gründen nicht fliegt.

Abends beim Palmwein, den ich nirgends frischer und besser bekommen habe, sitzen wir mit einem Ältesten zusammen. Dieser weiß noch mysteriöse Geschichten aus dem üppigen Bergwald zu berichten und von einem ganz besonderen Platz. Tief nach Westen, in einem unwegsamen Gebiet, liegt oben auf dem Gipfel eines Berges ein kleiner Teil des verschollenen Gartens Eden. Diese Geschichte und die Überzeugung, mit der sie der alte Mann vorgebracht hatte, kommen mir in den Sinn, als die MAF-Cessna von der holprigen Graspiste abhebt. Wir müssen zwei Runden im Tal drehen, um genügend Höhe zu gewinnen, die östliche Bergkette zu überfliegen. Als ich aus der Vogelperspektive zurückblicke, kommt es mir vor, als würde ich freiwillig den Garten Eden verlassen.

**Pak Wilem zeigt uns am Fuße des Hügels die laut Sage versteinerte Frau Moni.**

# 22 Für unermüdliche Abenteurer Weiterführende Touren von Onondowa

## Tour A: Handelsweg südwärts nach Masamba

**Kurzcharakteristik:**

Von Indonesiern begangener Handelsweg. Aufgrund vieler verwirrender Weggabelungen kann man diese Tour nur mit einheimischen Führern unternehmen.
**Beste Jahreszeit:** Juni–September
**Gesamtgehzeit:** 4–5 Tage

**Kurzbeschreibung** Der Bergkamm Puncak Watu Menganga, »offener Mund«, mit ca. 2000 m Höhe muß überquert werden. Weitere Dörfer bzw. Häuseransiedlungen von Onondowa aus sind *Sulaku* (2 km), *Leboni* (7 km), *Watu Mengaga, Saluseba, Pincara* und *Masamba*. Masamba ist eine geschäftige kleine Stadt, von der aus verschiedene Busverbindungen nach Toraja oder zum Pososee zu bekommen sind.

## Tour B: Dschungeltour zum Pososee

**Kurzcharakteristik:**

Dies ist eine Tour für hartgesottene Abenteurer und sollte nur von Trekkern mit Dschungelerfahrung unternommen werden. Sie führt durch menschenleeren Bergurwald, der zum größten Teil über 1500 m liegt. Ortskundige Jäger als Führer sind absolute Voraussetzung, um diese Tour erfolgreich durchzuführen.
**Beste Jahreszeit:** Juni–September
**Gesamtgehzeit:** 4–5 Tage
**Kartenskizze:** Siehe Seite 179

Die Ebene bei Onondowa. Besonders stolz sind die Dorfbewohner auf ihre Reisfelder, die sie ohne Düngemittel und Pestizide bewirtschaften.

Südlich von Onondowa wird das Tal hügeliger und undurchdringlicher.

**Kurzbeschreibung** Der Pfad nach Osten beginnt im Dorf **Leboni**. Dieser Weg wird nur vereinzelt von Jägern begangen, daher wird das Vorankommen durchaus mühsam sein. Wie mir berichtet wurde, existiert auf halbem Wege noch ein verlassenes Dorf namens *Rato*. Dieses Dorf diente Mitte und Ende der sechziger Jahre Rebellen als Rückzugsort vor den Regierungstruppen. Erst Anfang der achtziger Jahre wurde das Dorf verlassen. Die Bewohner ließen Tiere dort zurück, die nun von Jägern versorgt werden. Daß es Rebellendörfer in dieser Region gegeben hat, ist Tatsache. Inwieweit das Dorf noch erhalten ist, wage ich nicht zu beurteilen. Wer ein Abenteuer sucht, der findet es hier mit Sicherheit. Zwischen vier und fünf Tage sind für die Wanderung einzuplanen. Um in Leboni die geeigneten Führer zu finden und Lebensmittel zusammenzustellen, sind weitere zwei Tage einzuplanen. Den Berichten zufolge kommt man in der Höhe von **Bancea** am Pososee heraus.

## Tourenprofil: Abenteuertrek Sulawesi

| Strecke / Ort | | Höhe in m | Gehzeit in Std. | Entfernung in km | Bemerkungen |
|---|---|---|---|---|---|
| Start | Onondowa | 600 | – | – | – |
| A. Tour 21 | Mamasa | 300 | 3–5 | 60–70 | Nur für Konditionsstarke mit Dschungelerfahrung |
| B. Tour 22 | Poso See | 600 | 4–5 | 60–80 | Gebirgskette zwischen 1500 und 2000 m Höhe durch dichten Bergregenwald |

Sonnenuntergang bei Maumere auf Flores

# Serviceteil

## Wichtige Adressen

### Deutschland

Indonesisches Fremdenverkehrsamt
Wiesenhüttenstr. 17
60329 Frankfurt a. M.
Tel.: 0 69 / 23 36 77
Fax: 0 69 / 23 08 40

Indonesische Botschaft
Bernkasteler Straße 2
53175 Bonn
Tel.: 02 28 / 38 29 9-0

Deutsch-Indonesische Gesellschaft
Lortzingstraße 72
50931 Köln
Tel.: 02 21 / 40 17 97

### Indonesien

Internationale Vorwahl Indonesien: 00 62

Deutsche Botschaft Jakarta
Jalan M. H. Thamrin 1
Jakarta Pusat
Tel.: (0 21) 3 90 17 50
Fax: (0 21) 3 90 17 57

Deutsches Konsulat Medan
Jl. Karim Nr.4
Medan 20152
Fax / Tel.: 0 61 / 53 71 08

Deutsches Konsulat Bali
Jl. Pantai Karang 17
Sanur Bali
Tel.: (03 61) 28 85 35

**Nachmittagsstimmung in Batu Kok mit Blick nach Norden über saftige Reisfelder.**

## Allgemeine Reisetips

### Einreisebestimmungen

Reisende aus Deutschland, der Schweiz und Österreich brauchen bei einer Reise von maximal 60 Tagen kein Visum. Der Reisepaß muß jedoch bei der Einreise eine Mindestgültigkeit von sechs Monaten haben. Reisende, deren Paß eine kürzere Gültigkeit ausweist, werden bereits in Deutschland nicht an Bord des Flugzeuges gelassen. Die Aufenthaltsgenehmigung, deren Verlängerung nicht möglich ist, wird bei der Paßkontrolle im Land ausgestellt. Dieses Touristenvisum gilt, einschließlich des Einreise-

und Abreisetages, 60 Tage. Jeder weitere Tag kostet eine Geldstrafe (ca. 17 DM; Stand 1997).

Wichtig: Auf dem Touristenvisum und im Reisepaß müssen Einreisestempel und -datum vermerkt sein. Falls die 60 Tage überzogen werden, sollte man darauf bestehen, eine Quittung zu bekommen.

## Anreise

Alle großen Fluglinien fliegen Indonesien regelmäßig an. Fliegt man mit *Garuda,* der indonesischen Fluggesellschaft, nach Indonesien, so kostet jeder Inlandsflug mit Garuda nur 50 DM, sofern schon in Deutschland gebucht wird. Weitere Anbieter von Inlandsflügen sind *Merpati, Sempati* und *Bouraq* und *Mandala*. Die großen internationalen Flughäfen sind *Medan* (Polonia), *Jakarta* (Sukarno-Hatta) und *Denpasar* (Ngurah Rai). Über Singapur sind auch *Manado* (Sam Ratulangi) und *Ujung Pandang* (Hasanuddin) direkt zu erreichen.

## Zollbestimmungen

Einreise: Zollfrei dürfen neben den üblichen Reiseutensilien 1 l Alkohol, 200 Zigaretten oder 50 Zigarren oder 100 g Tabak eingeführt werden. Verboten sind die Einfuhr von Waffen, Munition, Drogen und pornographischem Material.

Mehr als 50 000 Rp dürfen weder ein- noch ausgeführt werden. Bei Devisen gibt es keinerlei Beschränkung, allerdings sollten sehr hohe Summen vorher deklariert werden, damit man bei der Ausreise keine Schwierigkeiten bekommt.

Bei Drogenbesitz bzw. -mißbrauch drohen hohe Strafen bis hin zur Todesstrafe. Mit mildernden Umständen und Hilfe durch die Botschaften kann hier nicht gerechnet werden. Vorsicht: Keinesfalls Gepäck oder Geschenke von Fremden durch den Zoll nehmen.

## Zeit

Aufgrund der enormen Ost-West-Erstreckung des Archipels gibt es drei Zeitzonen mit jeweils einer Stunde Unterschied.

Westindonesien (Sumatra, Java, Madura, West- und Zentralkalimantan): Plus 6 Stunden zur MEZ.

Zentralindonesien (Nusa Tenggara, Süd- und Ostkalimantan, Sulawesi): Plus 7 Stunden zur MEZ.

Ostindonesien (Molukken, Irian Jaya): Plus 8 Stunden zur MEZ.

Während der europäischen Sommerzeit verringert sich diese Differenz um eine Stunde.

## Gesundheitsvorsorge

Impfungen sind derzeit für Reisende aus infektionsfreien Gebieten nicht zwingend vorgeschrieben. Zum persönlichen Schutz sind folgende Schutzimpfungen sehr zu empfehlen:

Hepatitis A ist weltweit verbreitet. Die Infektion erfolgt ausschließlich über Nahrungsmittel oder Getränke.

Polio / Tetanus sind keine typischen Tropenkrankheiten, dort aber noch stärker verbreitet als in unseren Breiten. Gegen beide Krankheiten sollte spätestens alle 10 Jahre eine Auffrischung erfolgen. Typhus ist eine Infektion, deren Hauptgefahrenquellen im Trinkwasser, in Eiswürfeln, ungewaschenem Obst und Speiseeis liegen.

### Malariavorbeugung

An Malaria zu erkranken, ist für viele Tropenreisende die größte Sorge. Die beste Prophylaxe ist, sich nicht stechen zu lassen. Doch dieser Grundsatz wird mit der Einnahme von Tabletten schnell über Bord geworfen, weil Reisende sich zu unrecht völlig sicher fühlen.

**Wichtige Verhaltensregeln** Da die Stechmücken ihre Hauptaktivität in der Dunkelheit entfalten, können entsprechende Vorsichtsmaßnahmen getroffen werden:

- Tragen von heller, langer Kleidung.
- Grundsätzlich nur unter einem Moskitonetz schlafen.
- Versprühen von Insekten-Abwehrmittel mindestens zwei Stunden, bevor man sich schlafen legt.
- Abends möglichst wenig Licht im Zimmer machen. Lesen und Schreiben sollte auf die Terrasse oder in die Bar verlegt werden.
- Einreiben freier Körperstellen mit insektenabwehrenden Mitteln.

**Die Malariaprophylaxe** Viele Ärzte neigen dazu, aus Unwissenheit sehr starke Präparate zu verschreiben. Dies ist ein ausgesprochen fahrlässiges Verhalten gegenüber dem Patienten und der Bevölkerung des Urlaubslandes. Es kommt in malariaverseuchten Ländern immer wieder vor, daß Stechmücken gegen die Medikamente resistent werden. Damit wird ein entsprechendes Präparat unwirksam. Einige der sehr hoch konzentrierten Präparate werden bei uns als Prophylaxe verschrieben, während sie in den bereisten Ländern zur Behandlung dienen. Wird ein solches Medikament unwirksam, hat das schlimme Folgen für die Bevölkerung, die nicht in der Lage ist, noch teurere Präparate zu kaufen, sollten überhaupt welche vorhanden sein.

Die Malariaprophylaxe schützt nicht vor der Krankheit, sondern mildert die Intensität, daher sind die Verhaltensregeln immer die erste Wahl. Allgemein gilt Indonesien als wenig malariaverseucht, wobei regionale Unterschiede auftreten.

Sollten nach Reiseantritt fiebrige oder grippeähnliche Symptome auftreten, ist stets eine Blutkontrolle anzuraten, um eine Früherkennung der Krankheit zu ermöglichen. In deutschen Apotheken ist unter dem Namen Malaquick ein Testpräparat erhältlich, welches in weniger als 10 Min. eine Malariainfektion feststellt. Wer für längere Zeit in abgelegene Gebiete reist, sollte seine Reiseapotheke damit aufstocken. Vor Reiseantritt können bei den Tropeninstituten, die an Universitätskliniken angeschlossen sind, jeweils aktuelle Gesundheitsinformationen bezogen werden. Im Vorfeld ist in jedem Fall eine Reisekrankenversicherung abzuschließen.

## Reisezeit

Aufgrund der großen Ausdehnung des indonesischen Archipels sind die einzelnen Regionen des Inselstaates zu unterschiedlichen Zeiten verschieden stark von Regen- und Trockenzeit betroffen.

**Java** Die Gebirgsregionen Westjavas sind ganzjährig niederschlagsreich (3000–4000 mm), die eigentliche Regenzeit ist zwischen November und März mit ihrem Maximum im Januar. Von Mittel- nach Ostjava tritt zwischen den Monaten Mai bis September eine Trockenzeit ein. Beste Reisezeit: Mai bis August.

**Bali** Auf der Götterinsel Bali herrscht Regenzeit von Oktober bis März mit Maximum im Dezember und Januar. Trockenster Monat ist der Juli.

**Nusa Tenggara** Der westliche Teil der Region, also Lombok, Sumbawa und Westflores, hat seine Trockenperiode zwischen April und September. Die regenreichste Zeit ist zwischen Oktober und März. Weiter östlich gibt der austrocknende Südostmonsun das Wettergeschehen an. So hat die Provinz Ost-Nusa Tenggara (Ostflores, Sumba und Timur) eine extrem lange Trockenzeit. Diese beginnt Mitte März und zieht sich bis in den Dezember hinein.

**Sumatra** Hier bestimmt der Westmonsun das Wettergeschehen. Während südlich des Äquators die Niederschlagsmaxima in den Monaten November bis März liegen, beginnen sie in Nordsumatra etwa einen Monat früher. Hier kommt es im April / Mai noch zu einer »kleinen« Regenperiode. Zwischen Mai und August bestimmt der Südostmonsun mehr und mehr das Wettergeschehen, die Niederschläge nehmen deutlich ab.
Beste Reisezeit: Mai bis September.

**Kalimantan** Ganzjähriges, feuchtheißes Treibhausklima. Ungünstigste Zeit zum Reisen: Oktober bis März. Nur im Juli und August regnet es weniger.

**Sulawesi** Niederschlagsreichste Monate zwischen November / Dezember und März / April. Beste Reisezeit: Mai bis Oktober.

**Kinder sind ein Segen Gottes, und so genießen sie in allen Landesteilen, gleich, ob christlicher oder islamischer Prägung, viel Zuneigung. Das größere Mädchen trägt die Schuluniform der Grundschule.**

## Nationalparks

In Indonesien gibt es 320 Parks und Naturschutzgebiete mit einer Fläche von 129 000 $km^2$. Diese Parks unterstehen der Verwaltung der Naturschutzbehörde PHPA (Perlindungan Hutan dan Pelestarian Alam). Sinnvoll ist es, sich vor dem Besuch eines Parks mit dem Lokalen PHPA-Büro in Verbindung zu setzen, um aktuelle Informationen einzuholen. Eine Broschüre »Indonesia: Nationalparks and Nature Reserves« ist über das Fremdenverkehrsbüro zu beziehen.

## Geld und Banken

Sehr empfehlenswert ist die Mitnahme von American Traveller Checks in US-Dollar. Als Bargeld sind zunächst US-Dollar, aber auch D-Mark zu empfehlen. Es ist darauf zu achten, daß die Scheine in gutem Zustand sind und aus den 90er Jahren stammen, da sie sonst von Banken nicht angenommen werden.

*Visa, Mastercard* und *Amex* sind bequeme Zahlungsmittel in gehobeneren Hotels, Restaurants und Geschäften. Krankenhausbehandlungen lassen sich ebenfalls über diese Karten bezahlen. Je weiter man sich von den touristischen Zentren entfernt, desto mehr nimmt der Wert der Devisen ab, soweit sie von Provinzbanken überhaupt angenommen werden.

## Feste und Feiertage

Es gibt zahlreiche Feste und Feiertage, die unterschiedlichen Kalendersystemen folgen, so daß sich die Termine im Gregorianischen Kalender von Jahr zu Jahr verschieben. Daher ist es empfehlenswert, sich vor Ort bei den Touristeninformationsbüros oder den Hotels und Losmen zu erkundigen.
Feste *Staatsfeiertage* sind:
Das Neujahrsfest am 1. Januar; Karfreitag, Ostersonntag, Christi Himmelfahrt und der 25. Dezember. Diese Tage werden natürlich nur in den mehrheitlich christlichen Regionen gefeiert. Ein ausgesprochener Höhepunkt im Festkalender ist der Unabhängigkeitstag am 17. August, der mit großen Umzügen und Paraden sowie Sportveranstaltungen gefeiert wird.

Die moslemischen Feiertage richten sich nach dem islamischen Kalender und variieren dadurch. Der Fastenmonat Ramadan, der um den Februar herum abgehalten wird, kann das Reisen, besonders in orthodox moslemischen Regionen, beeinflussen. Ein gläubiger Moslem darf von Sonnenaufgang bis Sonnenuntergang nichts trinken und essen. Daher kann es passieren, daß viele Restaurants in dieser Zeit nur abends geöffnet haben. Es kommt auch zuweilen vor, daß die Menschen schneller gereizt sind als sonst üblich. In dieser Zeit pilgern jedes Jahr über 180 000 Indonesier nach Mekka. Inlandsflüge und Busse zu den internationalen Flughäfen sind dann vollkommen ausgebucht und überlastet. Das Ende des Ramadan wird durch das zwei Tage währende Fest Idul Fitri eingeleitet. Das Land liegt an diesen Tagen praktisch lahm. Traditionell begeben sich die Menschen zu dieser Zeit auf Verwandtenbesuche, was dazu führt, daß die öffentlichen Verkehrsmittel hoffnungslos überfüllt sind und die Fahrpreise zwischen 50 und 100 % angehoben werden.

Freitags ist der islamische Feiertag in der Woche, daher bleiben oft viele Geschäfte geschlossen oder öffnen nur am Vormittag.

## Hotels/Pensionen/Unterkünfte

In den bekannten Touristenzentren findet sich ein breites Spektrum an Unterkünften. Die Preise schwanken von 350 US-Dollar bis 1,5 US-Dollar die Nacht. Hotels sind aufgrund der Größe und ihres Serviceangebotes erst ab 30 US-Dollar die Nacht zu empfehlen. Darunter ist es ratsam, sich nach den Pensionen umzuschauen, die sich Losmen, Penginapan, Wisma oder Homestay nennen. Diese sind in der Regel preisgünstig und bieten einen guten Service. Zudem fungieren die meisten Pensionen auch als Touristeninformation mit zum Teil ausgesprochen nützlichen Informationen, die in einem Hotel nicht zu bekommen sind.

## Transport- und Verkehrsmittel

**Mit dem Flugzeug** Aufgrund der geographischen Zersplitterung des Archipels wurde sehr früh damit begonnen, das Land mit einem dichten Flugnetz zu überziehen. Heute kann man per Flugzeug alle Provinzhauptstädte und eine Reihe städtischer Zentren (Garuda, Merpati, Sempati, Mandala, Bouraq) anfliegen, je nach Anbieter der Flüge.

**Mit dem Schiff** Schiffe, Fähren, Boote und Prahus sind die wichtigsten Transportmittel im interinsularen Güter- und Personenverkehr. Pelni, die staatliche Reederei, stellt die modernsten und zuverlässigsten Personenschiffe. Sämtliche bedeutenden Seehäfen sowie einige größere Provinzhäfen werden von den Schiffen angesteuert. Zentralverwaltung Pelni: Jl. Angkasa 18, P.O. Box 115 / JKT; Tel.: (0 21) 4 21 74 06.

**Bei den Feierlichkeiten zum Unabhängigkeitstag Merdeka werden Parademärsche abgehalten und die verschiedenen traditionellen Trachten, hier aus Nordsumatra, präsentiert.**

**Mit dem Bus / Bahn** Da auf 1000 Einwohner nur 7 PKW kommen und sich das höchste Verkehrsaufkommen auf die Großstädte konzentriert, ist der Bedarf an öffentlichen Verkehrsmitteln enorm groß. Da man von einem flächendeckenden Bahnnetz nur auf Java sprechen kann, übernehmen Überlandbusse den Löwenanteil des Personentransportes. Das Angebot reicht von vollklimatisierten Bussen mit Video und Verpflegung bis hin zur ausgemergelten, klapprigen Blechkiste. Die mitunter sehr langen Busfahrten in den einfachen Bussen gehören zu den besonderen Erlebnissen einer Indonesienreise.

**Städtische Verkehrsmittel** Stadtbusse fahren auf festgelegten Routen. Es gelten Einheitstarife, unabhängig davon, wie weit man fährt. Es gibt zwar Haltestellen, in der Regel aber winkt man den Busfahrer heran, um einzusteigen. Beim Aussteigen gibt man dem Schaffner ein Zeichen, damit der anhalten und abladen läßt.

*Bemo, Colt, Oplet, Mikrolet* sind die gängigen öffentlichen Verkehrsmittel im Kurzstreckenbereich. Es gelten Einheitspreise auf vorgeschriebenen Routen. Ein- und Aussteigen geschieht auf eigenen Wunsch. In ländlichen Gebieten variiert

**Frühe Morgenszene: Die ersten menschlichen Siedlungen nach dem Dschungel.**

der Preis nach Entfernung und Zustand der Straße.

*Taxen:* Es gibt viele verschiedene Anbieter, offiziell haben sie alle einen Taxameter. Bevor man einsteigt, ist jedoch die Zieladresse zu besprechen und zu klären, ob mit Zähler oder ohne gefahren werden soll. Möchte man nicht lange um den Fahrpreis verhandeln, sollte man höflich auf Abrechnung nach Zähler bestehen. Es kann passieren, daß ein Fahrer dann lieber ohne Gast weiterfährt oder aber einen kleinen Umweg fährt, um der Fahrpreis ein wenig zu erhöhen.

*Becak:* Diese dreirädrigen, von Menschenkraft betriebenen Fahrradtaxen sind aus kaum einer städtischen Siedlung wegzudenken. Sie befördern alles und jeden zwischen 200 m und 10 km. Der Fahrpreis ist in jedem Fall vor Fahrtantritt zu verhandeln, da sonst der Preis gezahlt werden muß, den der Fahrer verlangt.

*Pferdewagen:* Sie ersetzen meist in ländlichen, weiträumigeren Gebieten die Becak. Je nach Insel werden sie *Dokar, Bendi* (Sulawesi), *Ben Hur* (Bima), *Cidomo* (Lombok, Sumbawa Besar) genannt.

*Motorräder:* Motorräder, *Ojek* genannt, übernehmen den weiteren Transport in schwer zugänglichen oder selten befahrenen Gegenden.

*Mietauto:* Sicherlich die bequemste und schnellste Art, an den Zielort zu gelangen. Viele Agenturen vermieten Auto inklusive Fahrer.

### Reiseunternehmen

Der Reiseläden »Reiseladen am Grün« in Marburg bietet einmal im Jahr eine Exklusiv-Rundreise für 22 Tage nach Indonesien an. Die Tour mit maximal sechs Teilnehmern führt über Vulkane, Dschungel bis hin zum Strand.

Informationsmaterial ist zu beziehen über: Reiseladen Am Grün; Am Grün 42; 35039 Marburg; Tel.: (0 64 21) 2 20 55; Fax: 2 71 55

## Kleidung und Ausrüstung

### Kleidung

Allgemein ist lange, luftige Baumwolle oder Seide das Angenehmste auf der Haut bei den tropisch schwülen Temperaturen.

Beim Trekking ist die Kleidung je nach Anforderung an Vegetation und Gelände anzupassen.

**Dschungeltour** Eine lange, reißfeste, schnell trocknende Hose, T-Shirt oder reißfestes Langarmhemd und lange Strümpfe. Die Schuhe sollten eine griffige Sohle haben, aus schnelltrocknendem Obermaterial gefertigt und möglichst leicht sein. Eine komplette Garnitur muß abends zum Wechseln da sein. Je nach Höhe kann es ausgesprochen kühl werden.

**Vulkanbesteigung** Hier reichen in der Regel tagsüber eine kurze Hose und T-Shirt. Wegen des scharfkantigen Lavagerölls bieten sich hier solide Trekkingschuhe an. Mitzunehmen sind warme Kleidung und Regenjacke.

**Fahrradtour** Fahrradhose oder leichte kurze Hose, schnell trocknendes Shirt, griffige Turnschuhe, in denen man gut laufen kann, falls das Rad am Berg oder auf Schotterpisten geschoben werden muß.

### Ausrüstung

**Fahrradfahrer und Wanderer** Rucksack, Zelt, Isomatte, leichter Sommerschlafsack, dünner körperbedeckender Leinensack, Turnschuhe, Strümpfe, Unterwäsche, Hemden unterschiedlicher Dicke, leichter Pullover, T-Shirts, Shorts, strapazierfähige Hose, Toilettenutensilien, Waschseife, Sonnenschutz, Taschenlampe, Taschenmesser, Trinkflaschen, Wassersack, Regenjacke, Schirmmütze, Erste-Hilfe-Beutel, Nähzeug, dünne, reißfeste Schnur, dünner Draht, Kerzen, Anzünder, Plastiktüten zum Verpacken der Kleider im Rucksack, Gastgeschenke, Geschirr, Kocher, Moskitonetz, Wasserfilter, Karten.

**Wanderer** Trekkingschuhe, Wanderstock, Rucksack (40–50 Liter).

**Fahrradausstattung** Das Fahrrad sollte gut auf die persönlichen Bedürfnisse abgestimmt sein. Jeder Radfahrer auf Indonesien muß in der Lage sein, alltägliche Schäden wie Platten, Speichenbruch selbst zu beheben oder die Bremsen einstellen zu können usw. Modernste High-tech-Räder, für die alle Ersatzteile aus Deutschland mitzunehmen sind sind für eine Indonesientour weniger geeignet. Es ist darauf zu achten, möglichst wenige Teile, sei es Rahmen, Gepäck- oder Frontträger aus Aluminium, zu verbauen. Brechen diese, ist eine Reparatur nur schwer möglich. Grundsätzlich können alle Eisenschäden repariert und vor allen Dingen geschweißt werden. Im Schweißen sind die Werkstätten unbeschreiblich erfinderisch. In einem solchen Fall ist es wichtig, seine Vorstellungen, wie das Rad später wieder zu funktionieren hat, genau darzulegen. Arbeitet der Mechaniker dann, sollte man ihm keinesfalls mehr dreinreden!

Weiteres Zubehör für das Rad sind wasserdichte Fahrradtaschen und mindestens zwei Fahrradflaschen.

An *Werkzeug* sollte mitgenommen werden: Werkzeugset (für Inbus-, Schlitz- und Kreuzschlitzschrauben), Flickzeug, Montierteile, Speichenschlüssel, Öl, Zahnkranzabnehmer, Kettennietendrücker. Als unverwüstlicher Alleskleber hat sich bei uns Seam-Grip bewährt (ich konnte damit einen 5 cm langen Riß im Mantel flicken!).

*Ersatzteile:* Brems- und Schaltzug, Speichen, Schlauch, Luftpumpe, evtl. einen faltbaren Ersatzmantel, Packriemen.

### Kartenmaterial

DÄRR-Expeditionsservice liefert seit neuerem russische Generalstabskarten in den Maßstäben 100 000 bis 500 000. Es sind nicht alle Regionen Indonesiens abgedeckt, und in der Regel dauert es drei Monate, bis die Karten geliefert werden.

DÄRR Expeditionsservice GmbH; Theresienstraße 66; 80333 München; Tel.: (0 89) 28 20 32; Fax 28 25 25.

Übersichtlich und preiswert ist die vom Nelles-Verlag München herausgegebene, bislang neunteilige Indonesien-Kartenserie.

## Gesundheit

### Das leibliche Wohl

Generell ist es empfehlenswert, sich möglichst schnell an die jeweilige Regionalküche zu gewöhnen. In der Regel werden die Speisen scharf zubereitet; als Grundlage wird immer Reis serviert. Garküchen und Warungs, das sind kleine Straßenrestaurants, die nur am Abend aufgebaut werden, bereiten jeden Tag mit frischen Zutaten köstliche Gerichte. Auf Essen und dessen Qualität wird in Indonesien größter Wert gelegt. Für Essen wird immer und überall gesorgt. Dennoch ist das eigentliche Mahl kein gesellschaftliches Ereignis, sondern eine Angelegenheit, die kurz und ungestört abläuft.

Vorsicht ist bei den preisgünstigen Restaurants geboten, die speziell auf Touristen abzielen. Diese haben häufig einen Kühlschrank, in dem Lebensmittel lange gelagert werden, um immer eine möglichst große Auswahl zu bieten. Sie versuchen, den europäischen Gaumen mit europäischer Küche zu verwöhnen. In der Regel stehen junge Männer in der Küche, die weder Küchenhygiene kennen noch Kocherfahrung haben, da das Kochen nach wie vor Frauensache ist. Die Kombination dieser drei Gegebenheiten: lange Lagerung von Lebensmitteln, Zubereitung landesuntypischer Speisen und unerfahrenes Küchenpersonal sind die Hauptursachen für schwere Mageninfektionen.

Zu den Getränken, die überall zu bekommen sind, zählen Tee, Kaffee und, wenn erschwinglich, frisch gepreßte Zitrone mit Wasser. Die Getränke werden mit Unmengen Zucker und, wer möchte, mit süßer Milch serviert. Zum Essen bekommt man immer ein Glas abgekochtes Wasser und ein Schälchen, um die rechte Hand zu waschen. Es wird nur die Rechte benutzt, da die Linke für die Toilette verwendet wird und als unrein gilt. Abgefüllt in Flaschen sind Softdrinks und Bier. Fruchtshakes sind nur dort erhältlich, wo Touristen anzutreffen sind.

Schon ohne körperliche Belastung muß man pro Tag mindestens $2^1/_2$ l Flüssigkeit zu sich nehmen. Bei körperlicher Belastung liegt der Bedarf bei $3^1/_2$–$4^1/_2$ l. Trinkwasser ist fast überall in Einwegflaschen mit 1,5 l Inhalt zu bekommen. Um sich nicht an dieser unnötigen Umweltbelastung, besonders in ländlichen Regionen, zu beteiligen, empfiehlt es sich, einen Wasserfilter mitzunehmen. Dieser hat gegenüber den Entkeimungsmitteln den Vorteil, daß das Wasser klar gefiltert wird, absolut keimfrei und sofort trinkbar ist. Keramikfilter mit Aktivkohle filtern sogar Chemikalien aus dem Wasser heraus. Aufgrund der hochwertigen Verarbeitung und ihrer Kapazität sind die Filter Katadyn Pocketfilter oder Combifilter zu empfehlen.

### Verletzungen

Mit Schnitt- und Schürfwunden ist in den Tropen äußerste Vorsicht geboten. Grundsätzlich sind die Wunden zu säubern und gut zu desinfizieren. Man muß versuchen, die Wunden möglichst trocken zu halten. Nicht in Wasser aufweichen und so oft es geht Pflaster und Verbände entfernen.

### Was tun bei Malaria?

Malariasymptome sind: Inneres Kältegefühl bis hin zum Schüttelfrost, der zwischen 30 Min. und 2 Std. dauern kann. Starkes Fieber setzt ein, der Betroffene fühlt sich ausgetrocknet und benommen. Nach vier bis fünf Stunden setzt ein starker Schweißausbruch ein, der die Fieberkurve ein wenig senkt. Gliederschmerzen und Brechreiz können parallel dazu auftreten.

Schnellstmöglich ist ein Arzt zu konsultieren. Das Präparat Malaquick ermöglicht es auch dem ärztlichen Laien, einen Malariatest durchzuführen und eine Infektion frühzeitig zu erkennen. Ist innerhalb von 24 Std. kein Arzt zu erreichen, dann ist folgendes zu tun:

1. Vier Resochin-Tabletten auf einmal nehmen.
2. Sechs Stunden später zwei weitere.
3. 24 Stunden später zwei weitere.
4. Am darauffolgenden Tag wiederum zwei Tabletten.

Bei einem Malariaanfall sind 4 l, mindestens aber 2 1/2 l Flüssigkeit pro Tag zu sich zu nehmen. Sollte das Fieber nach 24 Std. nicht deutlich zurückgehen, muß davon ausgegangen werden, daß es sich um die gefährlichste Malaria, *P. falciparum,* handelt. Ist bis dahin immer noch kein Arzt zu erreichen, muß folgende Schockkur einsetzen:

1. Drei Tabletten Mefloquin (Lariam), insgesamt 750 mg.
2. Sechs Stunden später erneut zwei Tabletten, also 500 mg.
3. Nur bei über 60 kg Körpergewicht nimmt man nach 12 Std. eine weitere Lariam-Tablette.

Wichtiger Hinweis: Dies ist eine absolute Notbehandlung, die möglichst zu vermeiden ist!

Resochin kann in vielen Apotheken (Apotik oder Toko Obat) Indonesiens günstig erstanden werden. Lariam als Notfallmittel und der Schnelltest Malaquick sind aus Deutschland mitzubringen.

### Hilfe im Notfall

Landesweite Notrufnummern: Polizei 110; Feuerwehr 113; Krankenwagen 118 und 119. Leider gestaltet es sich in ländlichen Gebieten schwierig, ein funktionierendes Telefon ausfindig zu machen.

Moderne und bessere Krankenhäuser sind in Jakarta, Surabaya, Denpasar, Ujung Pandang und Medan zu finden. Weitere Krankenhäuser finden sich in allen größeren Städten. Staatliche Gesundheitszentren, PUSKESMAS genannt, sind im ganzen Land verteilt, doch können sie in der Regel nur notdürftige Hilfe leisten. Guten Ruf haben auch private Krankenhäuser, wie die der Missionsgesellschaften. Bei schwerwiegenden Verletzungen ist es in Betracht zu ziehen, nach Singapur oder Malaysia auszufliegen.

## Naturschutz

Im Herbst 1997 steht Indonesien als größter Umweltsünder Asiens am Pranger. Waldbrände bislang nicht bekannten Ausmaßes überziehen die Inseln Sumatra, Kalimantan und Irian Jaya, Südostasien wird von einem giftigen Smog vernebelt. Anstatt das Schlimmste zu verhindern, steckt die Regierung den Kopf in den Sand und möchte zunächst von all dem nichts wissen. Da erscheint das 1996 vorgestellte Sanierungsprogramm des Umweltministers Kusumaatmadji, »blauer Himmel«, als eine Farce.

Indonesien hat genügend Gesetze und Verordnungen, um den großen Umweltsündern und Brandstiftern das Handwerk zu legen. Das Problem ist, daß die Gesetze nicht angewendet werden. Die Korruption lähmt die Behörden und läßt sie tatenlos zusehen, wie weiter Raubbau an der Natur betrieben wird.

64 Millionen Hektar Wald hat die Regierung für die kommerzielle Nutzung freigegeben, wobei ein Großteil der lukrativen Abholzungslizenzen in den Händen von zehn großen Konzernen sind. Die beiden Tycoons Liem Sie Liong und Bob Hasan zählen zu den engsten Geschäftspartnern des Präsidenten. Der eine ist Monopolist im lukrativen Palmölgeschäft, der andere wichtigster Holzunternehmer des Landes. Fast ironisch klingt es, wenn Präsident Suharto, nachdem im September 1997 über 500 000 Hektar Wald in Flammen stehen, ankündigt, die Brandstifter schärfer verfolgen zu lassen.

### Abfallbeseitigung

Bei Wanderungen mit Führern und Trägern ist es an dem Touristen, dafür zu sorgen, daß nicht verrottbares Material vernünftig entsorgt wird. Einige schöne Aussichtsplätze verwandeln sich mittlerweile in kleine Müllhalden.

### Brennmaterial

Der eigene Kocher macht den Trekker auf jeden Fall unabhängiger von der Witterung. In den meisten Gebieten ist das Besorgen von Brennholz kein Problem. Es sollten dafür keine Bäume gefällt oder deren Rinde abgebrochen werden. Das Feuer ist mäßig groß zu halten. Es ist sicherzustellen, daß keine Brandgefahr von der Kochstelle ausgeht.

## Praktische Reisetips und Unterkünfte in ausgewählten Orten

### Java / Bali

#### Yogyakarta

- Touristeninformation: Jl. Malioboro 16, Tel. (02 74) 56 60 00, Mo–Fr 7:30–19:30 Uhr, Sa 9–12 Uhr
- Wisma Laras Hati, Jl. Sosrokusuman Dn 1/182, Yogya 5 52 13, Tel. (02 74) 51 45 13; Preis: 10 bis 20 DM
- Hotel Puri, Jl. Sosrokusuman 22, Yogya 5 52 13, Tel. (02 74) 51 41 07; Preis: bis 10 DM
- Merapi, Jl. Pawirotaman Mg. III / 599, Yogya 5 51 53, Tel. (02 74) 7 75 33; Preis: 10 bis 30 DM

#### Kaliurang

- Vogels Hostel, Jl. Astamulya 76, Tel. (02 74) 9 52 08; Preis: bis 10 DM und 10 bis 20 DM

### Borobudur
- Lotus Guesthouse, Jl. Medang Kamulan 2, Borobudur 56553, Tel. (0293) 88281. Nette Familienpension. Organisiert auch Rafting-Touren. Preis: bis 10 DM und 10 bis 20 DM

### Solo
- Solo Homestay, Jl. A. Dahlan, Gang Banda 2, Solo 57131, Tel. (0271) 52400; Preis: bis 10 DM
- Ramayana Guesthouse, Jl. Dr. Wahidin 22, Tel. (0271) 32814. Sehr sauber und mit Garten. Preis: 10 bis 30 DM und 30 bis 50 DM

### Cemoro Lawang
Hotel Bromo Permai I, Tel. 23459; Preis: bis 10 DM

### Malang
- Hotel Helios, Jl. Pattimura 37, Tel. (0341) 62741. Garten, große Zimmer. Preis: bis 10 DM und 10 bis 30 DM
- Splendid Inn, Jl. Mojopahit 2–4, Tel. (0341) 66860. Kolonialstil. Preis: 30 bis 50 DM

## Flores

### Maumere
- Hotel Senja Wair Bubak, Jl. Komodor Yos Sudarso, Tel. (0382) 21498. In Meeresnähe, verschiedene Zimmer. Preis: bis 10 DM und 10 bis 30 DM
- Permata Sari Inn, Jl. Jenderal Surdiman 1, Tel. (0382) 21171. Zwei Kilometer außerhalb, direkt am Meer. Preis: 10 bis 30 DM

### Pantai Waiara (13 km östl. von Maumere)
- Sea World Club, Jl. Nai Noha, Tel. (0382) 21570. Sehr schöne gepflegte Anlage am Meer. Tauchgeräte vorhanden und Tauchkurse möglich. Preis:10 bis 30 DM und 30 bis 50 DM

### Moni
Verschiedene Losmen: Amina, Moe, Daniel Nusa Bung und andere. Preis: bis 10 DM

### Detusoko und Camat
Ca. 35 km von Ende entfernt, zwischen den Dörfern Detusoko und Camat, liegt das Wisma Santo Fransiskus. Ruhig und schön gelegen. Preis: bis 10 DM

### Ende
- Hotel Flores, Jl. Sudirman 28, Tel. (0381) 21075. Verschiedene Preisklassen, sehr sauber. Preis: bis 10 DM und 10 bis 30 DM
- Losmen Ikhlas, Jl. Jenderal Ahmad Yani, Tel. (0381) 21695. Das ultimative Traveller-Losmen, viele Infos über die Region. Preis: bis 10 DM und 10 bis 20 DM
- Flugverbindungen: Merpati, Jl. Nangka, Tel. (0381) 21355
- Schiffsverbindungen: Pelni, Jl. Kathedral (0381) 21043

### Riung
- Liberty Homestay, Homestay Madona, Homestay Tamri, Homestay Nur Iklas (am Hafen), Homestay Florida (an der Straße nach Ende). Preise: bis 10 DM

### Bajawa
- Tourist Office, c/o Bintang Tour & Travel, Jl. Pasar Inpres
- Elisabeth, Jl. Inerie (0384) 21223; Preis: bis 10 DM
- Hotel Korina, Jl. Ahmad Yani 81 Tel. (0384) 21162; Preis: bis 10 DM und 10 bis 30 DM
- Soa: Ngada Paradise, Manager: Marianus Sae, Büro in Bajawa, Jl. Budi Utomo 42, Tel. (0384) 21116; Preis: 10 bis 30 DM
- Flugverbindungen: Merpati, Jl. Pasar Baru, Tel. (0384) 21050

### Ruteng
- Dahlia Hotel, Jl. Bhayangkari 18, Tel. (0385) 21377; Preis: bis 10 DM und 10 bis 20 DM
- Ranaka Losmen, Jl. Yos Sudarso 2, Tel. (0385) 21353; Preis: bis 10 DM
- Hotel Sindha, Jl. Yos Sudarso 26, Tel. (0385) 21197; Preis: 10 bis 30 DM
- Flugverbindung: Merpati, Jl. Pertiwi 15, Tel. (0385) 21147

### Labuhan Bajo
- Hotel Bajo Beach, Tel. (0385) 41008 oder 41009; Preis: 10 bis 30 DM
- Hotel Wisata, sauber und gepflegt, Tel. (0385) 401020; Preis: bis 10 DM
- Golo Hilltop Resort, schöner Blick über die Bucht; Preis: 10 bis 30 DM und 30 bis 50 DM
- Schiffsverbindung: Einmal am Tag, außer freitags, Fähre nach Sape über Komodo.
- Flugverbindungen: Merpati, Jl. Eltari Tel. (0385) 41177

### Auf der Strecke Maumere–Moni
- Paga Beach Cottages, Jl. Maumere–Ende (Trans-Flores), Yuliana Ice Indri, Tel. (0382) 21032; Preis: bis 10 DM

## Sumbawa

### Taliwang
- Losmen Taliwang, Jl. Jenderal Surdiman, sauber, Zimmer im ersten Stock; Preis: bis 10 DM
- Losmen Azhar und Losmen Tubalong; Preis: bis 10 DM

**Alas**

– Losmen Anda, Jl. Pahlawan. Spartanisch einfach. Preis: bis 10 DM

**Sumbawa Besar**

– Losmen Mekarsari, Jl. Hasanuddin Gang Mekarsari 10, Tel. (03 71) 2 13 51; Preis: bis 10 DM
– Tirtasari Cottages, Jl. Garuda (6 km westl. des Zentrums am Strand), Tel. (03 71) 2 23 37; Preis: bis 10 DM und 10 bis 30 DM
– Touristeninformation, Perama, Jl. Hasanuddin 48, Mo–Do 8–14 Uhr

**Dompu**

– Hotel Manuru Kupang und Hotel Samada; Preis: bis 10 DM

**Bima**

– Touristeninformation, Jl. Sukarno-Hatta, Tel. (03 74) 4 43 31, Mo–Do 8–14 Uhr
– Flugverbindungen: Merpati; Jl. Sukarno-Hatta 60, Tel. (03 74) 4 26 97
– Pelni-Schiffe: Jl. Satria 2, Tel. (03 74) 4 20 46 und Jl. Martadinata 73, Tel. (03 74) 4 22 03
– Losmen Lila Graha, Jl. Lombok 20, Tel. (03 74) 27 40; Preis: bis 10 DM und 10 bis 30 DM
– Hotel Parewa, Jl. Soekarno Hatta 40; Tel. (03 74) 25 52; Preis: 10 bis 30 DM

**Sape**

– Losmen Mutiara, in der Nähe des Hafens, einfach; Preis: bis 10 DM
– Losmen Friedship, neben der Post, einfach und sauber; Preis: bis 10 DM
– PHPA-Naturschutzbehörde: Infos über Sumbawa; auf halben Weg zwischen Hafen und Sape.
– Einmal am Tag, außer freitags, Fähre nach Labuhan Bajo.

## Lombok

**Mit der Fähre**: Von Padangbai nach Lembar bzw. umgekehrt alle 2 Std. von 4 Uhr morgens bis 24 Uhr nachts. Fahrtdauer zwischen 4 und 6 Std. Man sollte sich nie auf den Fahrplan verlassen, da immer wieder Fähren ausfallen und der Zeitplan verschoben wird.

**Mabua Express**: Pendelt zwischen Benoa Port Bali und Lb. Lembar Lombok. Ab Benoa Abfahrt 8:30 und 11:30; Abfahrt von Lembar 14:30 und 17:00. Die Überfahrt dauert 2–2½ Std. Sehr guter Service und zuverlässig; incl. An- und Abtransport, falls erwünscht. Tel.: Bali: (06 31) 77 25 21; Lombok: (03 64) 3 27 224

**Ampenan:**

– Hotel Zahir, Jl. Koperasi 12, Tel. (03 64) 2 24 03; Preis: bis 10 DM
– Angin Mammiri, Jl. Banda No. 1; Tel. (03 64) 3 17 13; Preis: bis 10 DM
– Wisma Triguna, Jl. Koperasi 5, Tel. (03 64) 3 17 05; Preis: bis 10 DM und 10 bis 20 DM

**Senggigi**

– Pondok Senggigi, Jl. Raya Senggigi, Tel. (03 64) 9 32 73, 9 32 75; Preis: bis 10 DM, 10 bis 30 DM und 30 bis 50 DM
– Santai Beach Inn, Jl. Raya Senggigi, 3 km weiter nördlich; Tel. (03 64) 9 30 38; Preis: 10 bis 30 DM
– Blue Ocean (Mangsit); Tel. / Fax: (03 64) 9 31 94

**Gili Air**

– Gita Gili, Besitzer Mr. Sabang, kein Telefon, sehr nette Familie; Preis: bis 10 DM
– Gili Indah Melati Hotel, Tel. (03 64) 3 33 41; sehr sauber und großzügig, nahe Anlegestelle; Preis: 10 bis 30 DM

**Bayan**

– Pondok Guru Bakti, Senaru, kein Telefon; schöne Anlage; Preis: bis 10 DM

**Sapit**

– Hati Suci Homestay, einzige Unterkunft, einfach, inkl. Frühstück; Preis: bis 10 DM

**Labuhan Lombok**

– Losmen Munawar und Losmen Dian Dutaku, sehr einfach; Preis: bis 10 DM

## Sumatra / Nias

**Medan**

– Sarah's Guesthouse, Jl. Pertama 10, Tel. (0 61) 71 94 60; Preis: bis 10 DM
– Hotel Zakia, Jl. Sipisopiso (Nähe der Moschee Mesjid Raja), Tel. (0 61) 72 24 13; Preis: 10 bis 20 DM
– Dharma Deli Hotel, Jl. Balai Kota 2, Tel. (0 61) 72 70 11; Preis: 10 bis 30 DM

**Berastagi**

– Wisma Ikut, Jl Gundaling, Tel. (06 28) 9 71 71 (Darius / Sinatar); Preis: bis 10 DM
– Sibayak Multinational, Jl. Pendidikan No. 93, Tel. (06 28) 9 10 31; Preis: 10 bis 30 DM
– Hotel Bukit Kubu: Jl. Sempurna No. 2, Tel. (06 28) 9 15 24. Haus im holländischen Kolonialstil; Preis: 10 bis 30 DM und 30 bis 50 DM

### Bukit Lawang
- Anggrek Leuser Inn, Tel. (0 61) 54 55 59; Preis: bis 10 DM
- Wisma Bukit Lawang Cottage; Preis: bis 10 DM

### Samosir
- Carolina Cottages; Tuk-Tuk Lake Toba, Tel. (06 25) 4 15 20, Fax: 4 15 21 beste Unterkunft auf der Insel; Preis: bis 10 DM, 10 bis 30 DM und 30 bis 50 DM
- Ebikel's: Tuk-Tuk, Tel. (06 25) 4 15 28; steht in der zweiten Reihe, sehr gutes Essen; Preis: 10 bis 20 DM
- Le Shangri-La, 6 km nach Ambarita auf der Straße nach Simanindo, sehr ruhig und abgelegen; Preis: 10 bis 20 DM

### Haranggaol
- Si-gumba-gumba cottages, einfache, saubere Hütten am See, Besitzerin spricht gut Englisch; Tel: (06 22) 2 62 24 / 2 69 81; Preis: bis 10 DM und 10 bis 30 DM

### Sibolga
- Hotel Mutiara Indah, Jl. Ahmad Yani No. 20, Tel. (06 31) 2 16 81; Preis: 10 bis 30 DM

### Gunnungsitoli
- Wisma Soliga, 4 km südlich der Stadt, sauber und ruhig, Preis: bis 10 DM und 10 bis 20 DM
- Hotel Gomo, Jl. Gomo 148, im Zentrum und laut; Preis: bis 10 DM
- Nias Kantor Pariwisata, Jl. Sukarno 6, Tel. (06 39) 2 15 45
- Fluggesellschaft SMAC: Jl. Lagundri 7, Tel. (06 39) 2 19 49
- Krankenhaus: Rumah Sakit Umum, Jl. Cipto Mangunkusumo 13, Tel. (06 39) 2 14 74
- Arzt: Dr. Erika Mendröfa, Jl. M. Hatta, Tel. (06 39) 2 17 19

### Telukdalem
In Lagundri gibt es unzählige Losmen, meist sind es einfache Strandhütten; darauf achten, daß gute Moskitonetze im Zimmer sind. Mittlerweile sogar ein großes Vier-Sterne-Hotel.

### *Tips für Medan*
Kaum ein Taxifahrer fährt mit Taxameter; entweder besteht man vor dem Einsteigen sehr hartnäckig, aber höflich darauf, daß dieser eingeschaltet wird. Oder man handelt vor der Fahrt einen Preis für die Strecke aus. Ansonsten fahren gelbe Minibusse auf festen Routen in der Stadt. Fahrpreis ist 30 Pf., unabhängig davon, wie weit man fährt.

*An- und Abreise:* Täglich fliegt mindestens eine der Fluggesellschaften Garuda, Merpati, Sempati, Malaysian Airline oder Silk Air nach Penang (60 US-Dollar) oder Singapur (130 US-Dollar).

Nationale und internationale Flüge können günstig bei Trophy Tours, Jl. Brigjend Katamso No 33D, Tel. 51 48 88 gebucht werden. Dort können auch Busfahrten zu allen größeren Städten organisiert werden. Wer es günstiger haben möchte, muß zu den Busbahnhöfen fahren. Busbahnhof *Amplas* liegt auf der Jl. Sisingamangaraja, etwa 5 km südlich vom Stadtzentrum, und ist für die Ziele südlich von Medan zuständig, z.B. bis Bukittinggi, Jakarta, Yoga und Denpasar. Der etwas kleinere *Pinang Baris,* etwa 10 km westlich von Medan in Richtung Binjai, versorgt die Städte nördlich von Medan, so z.B. Bukit Lawang, Berastagi bis nach Banda Ache. Wer weitere Strecken mit dem Bus fahren möchte, dem seien die Busse der Gesellschaft ALS zu empfehlen.

Die Fluggesellschaft SMAC fliegt mit kleinen Propellermaschinen (10 kg Freigepäck) einmal täglich von Medan nach Gunnungsitoli und umgekehrt. SMAC in Medan: Jl. Imam Bonjol 59, Tel. (61) 51 59 34. Büro auf Nias: Jl. Lagundi 46-47, Tel. (06 39) 2 10 16.

## Sulawesi

### Manado
- Manado Bersehati Hotel, Jl. Jend Sudirman No. 20, Manado, Tel. (04 31) 5 50 22; Preis: bis 10 DM
- Wale Tagaroa, Geraldine N. Lolong, Desa Ranawanko, Tel. (04 31) 6 11 00; Preis: 30 bis 50 DM
- Hotel Minahasa, Jl. Sam Ratulangi 199, Tel. (04 31) 6 20 59; Kolonialstil; Preis: bis 10 DM und 10 bis 30 DM
- Touristeninformation, Jl. 17. Augustus, Tel. (04 31) 6 49 11
- PHPA-Naturschutzbehörde, Jl. Supratman 68, Tel. 6 26 88, Mo–Fr. 9–13 Uhr

### Region Tondano
- Sonder: Toar-Lumimuut Resort; Preis: 10 bis 30 DM
- Tomohon: Lokon Resting Resort, 5 km nördlich von Tomohon; Preis: 10 bis 30 DM
- Passo: Penginapan Florida, Besitzer Fuldy Sanger; Preis: bis 10 DM. Privatpension mit Warmwasserbecken und Pavillon im Teich.

### Kotamobagu
- Hotel Ramayana, Jl. Adampe Dolot; Preis: 10 bis 30 DM

Was den Transport von Menschen und Gütern anbelangt, so sind Indonesier ausgesprochen erfinderisch und flexibel.

- Hotel Tentram, Jl. Adampe Dolot; Preis: 10 bis 30 DM
- Ade Irma, Jl. Ade Irma Nasution 70; Preis: 10 bis 30 DM

**Gorontalo**
- Melati Hotel, Manager Alex Velberg, Jl. Gajah Mada 33, Tel. (04 35) 2 18 53; Preis: bis 10 DM und 10 bis 30 DM
- Mini Saronde, Jl. Walanda Maramis 17, Tel. (04 35) 2 17 35; Preis: bis 10 DM und 10 bis 30 DM
- Tambu: Rumah Sjarief M. Sijaya; Preis: bis 10 DM

**Palu**
- Purnama Raya Hotel, Jl. Wahidin 4, Tel. (04 51) 2 36 46
- Touristeninformation, Jl. Raja Moli

**Tanjung Karang**
- Prince John Dive Resort, Tel. (04 57) 7 17 10; Preis: 10 bis 30 DM und 30 bis 50 DM
- Harmony Bungalow, Besitzer Zulkifli, Jl. Karang Ria 59, Tel. (04 57) 7 15 73; Preis: 10 bis 20 DM

**Poso**
- Hotel Bambu Jaya, Jl. Agus Salim 105, am Meer gelegen; Preis: bis 10 DM und 10 bis 20 DM
- Hotel Kalimantan, Jl. Haji Agus Salim 14, Tel. (04 52) 2 14 20; Preis: bis 10 DM
- Touristeninformation, Jl. Kalimantan 15, Tel. (04 52) 2 12 11

**Tentena**
- Pondok Wisata Ue Datu, Jl. Ue Datu No. 93-94, Tel. (04 58) 2 12 22; Preis: bis 10 DM und 10 bis 20 DM
- Wisata Graha Permai, FDP, Manager Muhalip, Jl. Torulemba, Tel. (04 58) 2 13 83; Preis: 10 bis 20 DM

**Lore Lindu Park**

Preise inkl. Mahlzeiten: 10 bis 20 DM
- Gintu: Losmen Hasan; Losmen Ibu Mery; Losmen Sanur
- Bomb: Ningsi Homestay
- Doda: Losmen Rindu Alam

**Pendolo**
- Homestay Masamba, Jl. Plabuhan, direkt am See; Preis: bis 10 DM
- Homestay Victory, Jl. Plabuhan, direkt am See; Preis: bis 10 DM

**Paloppo**
- Hotel Risma, Jalan Andi Jemma No. 14, Tel. (04 71) 2 11 78 / 2 23 73; Preis: bis 10 DM und 10 bis 30 DM
- Buana Hotel, Jl. Dahlan; Preis: bis 10 DM

**Rantepao**
- Wisma Maria I, Jl. Dr. Ratulangi 23, Tel. (04 23) 2 11 65; Preis 10 bis 30 DM
- Pison, Jl. Pong Tiku 8, Tel. (04 23) 2 13 44; Preis: bis 10 DM und 10 bis 30 DM
- Touristeninformation, Jl. Ahmad Yani 62, Tel. 2 12 77 und Büro in der Jl. Pao Pura
- Qualifizierte Guides, Himpunan Pramuwisata, Jl. Landorundun 7

**Batutumoga**
- Mentirotiku Guest House; Batutumonga Homestay; Betania Homestay; Mama Sika Homestay; 10 Min. zu Fuß von der Hauptstraße; Preise: bis 10 DM. Alle traumhaft gelegen

**Enrekang**
- Bumi Raya Hotel, Jl. Pancaitana Bugawalie Nr. 2; Preis: 10 bis 20 DM

**Pare Pare**
- Hotel Gandaria, Jl. Baumassepe 171, Tel. (04 21) 2 10 93; Preis: bis 10 DM und 10 bis 20 DM

**Mamuju**
- Wisma Rio, Jl. Kemakmuran 28; Preis: bis 10 DM und 10 bis 30 DM
- Wisma Kencana Sakti, Jl. Langsat 2; Preis: bis 10 DM

**Ujung Pandang**
- Legend Hostel, Jl. Jampea 5G (Jampea Plaza), Tel. (04 11) 32 82 03 / 32 04 24; Preis: 10 bis 30 DM
- Afiat Hotel, Jl. Bandar Udara Hasanuddin 1, Tel. (04 11) 51 07 24, unmittelbar beim Flughafen; Preis: 10 bis 30 DM
- Wisma Tiatira House, Jl. Dr. Sutomo 25, Tel. (04 11) 3 18-9 48; Preis: 10 bis 30 DM
- Puri Wisata, Jl. Hasanuddin 36–38, Tel. (04 11) 32 43 44; Preis: 10 bis 30 DM

***Nützliche Adressen in Ujung Pandang***
- Touristeninformation: Kantor Dinas Parawisata, Jl. Urip Sumoharjo 269, Tel. (04 11) 32 06 16; in der Nähe des Busterminals Panaikang. Mo–Sa 7:30–13 Uhr
- Touristenführer-Vereinigung, Jl. Ujung Pandang Nr. 1, Fort Rotterdam, Tel. (04 11) 32 82 05
- Krankenhäuser: Rumak Sakit Akademis Doktor Louis Rajawane oder Rumah Sakit Stella Maris. Die größte Apotheke Kimia Firma, Jl. Ahmad Yani; 24-Stunden-Service.
- Flughafen Hasanuddin (23 km Richtung Maro)
- Garuda, Jl. Slamet Riyadi 6, Tel. (04 11) 31 77 04 / Merpati, Jl. Bawakaraeng 109, Tel. (04 11) 44 24 74
- Pelni-Schiffe: Büro, Jl. Martadinata 38, Tel. (04 11) 31 79 65

## Literaturverzeichnis


1. *Dusik, Roland:* Land und Leute in Indonesien. Polyglott, München 1993
2. *Urban, Gunda:* Indonesisch Wort für Wort. Kauderwelsch-Reihe, Peter-Rump-Verlag, 10. Aufl. 1997. Sehr kompaktes und gutes Reisewörterbuch
3. *Richter, Anton:* Bahasa Indonesia – Lehrbuch der indonesischen Sprache und Kurzsprachführer. Verlag Simon und Wahl. Für jeden, der Indonesisch weiter vertiefen möchte.
4. *Indonesien – Eine kritische Annäherung, Band 2, 1994.* Südostasien-Informationsstelle. Ermöglicht einen kritischen Einblick in die indonesische Gesellschaft.
5. *Periplus Travelguides:* Englischsprachige Reiseführer über die Inseln Java, Sumatra, Sulawesi, East of Bali. Viele praktische und gute Tips. Lieferbar über Geo Center.
6. *Roettger-Rössel, Brigitte:* Rang und Ansehen bei den Makassar von Gowa. Reimer-Verlag 1989
7. *Weglein, Werner:* Expeditionen durch Indonesien. Edition Momos 1986. Abenteuerliche Beschreibungen eines Försters und eines Arztes.
8. *Buchholdt, Helmut:* Kirche, Kopra, Bürokraten: Gesellschaftliche Entwicklung und strategischer Handel in Nordsulawesi. Breitenbach 1990. Vlg. Für Entwicklungspolitik, Saarbrücken
9. *Metje, Ute Marie:* Die starken Frauen: Gespräch über Geschlechterbeziehung bei den Minangkabau. Campus Verlag 1995
10. *Schefold, Rainer:* Lia: Große Rituale der Mentawai; Reimer-Verlag 1988
11. *Magnis-Suseno, Franz v.:* Neue Schwingen für Garuda: Indonesien zwischen Tradition und Moderne. Kindt-Verlag 1989
12. *Lubis, Mochtar:* Dämmerung in Jakarta. Bad Honnef 1990. Das Bild einer Großstadt in einem Entwicklungsland – zwischen Korruption und Bereicherung auf der einen, Armut und Hoffnungslosigkeit auf der anderen Seite.
13. *Post, Laurens van der:* The admiral's baby. London 1996 (nur in England erhältlich)
14. *Haveller, Max:* Multatuli oder die Kaffeeversteigerung der Niederländischen Kaffeegesellschaft. Bruckner & Thünker 1993
15. *Nigel, Barley.* Hello Mister Puttyman. Klett-Cotta 1994. Skurriler Feldforschungsbericht eines englischen Ethnologen.
16. Aryo Menak heiratet eine Himmelsfee. Märchen und Volkserzählungen aus Indonesien. Roederberg-Taschenbuch 1989
17. *Toer, Pramoedya Ananta:* Spiel mit dem Leben. Rowohlt 1990
18. *Lulofs, Madelon:* Coolie. Oxford University Press 1993 (nur in Englisch)

## Sprachführer Bahasa Sasak

**Personalpronomina**
ich – tiang
du – side:
er – ie:
wir – ite:
ihr – seme:ton
sie – ie:

**Anrede**
Herr, Vater – Amak
Frau, Mutter – Inak
unverh. Junge – Te:runa
Frau allg. – Nine

**Redewendungen**
Danke – te:rima kasih
Ja – hau
Nein – ndek
Wie geht es? – ape: kabar

**Fragewörter**
Wie spät – jam pire
Wieviel – pire:
Wann – piran
Was – ape:
Wo – lee:mbe
Woher – wah jok e:mbe
Wohin – jok e:mbe
Wie alt – umur pire:
von ... nach ... – leman ... jok ..
Wer – sai
Wie teuer? – aji pire:

**Bindewörter**
und – dait
oder – atau
mit – kantje:
für – kadu

**Essen**
Salz – sie:
lecker – mai
Reis – nasi
Ei – telok
Huhn – manok
Nudeln – mie
Kokosnuß – nijoh
Gemüse – kanduke:lak
Fisch – e:mpak
Wasser – aik
gekocht – ke:lak
Büffel – koak
Tee, Kaffee – teh, kopi

**Verben**
hinsetzen – tokol
essen – mangan
trinken – minum
waschen – mandik
eintreten – tame:
schlafen – tinduk
bleiben – dot
sehen – getak
kaufen – be:li
können, wissen – bau
bezahlen – bayah
spazieren – lampak lampak
kommen – tale:ng
weggehen – walo

**Adjektive**
schön – solah
jung – odak
alt – todak
wenig – sekodek
viel – luek
weit – jauk
heiß – panas
kalt – ngot
durstig – be:dak
hungrig – lapah
langsam – ateng ateng
nah – rape:t

**Zeit**
heute – jeloe:ne
morgen – lemak
gestern – uwik
jetzt – rane
später – bares
noch nicht – dekman

# Register

Indonesische Eigennamen, deren Bedeutung nicht aus einem Wortzusatz (zum Beispiel Paß oder Tal) hervorgeht, sind in Klammern erklärt.
**Dabei bedeutet: B = Berg, D = Dorf, I = Insel, S = See, St = Stadt, T = Tempel, V = Vulkan**

## BIG PACK oder »Philosophie des Backpackings«

Trekking, Backpacking oder einfach gesagt Wandern und Rucksackreisen ist Leben mit und in der Natur. Berge, Seen, Flüsse und Wälder im Direktkontakt erleben und sich mit der Natur verbunden fühlen. Backpacking ist aber auch das Reisen in Ferne Länder, das Kennenlernen fremder Völker und fremder Kulturen. Konsequent hat **BIG BACK** diese Philosophie im umfangreichen Outdoor-Angebot weiterhin ausgebaut.

Ob nun vom arktischen Eis bis zu den Wüsten, vom Flachland über die sanften Hügel der Mittelgebirge bis auf das »Dach der Welt«, immer dort wo Grenzbereiche begangen werden, ist **BIG BACK** dabei.

In vier Sommern durchquerte Hans Memminger mit seinem Team 4000 Kilometer Eismeer und bewältigte erstmals mit Kajak und bloßer Muskelkraft den gefürchteten Eisteil der Nordwest-Passage.

Bruno Baumann schaffte in einzigartiger Weise die Durchquerung der Wüste Gobi und Takla-Makan.

Meisterleistungen an Willen und Ausdauer, aber auch ein Beweis für den hohen Qualitätsstandard der Ausrüstung. Und für beide »Abenteurer« gilt: höchster Anspruch an die Ausrüstung, denn sie kann in der Not von höchster Wichtigkeit sein.

Daß sie funktionell ist, ist Grundbedingung. Aber sie soll auch leicht sein und so variabel, daß man sich damit den unterschiedlichsten klimatischen Bedingungen der Reisegebiete anpassen kann. Dies ist letztlich nur möglich, wenn die Kleidung aus mehreren Lagen – auch das Zwiebelprinzip genannt – besteht.

**BIG BACK** hat das mit seinem **5-Lagen Climate Clothing System** optimal gelöst. Wobei besonders darauf geachtet werden muß, daß die Unterwäsche weder im Schritt noch unter dem Arm scheuert, und, daß man trotz des guten Feuchtigkeits-Transports der **Trevira Micro Faser**, ein naßgeschwitztes Hemd schnell wechseln kann.

Optimal ist es – so die Erfahrung der **BIG PACK Outdoorer** – sich im aktiven Teil eines »Unternehmens« lieber leicht zu kleiden und in Ruhepausen den Windbreaker immer griffbereit zu halten.

Um über Tage und Wochen optimale Leistung zu bringen, ist guter Schlaf die Voraussetzung. Das heißt, Schlafsack und Unterlage grundsätzlich für den Komfortbereich auswählen. Nicht nur die Länge eines Schlafsacks muß den Körpermaßen entsprechen, sondern ebenso die Breite.

Ein Schlafsack unter 85 Zentimetern wird nur sehr schmalen Personen eine Freude bereiten. Optimal: Ein Schlafsack aus Qualitätsdaune, denn diese ist weit weniger feuchtigkeitsempfindlich als üblicherweise angenommen, schließlich stammt sie ja von Wasservögeln.

Lang wäre die Liste der Ausrüstungsempfehlungen. Zelt, Schlafsack, Rucksack, Kocher u.v.m. Für Extremunternehmungen ist jedoch das Beste gut genug, auch wenn der Preis nicht gerade niedrig ist. Der wahre Preis jedoch zeichnet sich erst während der Unternehmungen ab. Letztlich kommt ein hochreißfestes Zelt weit billiger, als eine Unternehmung, die wegen eines durch Wind und Regen zerfetzten Zeltes abgebrochen werden muß.

**Eines möchten wir jedem empfehlen:** Vor jeder Reise sich mit jedem Teil der Ausrüstung vertraut zu machen und wenn irgendwie möglich, alles unter ähnlichen, wie den zu erwartenden Bedingungen zu testen.

**Kataloganforderung:**

BIG PACK GmbH,
Fax 0 70 23/95 11 55,
e-mail: bigpack@t-online

## SALOMON TREKKING

## Überzeugende Schuhkonzepte für jede Zielgruppe

»Für jeden Anspruch den richtigen Schuh« – so lautet die Devise bei Salomon. Deshalb hat Salomon für die unterschiedlichen Motivationen und Anforderungen der Wanderer und Outdoor-Freaks die passenden Schuhlinien für unterschiedlichste Freizeitaktivitäten auf den Markt gebracht. Innerhalb jeder Schuhlinie werden technische und attraktive Modelle speziell für Frauen angeboten, die der weiblichen Fußanatomie entsprechen.

Die Linie **Super Mountain für den alpinen Leistungsbereich** in Eis, Schnee und Fels. Durch den innovativen Aufbau aus Kunststoff und Leder und die interne, individuelle Anpassung ist unvergleichliche Vielseitigkeit im hochalpinen Leistungsbereich garantiert.

Die Linie **Adventure für ambitionierte Bergsteiger und Wanderer,** die technische Innovation suchen. Die Modelle sind technisch hochwertig, innovativ im Design und bieten außergewöhnliche Griffigkeit und Paßform.

Die Linie **Authentic für die traditionellen Bergwanderer,** die einen klassischen Bergschuh bevorzugen. Die Schuhe sind aus Volleder, sehr widerstandsfähig, bequem und zeichnen sich durch ausgezeichnete Griffigkeit aus.

Die Linie **Discovery für die Freizeitwanderer,** denen der Komfort und die Funktionalität eines modi-

**Trevira**

*Gebetfahnen, die im eisigen Hochlandwind flattern, weisen den Weg.*

*Das flauschigste und feinste Trevira, das es je gab. In Spezialbindung gestrickte und gerauhte Microfasern.*

Grenzenlos vielseitig einsetzbar sind Trevira Microfasern. Selbst für extremste Herausforderungen. Trevira Microfasern führen BIG PACK Outdoorbekleidung in neue Leistungsdimensionen.

*Eine enorme Fadenfülle steckt in einem einzigen Trevira Fleece Garn – hier sind es 128 Kapillare.*

Getestet von Extremsportlern, wie Bruno Baumann unter härtesten Bedingungen, wie z.B. bei Wüstendurchquerungen oder Gipfelerstürmungen. Trevira Fleece ist ausgestattet mit extremen Vorteilen. Bei hohem Volumen ist Trevira Fleece extrem leicht und leistungsfähig. Vor Wind und Wetter schützend, das natürliche Körperklima unterstützend. Hochstrapazierfähig, aber komfortabel.
BIG PACK – der große Outdoor-Ausstatter bietet mit seinem Bekleidungssystem aus Trevira Microfasern in Unterkleidung, Hemden, Pullis, Sweater, Jacken und Hosen die richtige Antwort auf jede Herausforderung – in Technologie und Design.
Sprechen Sie mit den Spezialisten:

BIG PACK®
THE OUTDOOR COMPANY

*BIG PACK THE OUTDOOR COMPANY*
*Fabrikstr. 35, D-73266 Bissingen/Teck*
*Telefon 07023/9511-0*
*Telefax 07023/9511-55*

*Trevira GmbH & Co KG*
*Marketing-Services*
*Lyoner Str. 38a*
*D-60528 Frankfurt am Main*

schen Trekkingschuhs wichtig ist. Die Modelle sind sehr leicht, feuchtigkeitsbeständig (die meisten Modelle sind mit einer Gore-Tex-Membran) und haben eine extrem griffige Sohle.

Die Linie **X-Hiking: Die neue Schuhgeneration für sportliche Outdoor-Freaks,** die auf einen trendigen, aber auch funktionalen Schuh für unterschiedlichste Freizeitaktivitäten setzen. Die X-Hiking Schuhe sind sehr leicht, modisch und bieten optimalen Fußhalt und eine sehr griffige Contagrip-Sohle. Spezielle X-Winterschuhe ermöglichen verschiedenste sportliche Unternehmungen auch im Winter.

## Contagrip und Sensifit – innovative und technische Funktionen

- Die **Contagrip-Sohle:** Griffigkeit in feuchtrutschigem Gelände ist für jeden Wanderer extrem wichtig. Speziell dafür hat SALOMON die Contagrip-Sohle entwickelt. Sie zeichnet sich durch außergewöhnliche Haftfähigkeit und Abriebfestigkeit aus.

  Alle Salomon Produktlinien sind mit der Contagrip-Sohle ausgestattet, je nach Funktion unterscheiden sich Sohlenaufbau und Stollenprofil.
- Die **Sensifit-Paßformregulierung:** Für richtigen Fußhalt und Tragekomfort sorgt Sensifit, das von Salomon entwickelte Konzept zur internen und externen Paßformregulierung.

## Trekking-Reisen mit dem DAV Summit Club

In die Ferne reisen, um zu Fuß zu gehen. Was auf den ersten Blick paradox erscheinen mag, ist seit über 25 Jahren das äußerst erfolgreiche Konzept des Summit Club. Mit seinen Trekkingreisen bietet der DAV Summit Club Zugang zu den Schönheiten ursprünglicher Natur- und Kulturlandschaften und ist heute führender Spezialveranstalter für weltweite Berg- und Kulturreisen. Das vielseitige Programm reicht dabei von leichten Bergwanderungen bis hin zu anspruchsvollen Hochtouren und Expeditionen.

### Indonesien, das Traumziel für Trekker

Der DAV Summit Club bietet auch im exotischen Indonesien außergewöhnliche Trekkingreisen an. Unter anderem stehen beeindruckende Vulkanbesteigungen, vom Mt. Bromo bis zum Mt. Semeru auf Java und die Besteigung des höchsten Berges von Sumatra, Mt. Kerinci, auf dem Programm.

### Erfahrung garantiert Qualität

Die langjährige Erfahrung des DAV Summit Club garantiert optimale Organisation und beste Betreuung durch die Bergführer und Reiseleiter. Die Reiserouten erschließen neben den bekannten Sehenswürdigkeiten auch die bisher unerforschten Regionen des Landes.

### Mit Sicherheit zu mehr Genuß

Über der Attraktivität der Trekkingreisen wird beim DAV Summit Club die Sicherheit beim Bergsteigen nicht vergessen. Sie hat immer die höchste Priorität. Als professionelle Bergsteigerschule des Deutschen Alpenvereins bietet der Summit Club neben den Trekkingreisen ein umfangreiches Kurs- und Trainingsprogramm in allen Bergsteigerdisziplinen an.

### Beliebte Informationsbörse Trekker-Treffen

Besonderen Wert legt der DAV Summit Club auf umfassende Information und persönliche Beratung seiner Kunden. Der 270 Seiten starke Angebotskatalog ist ein beispielhaft informatives Urlaubshandbuch. Wer noch mehr erfahren möchte, der besucht das alljährlich im Januar stattfindende Trekker-Treffen des DAV Summit Club in Berchtesgaden. Fünf Tage lang werden weltweite Reiseziele in brillanten Diavorträgen vorgestellt, stehen Bergführer und Länderagenten für Information und Beratung bereit.

### Gute Beratung ist selbstverständlich

Da der DAV Summit Club nur selbst entwickelte Reisen anbietet, kann das DAV Summit Club Team immer kompetente und detaillierte Auskunft geben und für beste Qualität garantieren.

**Katalog, Information und Buchung direkt beim:**

DAV SUMMIT CLUB

Am Perlacher Forst 186
81545 München
Telefon 0 89/6 42 40-0
Telefax 0 89/64 24 01 00
E-mail@DAV-Summit-Club.de